这样上课，学生就喜欢数学

Zheyang Shangke
Xuesheng Jiu Xihuan Shuxue

刘鑫　著

西南财经大学出版社
Southwestern University of Finance & Economics Press

中国·成都

图书在版编目(CIP)数据

这样上课,学生就喜欢数学/刘鑫著 . —成都:西南财经大学出版社,
2018.12
ISBN 978-7-5504-3425-7

Ⅰ.①这… Ⅱ.①刘… Ⅲ.①中学数学课—教学研究
Ⅳ.①G633.602

中国版本图书馆 CIP 数据核字(2018)第 055543 号

这样上课,学生就喜欢数学

刘 鑫 著

责任编辑:李晓嵩
助理编辑:袁婷
责任校对:田园
封面设计:张姗姗
责任印制:朱曼丽

出版发行	西南财经大学出版社(四川省成都市光华村街55号)
网 址	http://www.bookcj.com
电子邮件	bookcj@foxmail.com
邮政编码	610074
电 话	028-87352211　87352368
照 排	四川胜翔数码印务设计有限公司
印 刷	四川新财印务有限公司
成品尺寸	170mm×240mm
印 张	20
字 数	377 千字
版 次	2018 年 12 月第 1 版
印 次	2018 年 12 月第 1 次印刷
书 号	ISBN 978-7-5504-3425-7
定 价	88.00 元

前 言

上课，提升了我的幸福感

以前，上课是出于责任和义务．

1988 年 7 月大学毕业后，我成了一名数学教师，教过初中，也教过高中，上课是出于责任和义务；当时，爱岗敬业，潜心钻研，主要是想提高学生的成绩．

现在，上课让我获得了幸福感．

2004 年 9 月，我被选调进了县教研室，成为一名中学数学教研员．从此，学习的机会大增，有各级的优质课可供观摩，也有很多培训，例如，全省特级教师和学科带头人培训、教研员培训，市级的几何画板培训，等等．学习的面也更广泛了，例如，办公室里有各学段、各学科的教育教学杂志，也常有跨学科听课的机会，我还有幸现场聆听过李政涛、刘京海等专家的讲座．

2014 年 3 月，我参加了广州郭思乐教授的"生本教育"培训．这次培训，连通了我对预习和自学的研究，打开了我对先学材料的设计思路．从此，我有了强烈的上课欲望，很想把自己对教材的理解、教学的设计在课堂上展示出来，于是，我每一次进校视导必上课，然后再与一线老师评课、议课．

从 2014 年 7 月开始，我几乎每天都通过手机观看小学名师在网络上的课堂实录和讲座，特别是小学数学名师的课堂实录和讲座，如黄爱华、俞正强、吴正宪、周卫东、张齐华等；其他数学大师和专家的讲座，我也经常看、经常听，如章建跃、史宁中等．

通过上述种种渠道的学习，我对教材和教学方法有了新的认识．

2016 年 11 月 29 日，我在会昌四中七（2）班上了一节课"两个有理数加减的整理"，课后，请学生写课后感．读完会昌四中七（2）班学生交上来的课后感之后，我不但发现了一个反思自己教学和教研的全新视角，还获得了意外的惊喜——幸福感！因为学生说，在我的课堂上，他们很放松、很愉悦，以前没学懂的知识，听了我的课之后都搞懂了．他们喜欢我的教学方法、教学方式，特别可贵的是，有学生说，听了我上的课之后，他（她）就改变了对数学的看法，对数学感兴趣了，从此爱上了数学……

为了分享我上课获得的幸福感，分享我实践新课程理念和落实核心素养的成果，我编著了本书．有趣的是，本书的书名就取自学生的课后感．

学生学到了知识，我自己得到了提升，成果得到了肯定，我能不幸福吗？

从此，我就选定课题，把我的教学主张和教材研究的成果、教法研究的成果搬到课堂上，在课堂上把它讲出来．为此，我经常独自跑到学校去上课，每年上课超过60节，课后不但与听课教师交流，还与学生交流，并要求学生写课后感．

为了积累更多的研究素材，我要么争取在学校的录播教室里上课，要么借摄影机或用自己的照相机录制自己上课的视频．

本书的"课例篇"中所展示的5个课例，均为读者提供了观看、下载上课视频的方式，上篇"功力篇"的第一部分"教材研读"的后4篇文章中所列举的案例也为读者提供了观看、下载上课视频的方式，目的是与读者有更真实、更深入的交流．

感谢一直以来理解和支持我一心一意搞教学研究的领导、同事、朋友和家人们！

特别感谢陈林峰、杜秀霞、高学灵、何枫、黄国坚、黄小青、江正文、刘莹、刘志彬、罗正跃、马金龙、欧良秀、吴潮山、肖志远、杨荣芳、曾小荣、邹丽芬、邹焰辉等老师，在本书的撰写过程中给予我的热心、真诚的帮助！

刘　鑫

（邮箱：lx6801@163.com）

2018 年 1 月 1 日

目 录

上篇　功力篇

第一部分　教材研读

第二部分　解题研究

第六部分　总结与反思

中篇　课例篇

下篇　析理篇

上篇　功力篇

第一部分　教材研读

一边阅读，一边琢磨

——以"有理数加法"为例

现以阅读人教版教科书《数学·七年级（上册）》（2012 版）"1.3.1 有理数的加法"（第一课时）为例，谈谈笔者阅读数学教科书的拙见.

一、阅读知识点，琢磨教学的起点

本节课的起点知识较多，直接相关的有：有理数、相反数、数轴、绝对值和小学所学的两个算术数相加的种类等. 另外，课前要强化一种认识——有理数是由"符号+绝对值"两部分组成的，可以用结构图表示为：

$$\text{有理数}\begin{cases}\text{符号}\\\text{绝对值}\end{cases}$$

二、阅读情境设置，琢磨素材的贴切性、趣味性

对于有理数加法法则的归纳，人教版教科书创设的情境是：物体左右运动、点在数轴上运动（在本章引言中还创设了收入、支出与结余的情境）.

根据实际情况，还可以创设其他情境来归纳有理数的加法法则，如盈亏情况、气温变化、足球赛净胜球数等. 这是创造性使用教材、实践"用教材教，而不是教教材"理念的好机会. 然而究竟如何取舍，还要根据实际情况，选择与学生的日常生活更贴切、让学生感兴趣的情境.

三、阅读行文与脉络，琢磨数学思想方法

本课首先进行有理数加法法则的归纳，得出结论后，再应用法则进行解题和练习.

在进行有理数加法法则归纳的过程中，其行文脉络可用图1来表示；从中我们可以发现，这里应用了分类讨论思想，使两个有理数相加的6种类型不重不漏，都得到了分析.

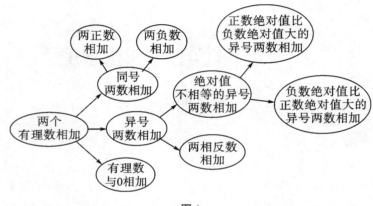

图1

对于同号两数相加和异号两数相加，教材进行了重点分析，都采用了物体运动这个模型来探索其计算结果（见图2）.首先，应用带符号的数来表示运动的方向和距离，再用数轴直观地表示计算等式，我们从中可以发现，这里应用了模型化思想、符号化思想和数形结合思想.

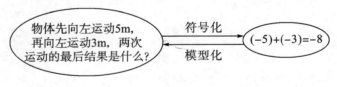

图2

还有，对于每种类型的法则归纳，教材都是通过探究两个特殊的、有代表性的有理数相加，然后得到一般性的结论（见图3）.从个别的"结果"到一般的"结论"，我们从中可以发现，这里应用了从特殊到一般的数学思想.

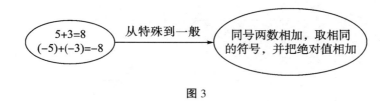

图 3

四、阅读文中的提问，琢磨活动设置的目的性

在教科书中，本节课的内容包括 4 个"思考"活动、2 个"探究"活动，还有 2 处提问，这意味着我们的数学教学、数学课堂要重视"数学思考"目标的落实，让学生养成勤于思考、深入思考的习惯，让学生经历观察、分析、交流等过程，培养勇于探究、善于归纳的能力，逐步提升发现问题、提出问题、分析问题和解决问题的能力.

每一个活动都是一个相对独立的教学环节，这一串串的教学活动还使我们的数学课堂环环相扣，并促进师生互动、生生互动，提高学生的参与率.

五、阅读结论的来龙去脉，琢磨细化推理的方式、方法

例如，教科书第 17 页第 1~5 行，讲的是两个负数相加的情况. 它的呈现顺序是：算式呈现在前，数轴表示在后；给人的感觉是"先果后因"（见图 4）.

思考

如果物体先向左运动 5m，再向左运动 3m，那么两次运动的最后结果是什么？可以用怎样的算式表示？

两次运动后物体从起点向左运动了 8m，写成算式就是

$$(-5) + (-3) = -8.$$

这个运算也可以用数轴表示，其中假设原点 **O** 为运动起点，如下图所示：

图 4

给学生做分析时，就得进行细化：用带箭头的线段依序把 -5，-3，-8 三个数呈现在数轴上，同时，依序同步把 -5，-3，-8 三个数"放"在算式中，最后用等号"="连成等式（见图 5）. 这样，才能还原思考的过程，让思维可视化，体现"数学味".

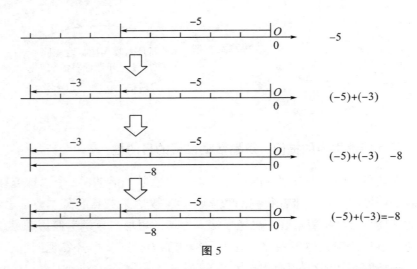

图5

另外，本课中每一种加法类型的加法法则的归纳过程也要进行细化.

六、阅读课堂结论，琢磨结论的注释和本质的提炼

本节课的结论是有理数加法法则：

（1）同号两数相加，取相同的符号，并把绝对值相加.

（2）绝对值不相等的异号两数相加，取绝对值较大的加数的符号，并用较大的绝对值减去较小的绝对值. 互为相反数的两个数相加得 0.

（3）一个数同 0 相加，仍得这个数.

这样表述的法则，虽然非常全面、详细、深刻，很精炼，但还是用了 83 个汉字、两个阿拉伯数字. 这个法则读起来很生硬、拗口，不够口语化，笔者总觉得其句子的成分不够完整，也不符合之前归纳、强调的认识："有理数由'符号+绝对值'两部分组成." 所以，我们口头表述法则时，要注意使用"和的符号是……，和的绝对值是……"的用语.

笔者认为应采用如下更口语化的表述：

（1）同号两数相加，和的符号相同，和的绝对值是两加数绝对值之和.

用结构图表示为：

$$同号两数之和\begin{cases}符号：相同 \\ 绝对值：两加数绝对值之和\end{cases}$$

（2）两相反数之和为 0.

其他异号两数相加，和的符号取绝对值较大的加数的符号，和的绝对值是两加数绝对值之差. 用结构图表示为：

$$异号两数之和\begin{cases}符号：绝对值较大加数的符号 \\ 绝对值：两加数绝对值之差\end{cases}$$

（3）任何数加 0 的和还是这个数，并"翻译"为：$a + 0 = a$.

在日常生活中，老百姓身边有很多涉及有理数之间的加法运算的例子，既有意义相同的量相加，也有意义相反的量相加，为什么那些不懂"法则"的民众也能完成其运算，而不影响其生活呢？原因是人们心中还有更为通俗的"加法法则"：凡是意义相同的量相加，就把"个数"直接进行"合并"，进行的还是"加法"，其意义不变；凡是意义相反的量相加，就把"个数"更多的量的"个数"减去"个数"更少的量的"个数"，实质上进行的是减法运算，"个数"更少的量就被"抵消"了.

就是说，同号两数相加的本质是"合并"，异号两数相加的本质是"抵消".

对于这种极为通俗的解释，现择要举例，列表呈现如表 1 所示（其他类型的加法运算与小学所学的运算规则类似）.

表 1

	类型	算式	解释	实质
两数同号	同为负	$(-5)+(-3)=-8$	5 个 -1 与 3 个 -1 合并后，结果是 8 个 -1	"合并"
两数异号	"正、负个数相等"	$5+(-5)=0$	5 个 $+1$ 抵消 5 个 -1 后，结果为 0	"抵消"
	"正的个数多"	$(-3)+5=2$	5 个 $+1$ 抵消 3 个 -1 后，结果剩余 2 个 $+1$	
	"负的个数多"	$3+(-5)=-2$	5 个 -1 抵消 3 个 $+1$ 后，结果剩余 2 个 -1	

七、阅读例题的选择及其解答，琢磨应用的示范性

教科书中仅展示了两道例题（见图 6），从中我们可以更清晰地领会到编者的用意——本节课的教学重点、难点是：两负数相加、异号两数相加.

例 1 计算：
（1）$(-3) + (-9)$；
（2）$(-4.7)+3.9$.

先定符号，再算绝对值.

解：（1）$(-3) + (-9) =- (3+9) =-12$；
（2）$(-4.7) +3.9=- (4.7-3.9) =-0.8$.

图 6

分析例题和板书解答时，要把每一步所应用的法则标注在旁边，以体现法则应用的规范性和示范性，举例如下：

$$（-3）+（-9）\cdots\cdots\cdots\cdots（\text{同号两数相加}）$$
$$（=\bigcirc(|\quad|\bigcirc|\quad|)）\qquad（\text{和的符号是}\cdots\cdots，\text{和的绝对值是}\cdots\cdots）$$
$$=[-(|-3|+|-9|)]\cdots\cdots\cdots\cdots（\text{取相同的符号，并把绝对值相加}）$$
$$=-(3+9)$$
$$=-12$$

另外，从教科书中我们可以发现，范例和例题中选用的数大都是绝对值小于 10 的整数．这样安排，可以让学生把心思重点放在对法则的领悟上，减少其他因素的干扰．

八、阅读练习和习题，琢磨发展的层次性

教科书中，既安排了口算练习，也安排了笔算练习；既有直接套用法则的模仿性练习，也有要求学生在灵活理解教科书基础上的开放性练习，如图 7 中的第 4 题所示．

从图 7 第 3 题和图 8 的习题中可以看出，前面各小题所选用的数都是整数，后面选用的是难度逐步增加的小数、分数，由此我们可以领会到编者对发展运算能力有不同层次的要求，真正落实了新课程标准"不同的人在数学上得到不同的发展"的理念．

3. 计算：

(1) $15+（-22）$；　　　　　　　(2) $（-13）+（-8）$；

(3) $（-0.9）+1.5$；　　　　　　(4) $\dfrac{1}{2}+（-\dfrac{2}{3}）$．

4. 请你用生活实例解释 $5+（-3）=2$，$（-5）+（-3）=-8$ 的意义．

图 7

复习巩固

1. 计算：

(1) $（-10）+（+6）$；　　(2) $（+12）+（-4）$；　　(3) $（-5）+（-7）$；

(4) $（+6）+（-9）$；　　(5) $（-9）+（-2.7）$；　　(6) $\dfrac{2}{5}+（-\dfrac{3}{5}）$；

(7) $（-\dfrac{1}{3}）+\dfrac{2}{5}$；　　(8) $（-3\dfrac{1}{4}）+（-1\dfrac{1}{12}）$．

图 8

总之，我们要结合新课程标准，结合教研所得，结合教学经验进行数学教科书的阅读．

注：本文于 2015 年 9 月发表在《中学数学教学参考（中旬）》期刊上．

所有加减法，都是"点个数"

——对加减法算理的研究

小学生最初做加减法运算，大都是从"点手指头"开始的. 仔细想想，从小学到初中，各种加减法，其实在算理上都相同，都是"点个数".

下面我们以整数的加减法、小数的加减法、分数的加减法和有理数的加减法为例进行分析.

一、整数的加减法

（一）整数加法法则

相同数位对齐，从低位加起，哪一位上的数相加满十，就向前一位进一.

（二）整数减法法则

相同数位对齐，从低位减起，哪一位上的数不够减，就从它的前一位退一作十，和本位上的数合并在一起，再减.

列竖式时，整数加减的法则是相同数位对齐（在实际计算时，眼睛的观察点常常是"末位对齐"）.

算理：相同数位上的"个数"相加减.

现以 376+521 = 897 的计算过程为例，用标注的方式进行分析，如图 1 所示.

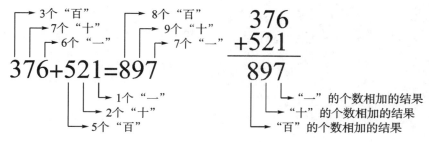

图 1

二、小数的加减法

小数加、减法法则：

（1）计算小数加、减时，先把各数的小数点对齐（也就是把相同数位上的数对齐）.

（2）再按照整数加、减法的法则进行计算，最后在得数里对齐横线上的小数点点上小数点（得数的小数部分末尾有 0，一般要把 0 去掉）.

列竖式时，小数加减的法则也是相同数位对齐（在实际计算时，眼睛的观察点常常是"小数点对齐"）.

算理：相同数位上的"个数"相加减.

现以 $8.49-5.24=3.25$ 的计算过程为例，用标注的方式进行分析，如图 2 所示.

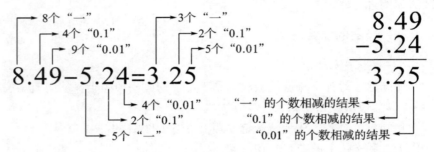

图 2

三、分数的加减法

在算法上，分数加减的法则是：同分母相加减，分母不变，分子相加减，异分母相加减，先通分，然后按同分母相加减的计算法则进行计算.

算理：相同分数单位的"个数"相加减.

现以 $\dfrac{5}{7}-\dfrac{3}{7}=\dfrac{2}{7}$ 的计算过程为例，用标注的方式分析同分母分数的加减，如图 3 所示.

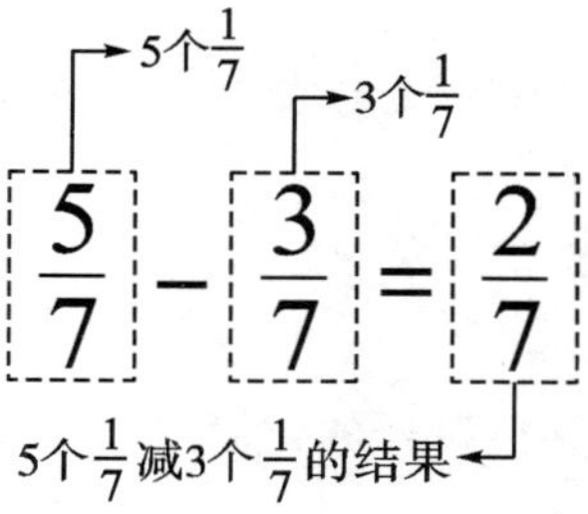

图 3

现以 $\frac{2}{5}+\frac{3}{4}=\frac{8}{20}+\frac{15}{20}=\frac{23}{20}$ 的计算过程为例，用标注的方式分析异分母分数的加减，如图 4 所示.

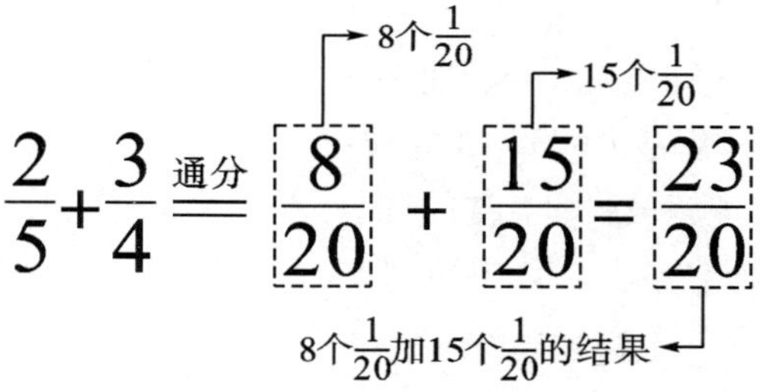

图 4

四、有理数的加减法

(一) 绝对值的代数意义

教材是从几何角度来定义一个数的绝对值的，所以造成了很多学生（甚至还有老师）对绝对值的本质理解不到位.

绝对值的几何意义是：数轴上表示数 a 的点与原点的距离叫作数 a 的绝对值.

绝对值的性质是：数 a 的绝对值一定是非负数. 即：

$$|a| = \begin{cases} a & (a > 0) \\ -a & (a < 0) \\ 0 & (a = 0) \end{cases}$$

绝对值的代数意义：绝对值的代数意义应当理解为"无符号的数"，就是一个数的"量"，即"数量". 例如：-3 这个数的"量"是 3，+6 这个数的"量"是 6. 对七年级的学生，没有必要用"绝对值"这个概念来说：-3 这个数的"绝对值"是 3，+6 这个数的"绝对值"是 6.

11

（二）有理数的组成

用一个数的"量"来称呼这个数的"绝对值"后，一个有理数的组成就是"符号+量".

（三）加减前的准备

1. 化简多重符号

一是单个数所带的多重符号的化简.

例如：–（+3）= –3，–［+（–3）］= 3，等等.

二是计算式子中多重符号的化简（主要是省略多余的"+"和括号）.

例如：–2+（–7）= –2–7，（–3）–（–2）= –3+2，3–（+10）= 3–10，等等.

2. 把计算式子理解成"代数和"的形式

例如：

（1）–3+2 理解成–3 与+2 的和；

（2）3–10 理解成+3 与–10 的和；

（3）–2–7 理解成–2 与–7 的和.

（四）用"+1"或"–1"的"个数"来称呼计算式子中的有理数

例如：

（1）–2–7 中的–2 表示 2 个"–1"，–7 表示 7 个"–1"；

（2）3–1 中的+3 表示 3 个"+1"，–1 表示 1 个"–1"；

（3）–3+2 中的–3 表示 3 个"–1"，+2 表示 2 个"+1".

（五）有理数的加减也是"+1"和"–1"的"个数"的加减——合并、抵消

计算–2–7 时，就是计算 2 个"–1"与 7 个"–1"的和，两个数的性质相同，结果是"–1"的"个数（量）"增加了，合并起来共有 9 个"–1"，所以结果是–9. 用标注的方式分析如图 5 所示.

图 5

计算–5+2 时，就是计算 5 个"–1"与 2 个"+1"的和，两个数的性质相反，"个数（量）"更少的"+1"被抵消了，5 个"–1"抵消了 2 个"+1"后，只剩下 3 个"–1"，所以结果是–3，如图 6 所示.

$$-5+2=-3$$

5个"−1"

2个"+1"

3个"−1"

$$\begin{array}{r} 5 \\ -\ 2 \\ \hline 3 \end{array}$$

"−1"与"+1"个数相减的结果

图6

"合并""抵消"是对有理数加减最本质的理解. 对于两个有理数的加减，"合并"就是指符号相同的两个数的"个数"相加（结果的符号不变）；"抵消"就是指符号相反的两个数的"个数"相减（结果的符号与"个数"更多的数的符号相同）；见到0，可以直接省略.

五、结论

加减的算理：所有加减法，都是"点个数".

六、对算理和算法的思考

（一）什么是算理和算法

算理就是计算过程中的道理，是指计算过程中的思维方式，是解决"为什么这样算"的问题.

算法就是计算的方法，主要是指计算的法则，就是简化了复杂的思维过程，添加了人为规定后的程序化的操作步骤，主要是解决"算得方便、准确"的问题.

（二）算理与算法的关系

算理是客观存在的规律，算法却是人为规定的操作方法；算理为计算提供了正确的思维方式，保证了计算的合理性和正确性，而算法为计算提供了快捷的操作方法，提高了计算的速度；算理是算法的理论依据，算法是算理的提炼和概括；算法必须以算理为前提，算理必须经过算法实现优化，它们是相辅相成的.

每个人都可以根据自己对算理的领悟，创造各自的算法.

（三）启示——强调算理、理解算法、自悟技巧

在教学中，我们要让学生理解算理，理解、掌握和创造算法，提高计算的正确性和计算速度，提高运算技能.

参考文献：

张奠宙，路建英. 构建学生容易理解的数学教育形态——10个案例 [J]. 中学数学教学参考，2008（6）：1–3.

图说平面直角坐标系的使用技巧

一、坐标系的坐标网格可以省略

为了更好地读图和画图，平面直角坐标系常常附有正方形的坐标网格，但是，为了简便和快捷，这些网格可以省略.

如果有意要显示某点的坐标，可以从该点分别引 x 轴、y 轴的垂线（见图1），这样即使没有坐标网格，也可以轻松地读出 A、B 两点的坐标分别是 $(-2，1)$、$(3，2)$. 还可以在点的旁边直接标注点的坐标，如图2所示.

一般情况下，坐标系不但可以不显示坐标网格，也可以不必向 x 轴、y 轴引垂线，还可以不标注点的坐标，如图3所示.

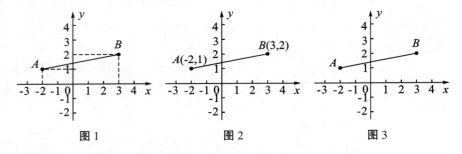

图1   图2   图3

二、相邻两个刻度线之间的距离可以不等于单位长度"1"

如果点的坐标的绝对值较大，每相邻两个刻度线之间的距离就可以不等于单位长度"1"，而是其他适当的长度数值，如图4所示，相邻两个刻度线之间的距离表示"10".

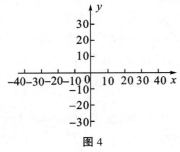

图4

三、可以间断性地标注坐标轴的刻度数值

如图 5 所示,如果数轴的刻度线密密麻麻,则可以间断性地标注刻度数值,使其更加清晰.

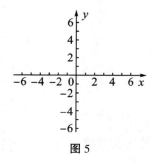

图 5

四、正半轴与负半轴可以画得不等长

在应用平面直角坐标系时,如果在某个象限内没有图或者图很少,则可以把显示这个象限的坐标半轴画得短一些.如图 6 所示,圆主要分布在第三象限,其他象限所占的位置很少,故把 x 轴和 y 轴的正半轴画得短一些、负半轴画得长一些.这样画的坐标系,虽然正、负半轴不等长,但不影响对它的应用.

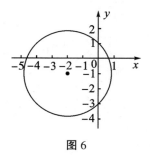

图 6

像折线统计图和条形统计图,一般只画原点以及 x 轴和 y 轴的正半轴,而不画 x 轴和 y 轴的负半轴.

五、x 轴和 y 轴可以分别表示不同的意义、取不同的单位长度

图 7 是自动测温仪记录的北京春季某天温度随时间变化而变化的情况,其 x 轴和 y 轴分别表示的意义不同,x 轴表示时间,y 轴表示温度,可以看出它们所取的单位长度也不同.

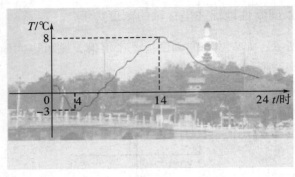

图7

六、可以画一段折线来表示数轴的省略部分

如果只需显示第 23 届至第 29 届夏季奥运会我国体育健儿获得奖牌的情况，而不显示第 1 届至第 22 届的情况，那么就可以像图 8 一样，在横轴的原点与刻度"23"之间画一段折线，表示省略.

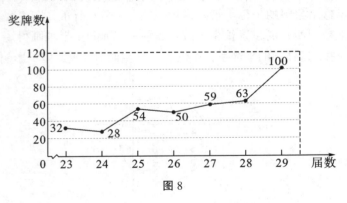

图8

注：本文于 2010 年 1 月发表在《数学教学通讯》期刊上.

拓展思考的宽度，成就学习的深度

——以"三线八角"为例

　　"三线八角"是人教版《数学·七年级（下册）》第五章《相交线与平行线》第一节第三小节的内容．前面两小节学习、研究的内容是对顶角、邻补角和垂直，本节课要学习、研究的是同位角、内错角和同旁内角，是为后续学习、研究平行线的性质和判定做准备的．

　　可以这样说，对顶角、邻补角是用来描述两条相交线中共顶点的两个角之间的位置关系；同位角、内错角和同旁内角是用来描述两条直线被第三条直线所截的不共顶点的两个角之间的位置关系．

　　结合后续的内容，也可以这样说，它们主要是为研究两条线的平行关系而引入的概念，即：为了研究两条线的平行关系，借助第三条截线，利用它们来描述不共顶点的角的位置关系．

　　问题就出来了——如图1所示，直线 a、b 被第三条直线 l 所截，在这些不共顶点的八个角之间，为什么只引入这三个概念来研究两条线之间的关系？

　　再具体一点来说——"三线八角"的八个角中，每一个角与另一顶点的其他四个角之间，为什么有些角之间的位置关系已引入相关概念来描述，而有些角之间的位置关系却没有引入有关概念去描述呢？

　　再形象一点，根据组合搭配和归类，如图1所示的八个角中，可以分离出八种不同的图形出来（如图2至图9所示）．在教材中，对于每个图形中两个角之间的关系，为什么有些有名称而有些却没有名称呢？

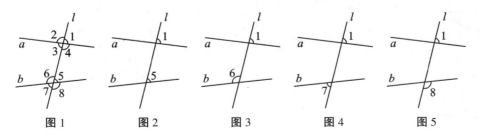

图1　　　　　　图2　　　　　　图3　　　　　　图4　　　　　　图5

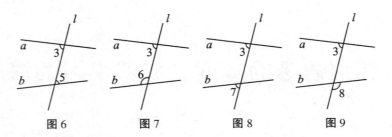

图6　　　　　　图7　　　　　　图8　　　　　　图9

　　例如：图2中的两个角叫同位角，图6中的两个角叫内错角，图7中的两个角叫同旁内角，图8中的两个角也叫同位角，这是教材中既有的内容.

　　但是，对于其他几个图形中的两个角之间的关系，教材中是没有相关的名称的.

　　对此，我的观点和做法是——首先，要像玩游戏一样，先分析所有不共顶点的两个角之间的关系如何命名，再解释为什么教材只讨论同位角、内错角、同旁内角，而不讨论其他不共顶点的两角之间的关系.

一、让学生为所有不共顶点的两个角之间的关系命名，拓展思考的宽度

　　让学生通过独立思考、小组讨论、共同评定，为所有不共顶点的两个角之间的关系命名，如表1所示.

表1

序号	两角之间的位置	两角位置关系分析	命名
1		∠1与∠5： 在被截线 a，b 的同一方， 在截线 l 的同一侧	同位角
2		∠1与∠6： 在被截线 a，b 的同一方， 在截线 l 的异侧	"同错角"

表1(续)

序号	两角之间的位置	两角位置关系分析	命名
3		∠1与∠7： 在被截线 a，b 的外边， 在截线 l 的异侧	"外错角"
4		∠1与∠8： 在被截线 a，b 的外边， 在截线 l 的同一侧	"同旁外角"
5		∠3与∠5： 在被截线 a，b 之间， 在截线 l 的异侧	内错角
6		∠3与∠6： 在被截线 a，b 之间， 在截线 l 的同一侧	同旁内角
7		∠3与∠7： 在被截线 a，b 的同一方， 在截线 l 的同一侧	同位角
8		∠3与∠8： 在被截线 a，b 的同一方， 在截线 l 的异侧	"同错角"

二、向学生解释，为什么教材中不提"同错角""外错角""同旁外角"

其实，在平行线的性质和判定中，"两直线平行，同位角相等""同位角相等，两直线平行"是以"公理（基本事实）"的身份出现的，其他的命题是由它推导出来的"定理".

在数学中，哪些正确的命题作为公理，哪些正确的命题作为定理，是有约定的，不可能把所有的正确命题都拿来作公理或定理.

同样，在"数学大家庭"中，对于哪些概念作为"家庭成员"、哪些不作为"家庭成员"也是有约定的. 为了研究平行线，有"同位角""内错角""同旁内角"就够了，没有必要把"同错角""外错角""同旁外角"列进来，因为这样只会增加学生的负担，没有数学价值. 但是仅将其作为学习"三线八角"的练习，不要求学生掌握，这是完全可以的，不算"超纲".

三、教学价值分析

（一）增加对点、线之间关系的辨认能力

几何就是研究点、线、面之间的关系的一门学科. 在"三线八角"的基本图形中，有两个点、七段线，通过训练让学生为"同错角""外错角""同旁外角"取名，可以增加学生对点与线之间关系的辨认能力，提高学生的几何素养.

（二）加深对"同位""同旁""内""错"的理解和应用

对所有不共顶点的两个角之间的关系进行命名，可以更深刻地理解"同"在何处，"同位""同旁""内"的参照物是什么，特别是可以加深对内涵丰富的"错"字的理解. 从这个角度来说，这有助于加强学生对"同位角""内错角""同旁内角"的辨认能力.

总之，我们可以引导学生采用理解性的学习方法，减少记忆性的背诵，大大促进学生学习的深度.

附：基于上述理解来上课的教学视频，可供观看、下载，网址为——

教学视频下载网址：https://pan.baidu.com/s/1FfOjrhrUToC86WjVm3o4Ew.

教学视频观看网址：

http://v.youku.com/v _ show/id _ XMzQ0MDMyNTMxMg = =.html? spm = a2h0k.8191407.0.0&from=s1.8−1−1.2；也可通过百度或在优酷网输入"三线八角（会昌刘鑫）"搜索得到.

基于教材，不唯教材

——以"等腰三角形"为例

等腰三角形的性质，是人教版义务教育教科书《数学·八年级（上册）》第十三章《轴对称》第三小节第一课时的内容．在此之前，学生不但学习了全等三角形的性质和判定，还学习了轴对称的性质和画法、线段垂直平分线的性质和判定等相关知识．教材从这个角度切入等腰三角形性质的教学是很有整体观念的．

但是完全依照教材照搬照抄的话，教学效果还是不够理想．在教学中，我们应当基于教材，但不唯教材，对教材进行深入的挖掘并做相应的调整．

一、归纳、总结和强调"因为重叠，所以相等"这个公理性的结论

在这一节内容中，教材安排了对折纸片、剪纸片的操作活动，然后得到一个等腰三角形．教材有明显的提示，这个操作活动的用意是启发学生在证明等腰三角形的性质时如何做辅助线．

其实，在这里我们还要归纳、总结和强调一个结论：因为重叠，所以相等．

学习了全等三角形以后，绝大部分学生形成了一种思维定式——要证线段或角相等，就得先证全等．其实，这是不必要的，因为"全等三角形对应边（角）相等"是全等三角形的性质，而"全等三角形"的定义是"能够完全重合"的两个三角形，"重合"即"重叠"，所以，能够重叠或重合的两条线段或两个角，自然就相等．我们要让学生明白这个道理．其实，小学和七年级（上）教材中的"线段的比较""角的比较"就应用过这个思想．

所以，"因为重叠，所以相等"这个结论是有点类似公理（基本事实）的结论，我们要引导学生归纳、总结和应用．

二、调整性质的"地位"，抓住性质的根本

在教材中，出现了等腰三角形的两类性质：

一类是作为"定理"的性质：

（1）等腰三角形两底角相等（"等边对等角"）.

（2）等腰三角形底边上的中线、底边上的高、顶角平分线互相重合（"三线合一"）.

另一类是作为"非定理"的性质：等腰三角形是轴对称图形.

在人教版教材中，以上三个性质的"出场"顺序是：作为"定理"的性质在先，作为"非定理"的性质在后. 其实，这也搞错了它们的内在联系，搞乱了思维的连贯性. 应做如下调整——

在进行折纸、剪纸活动后，应当马上启发学生归纳、总结出等腰三角形的轴对称性. 这样，既可以体现它是折纸、剪纸活动的成果，也可以作为前一节教学内容的延伸和过渡，体现章节之间知识的连贯性.

让作为"非定理"的对称性性质先出现、作为"定理"的性质后出现，还有一个好处是：体现性质之间的"母子关系"和包含关系. 很显然，等腰三角形的对称性内涵更丰富，完全可以理解为等腰三角形的轴对称性是"根"，"等边对等角"和"三线合一"是由等腰三角形的轴对称性"长出来"的，这样就体现了思维的逻辑性.

这样调整性质的"地位"，就可以让学生更好地抓住性质的根本.

三、调整习题为例题，增强应用的针对性

为应用、消化等腰三角形的两个定理，教材中安排的大多数是"计算题"，没有安排纯粹的"证明题". 为了填补这个"空白"，我们有必要增加一道证明题作为例题，为应用、消化等腰三角形的两个性质定理提供示范.

在教材的第 81 页，习题 13.3 中的"复习巩固"部分的第 6 题，就是一道很好的证明题，我认为把它拿来作为例题，很有价值. 题目如下：

如图 1，点 D，E 在△ABC 的边 BC 上，$AB=AC$，$AD=AE$. 求证：$BD=CE$.

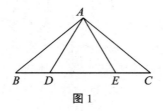

图 1

四、调整内容不匹配的练习题

教材第 77 页，练习第 2 题，题目如下：

如图 2，$\triangle ABC$ 是等腰直角三角形（$AB = AC$，$\angle BAC = 90°$），AD 是底边 BC 上的高. 标出 $\angle B$，$\angle C$，$\angle DAC$ 的度数，并写出图中所有相等的线段.

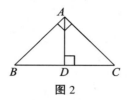

图 2

题中所问的前一个问题"标出 $\angle B$，$\angle C$，$\angle DAC$ 的度数"，当然是很好的问题，能考查、巩固学生对等腰三角形两个性质定理的理解.

但是，第二个问题"并写出图中所有相等的线段"，考查、巩固的是后一节"等角对等边"的内容，即属于等腰三角形判定定理的应用. 我们应当将它放在后一节的练习题中.

五、调整教师用书的检测题为习题，增加训练的有效性

在人教版配套教师用书的第 168 页，有一组目标检测试题，其中有一道很有针对性的习题，可以作为应用等腰三角形性质定理的习题，老师布置给学生作为课外作业. 题目如下：

如图 3，在 $\triangle ABC$ 中，$AB = AC$，$DB = DC$.

求证：（1）$\angle BAD = \angle CAD$；（2）$AD \perp BC$.

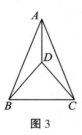

图 3

六、添加例题的分析方法，提高学生的分析能力

教材中提供的例题及解答如下——

如图 4，在 $\triangle ABC$ 中，$AB = AC$，点 D 在 AC 上，$BD = BC = AD$. 求 $\triangle ABC$ 各角的度数.

解：$\because AB = AC$，$BD = BC = AD$，

$\therefore \angle ABC = \angle C = \angle BDC$，

$\angle A = \angle ABD$（等边对等角）.

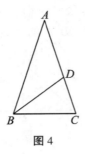

图4

设 $\angle A = x$，则

$\angle BDC = \angle A + \angle ABD = 2x$，

从而 $\angle ABC = \angle C = \angle BDC = 2x$．

于是在 $\triangle ABC$ 中，有

$\angle A + \angle ABC + \angle C = x + 2x + 2x = 180°$．

解得 $x = 36°$．

所以，在 $\triangle ABC$ 中，$\angle A = 36°$，$\angle ABC = \angle C = 72°$．

为了提高学生的分析能力、解题能力，我认为要增加例题的分析方法．下面介绍一下我的做法．

（一）养成把已知条件和分析结果直接标注在图上的习惯

1．用"画杠法""画弧法"标注相等的边、角

老师在分析例题和解答例题的过程中，应当利用画杠、画弧等方式在图上做标记，并且要一边讲、一边画、一边写，如图5至图8所示．这样就可以直观、形象地说明例题的分析、解答的思路．

图5表示：因为 $AD = BD$，所以 $\angle A = \angle ABD$．

图6表示：$\triangle BAD$ 的一个外角 $\angle BDC$ 等于与它不相邻的两个内角 $\angle A$，$\angle ABD$ 的和，即 $\angle BDC = \angle A + \angle ABD$．

图7表示：因为 $BD = BC$，所以 $\angle BDC = \angle C$．

图8表示：因为 $AB = AC$，所以 $\angle ABC = \angle C$．

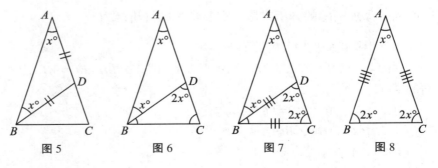

图5 图6 图7 图8

2. 用"分离图形法"排除干扰因素

为了使分析过程和结果更直观、更形象，利用"等边对等角"的分析过程，还可以用"分离图形"的方式表示出来，如图 9 至图 11 所示（实线部分的图形就是从原图中分离出来的图形）.

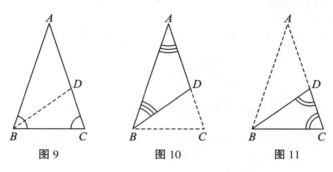

图 9   图 10   图 11

3. 用"涂阴影法"突出关注的重点

同样，为了使分析过程和结果更直观、更形象，利用"等边对等角"的分析过程，还可以用"涂阴影"的方式表示出来，如图 12 至图 14 所示.

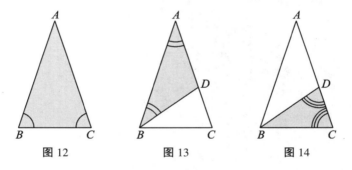

图 12   图 13   图 14

4. 尽量用阿拉伯数字、希腊字母或单个大写字母表示角

为了使标注直观形象，并使听、说、读、写、看更方便，还要尽量用阿拉伯数字、希腊字母或单个大写字母来表示角，如图 15 和图 16 所示.

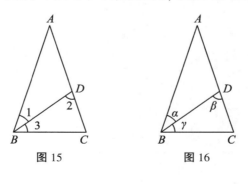

图 15   图 16

（二）提示方程思想在角度计算中的应用

在本例的分析过程中以及进行小结时，要结合以前的解题经验，提示和强调方程思想在角度计算中的应用，以提升学生的解题能力.

七、教学效果

基于以上的理解，我在 2017 年 10 月底进行了试教，效果很好.

附：基于上述理解来上课的教学视频，可供观看、下载，网址为——

教学视频下载网址：https://pan.baidu.com/s/1mDHUQkPJxHyT8UC3ftiezA.

教学视频观看网址：

http://v.youku.com/v_show/id_XMzQzODk3NjgzMg=.html？spm=a2h0k.8191407.0.0&from=s1.8-1-1.2；也可通过百度或在优酷网输入"等腰三角形的性质（会昌刘鑫）"搜索得到.

找准切入点，"营养"更丰富

——以"画平行四边形"为例

"平行四边形的判定"是人教版《数学·八年级（下册）》第十八章《平行四边形》第一节第二小节的内容. 它是平行四边形性质的后续内容.

在该教材中，平行四边形有四个判定定理，其中有三个定理是由证明平行四边形的三个性质定理的逆命题得到的，其余的一个定理是通过思考"四边形一组对边满足什么条件"而得到的. 这种传输渠道是一条捷径，但是，通过这种方式传输的知识没有"味道"，也没有"营养". 这种传输是"灌输"，是结果的"搬家".

怎样改变判定定理的教学方式和传输路径，才能让学生学起来觉得有趣，并且学到的知识更有"营养"呢？

我认为，只有改变教学的切入点、找准教学的切入口，才能让学生的学习更有趣，学到的知识更有"营养". 我的做法是——以画平行四边形的方法引出平行四边形的判定定理.

一、如何设计切入点和知识的传输路径

（一）拼图感悟，提高认识的实践性

课前，布置下列研究活动，以增加学生的活动经验，提高学生认识的实践性：

（1）用学具或小木条搭一个平行四边形框架，请说明你的制作过程.

（2）在无格子的白纸上，请你用直尺、圆规画平行四边形（尽量用多种方法）.

（3）在印有平行线格子的纸上，请用直尺、圆规画平行四边形.

（二）从"拼"到"画"，增加寻找结论的过程性

学生画图时，常常是用刻度尺，量出相关线段的长度后再来画平行四边形的. 其实，这种做法是没有一般性的.

（三）用刻度尺"画图"到用尺规"作图"，提高结论的严谨性

接着要提醒学生，只有采取用圆规在射线上截取线段的方式所得的相等线段，这样的"相等"才更有一般性.

（四）先作图再证明，认同定理的正确性

平行四边形画好后，要让学生写出已知、求证，并进行证明，进而把该画法提升为判定定理.

二、设计不同的情境，启发作法的多样性和针对性

（一）怎么启发，引出"两组对边分别相等的四边形是平行四边形"

学生通过用学具（见图1）或小木条拼搭平行四边形后，绝大部分都是说：我是让它对边相等拼搭出来的.

这时的启发语言是：已知相邻的两边（先在黑板上画好图2），怎样画出另外两边？

再用圆规量取其中一边的长度作为半径，然后问对边在哪里，从而让学生明白以另一边的另外一个顶点为圆心画弧，两弧的交点得到了第四个顶点，另外两边的位置就确定了（见图3）.

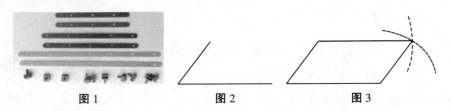

图1　　　　　　　图2　　　　　　　图3

（二）怎么启发，引出"对角线互相平分的四边形是平行四边形"

通过上面的画图后，提示学生：已知相邻的两边画四边形，关键是确定第四个顶点的位置.

这时的启发语言是：还有什么办法，能够确定第四个点？（实在不行，就再启发：有了相邻的两边，就确定了一条对角线，还有一条对角线在哪?）

在黑板的画图过程如图4至图8所示.

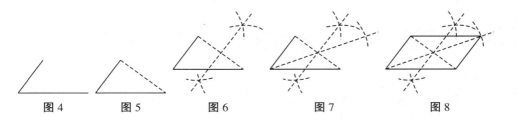

图 4　　　　图 5　　　　图 6　　　　图 7　　　　图 8

（三）怎么启发，引出"一组对边平行且相等的四边形是平行四边形"

在课前的思考活动中，针对第 3 个问题"在印有平行线格子的纸上，请用直尺、圆规画平行四边形"，一般情况下是有学生知道用这个方法画平行四边形的，只是大多数同学是用刻度尺量取相等的线段. 老师必须提醒学生用圆规截取相等的线段.

当然，也可以这样启发学生：在等距离的互相平行的线上画平行四边形，现已知一条边的位置，另一条也在某条平行线上，再增加什么条件，以它们为对边构成的四边形是平行四边形？

还可以这样启发学生：在等距离的互相平行的线上画平行四边形，现已知一条边的位置和第三个点的位置（见图 9），那么，第四个点在哪里？

在黑板的画图过程如图 9 至图 11 所示.

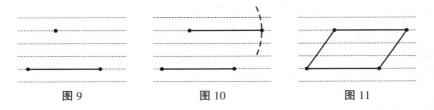

图 9　　　　　　图 10　　　　　　图 11

（四）怎么启发，引出"两组对角分别相等的四边形是平行四边形"

根据前面三种画图方法，再加证明，就得到了三个判定定理. 比较它们的结构，就很容易看出它们都是性质定理的逆命题，从而引出"两组对角分别相等的四边形是平行四边形"，证明后，这个判定定理就很顺畅了.

三、一题多解，训练判定方法应用的灵活性

为了训练画图方法的多样性和灵活性，可以布置这样的作业——已知三个点，请用多种不同的办法找第四个点，使这四点能组成一个平行四边形，并提供如图 12 至图 14 所示的备用图.

图12　　　　　图13　　　　　图14

四、综合训练，强化应用的示范性、灵活性，巩固教学效果

我们在一节课里把四个判定定理都得到了，再加上定义，共有五个判定方法，因此在接下来的一个课时，就可以同时针对五种判定方法讲解例题、巩固训练．在应用的过程中，要强调符号语言使用的示范性和证明的灵活性．

五、改变切入点后，增加了哪些"营养"

如果像教材一样，平行四边形的判定定理全部由性质定理的逆命题证明得到，那这样得来的知识是没有"营养"的；如果把画平行四边形的教学放在判定定理之后来练习，把它作为判定定理的一种应用，那么这种练习也是单调、无趣的．

但是，按照上述理解和设计，以画平行四边形为切入点"发现"平行四边形的判定定理，能让学生学到更多的知识！

相比之下，让学生充分参与教学活动，增加学生的动手操作过程、思考过程，有助于学生积累活动经验，提升其分析问题、解决问题的能力．这种教学方式，能加深学生对知识的理解，促进学生能力的提升．

总之，我们可以更有效地落实"四基"，提升学生的核心素养．

附：基于上述理解来上课的教学视频，可供观看、下载，网址为——

教学视频下载网址：https://pan.baidu.com/s/1J_KSym1QZcCqTmjNfIbLoQ.

教学视频观看网址：

http://v.youku.com/v_show/id_XMzQzODg0MDA5Mg==.html? spm = a2h0k.8191407.0.0&from=s1.8-1-1.2；也可通过百度或在优酷网输入"画平行四边形（会昌刘鑫）"搜索得到．

例子更贴切，领悟更深刻

——以"加权平均数"为例

"加权平均数"是人教版《数学·八年级（下册）》第二十章《数据的分析》第一节第一小节的内容.

教材通过列举某公司招聘员工的例子，引入"权"和"加权平均数"的概念，接着，还给出了加权平均数的计算公式，但并没有明确的定义，也没有明确阐述、归纳"权"的表现形式. 在这种情况下，学生只能通过例子来理解"权"和"加权平均数"的内涵.

在百度百科中，"加权平均数"的相关解释是：加权平均值是将各数值乘以相应的权数，然后加总求和得到总体值，再除以总的单位数. 因为加权平均值是根据权数的不同进行的平均数的计算，所以又叫加权平均数. 加权平均值的大小不仅取决于总体中各单位的数值（变量值）的大小，而且取决于各数值出现的次数（频数）. 由于各数值出现的次数对其在平均数中的影响起着权衡轻重的作用，因此把它称作权数. 在日常生活中，人们常常把"权数"理解为事物所占的"权重".

在没有明确定义的情况下，怎样让学生更深刻地理解"权"和"加权平均数"的内涵呢？我认为要选用更贴切的例子. 我认为下面这个例子很贴切.

一、例子及其解答分析

【例】某幼儿园准备招聘一名教师，采取笔试与面试相结合的方式进行，共有三位考生参加考试. 她们的成绩如表 1 所示.

表 1

序号	姓名	笔试成绩（分）	面试成绩（分）
1	小罗	80	77
2	小兰	53	95
3	小刘	68	86

请思考：

（1）如果录取的是小罗，你知道是什么理由吗？

（2）如果录取的是小兰，你知道是什么理由吗？

（3）如果录取的是小刘，你知道是什么理由吗？

（4）根据幼儿教学的性质，你认为录取谁更恰当？

【备课分析】

一类是用旧知识能得到的数据：

（1）小罗的总分 $=80+77=157$，小兰的总分 $=53+95=148$，小刘的总分 $=68+86=154$.

这时小罗的总分最高，肯定可以作为录取小罗的理由.

（2）小罗的平均分 $=\dfrac{80+77}{2}=78.5$，小兰的平均分 $=\dfrac{53+95}{2}=74$，小刘的平均分 $=\dfrac{68+86}{2}=77$.

这时小罗的平均分最高，肯定也可以作为录取小罗的理由.

另一类是为准备引入新知识的分析：

（1）当笔试成绩占 30%、面试成绩占 70%（即笔试成绩与面试成绩之比是 $3:7$）计入总分时：

小罗的总分 $=80\times30\%+77\times70\%=77.9$；

小兰的总分 $=53\times30\%+95\times70\%=82.4$；

小刘的总分 $=68\times30\%+86\times70\%=80.6$.

这时小兰的总分最高，肯定可以作为录取小兰的理由.

（2）当笔试成绩占 40%、面试成绩占 60%（即笔试成绩与面试成绩之比是 $4:6$）计入总分时：

小罗的总分 $=80\times40\%+77\times60\%=78.2$；

小兰的总分 $=53\times40\%+95\times60\%=78.2$；

小刘的总分 $=68\times40\%+86\times60\%=78.8$.

这时小刘的总分最高，肯定可以作为录取小刘的理由.

（3）当笔试成绩占 50%、面试成绩占 50%（即笔试成绩与面试成绩之比是 $5:5$）计入总分时：

小罗的总分 $=80\times50\%+77\times50\%=78.5$；

小兰的总分 $=53\times50\%+95\times50\%=74$；

小刘的总分 $=68\times50\%+86\times50\%=77$.

这时小罗的总分最高，肯定可以作为录取小罗的理由.

（4）当笔试成绩占 60%、面试成绩占 40%（即笔试成绩与面试成绩之比是 6：4）计入总分时：

小罗的总分 = 80×60%+77×40% = 78.8；

小兰的总分 = 53×60%+95×40% = 69.8；

小刘的总分 = 68×60%+86×40% = 75.2.

这时小罗的总分最高，肯定可以作为录取小罗的理由.

（5）当笔试成绩占 70%、面试成绩占 30%（即笔试成绩与面试成绩之比是 7：3）计入总分时：

小罗的总分 = 80×70%+77×30% = 79.1；

小兰的总分 = 53×70%+95×30% = 65.6；

小刘的总分 = 68×70%+86×30% = 73.4.

这时小罗的总分最高，肯定可以作为录取小罗的理由.

以上五种情况，还可以用列表的形式呈现，如表 2 所示.

表 2

考生 \ 笔试：面试	…	3：7	4：6	5：5	6：4	7：3	…
小罗		77.9	78.2	78.5	78.8	79.1	
小兰		82.4	78.2	74	69.8	65.6	
小刘		80.6	78.8	77	75.2	73.4	

最后，我们还可以得到如图 1 所示的结果.

笔试成绩的份额越多，录取小罗的可能性越大。

面试成绩的份额越多，录取小兰的可能性越大。

图 1

二、价值分析

上述例子有以下几点价值：

（一）问题情境贴近生活，故事真实可信

"招聘""面试""笔试"这些事情就在百姓的生活当中，每年都有数以万计的各级教师招聘考试，并且大都以笔试、面试的方式确定最终成绩.

例子中的故事也曾发生在我家. 2014 年，我女儿参加江西省幼儿教师招聘考试，上述例子中的数据就是由那次招聘的相关材料加工整理得到的（当年江西省幼儿教师的计分规则是笔试和面试满分均为 100 分，笔试成绩占 40%、面试成绩占 60% 计入总分；200 多位考生竞争赣州市章贡区的 27 个岗位. 当时真实的排名是：我女儿小刘笔试成绩排第九位，面试成绩排第三位，最后总分排第一位；例中的小罗，笔试成绩排第一位，面试成绩排第三十九位，最后总分排第二位；例中的小兰，笔试成绩排第七十九位，面试成绩排第一位，最后总分排第十六位，也如愿被录取. 我上课时，把这些故事讲给学生听，也加深了他们对"权"的认识）.

（二）数据个数少，干扰少

在人教版教材的第一个例子中，涉及甲、乙两个人，但是包含了听、说、读、写四项数据. 它们的"权"是以比值 2∶1∶3∶4 的形式呈现的. 这么多的数据，让人看到就眼花缭乱，会干扰学生对权及加权平均数内涵的理解.

但是本书所举的上述例子，只有"笔试"和"面试"两个数据，这样就能够让学生把更多的心思重点放在对"权"的理解上.

（三）在"权"的"动态"变化中，学生能更好地领会"权"和"加权平均数"的内涵

对于本书所举的上述例子，学生在"纠结"解答的过程中，会产生需要引入一个表示"份额"这个词的概念. 在这种状态下引出"权"就恰到好处，有利于学生领会引入"权"和"加权平均数"这两个概念的必要性. 并且，在分析的过程中，通过计算和列表，在数据所占"份额"不同的"动态变化"过程中，会产生不同的结果，更能够让学生深刻领会"权"和"加权平均数"的内涵，有利于增强学生的统计意识.

三、教学建议

在引出"权"时，教材中有这样一段表述：根据实际需要对不同类型的数据赋予与其重要程度相应的比重，其中的 2，1，3，4，分别称为听、说、读、写四项成绩的权. 这里用了一个关键的词是"比重". 我觉得还是用"数据的份额"这个词更通俗易懂.

我们可以通过查字典，了解"权"的其他解释. 通过查字典可以发现，"权"的其中一项解释是：秤. 测定物体重量的器具，称量，引申为权衡、比较.

在字典中，"权"还有一项解释是：秤锤（秤砣）. 对于这项解释，我们可以用图 2 来形象地说明"权"和"衡"在古代的意义及"权衡"一词的由来.

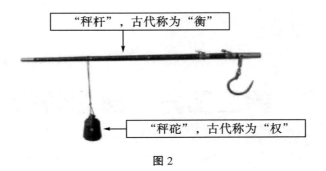

图2

对于教材中的公式 $\bar{x} = \dfrac{x_1 f_1 + x_2 f_2 + \cdots + x_k f_k}{n}$（$x_1$ 出现 f_1 次，x_2 出现 f_2 次 $\cdots$ x_k 出现 f_k 次，$f_1 + f_2 + \cdots + f_k = n$），也必须添加如图3所示的注释，这样才能更好地让学生领悟其中的抽象性和概括性.

$$\bar{x} = \dfrac{\overbrace{(x_1 + x_1 + \cdots + x_1)}^{f_1 \text{个} x_1} + \overbrace{(x_2 + x_2 + \cdots + x_2)}^{f_2 \text{个} x_2} + \cdots + \overbrace{(x_k + x_k + \cdots + x_k)}^{f_k \text{个} x_k}}{n}$$

图3

作为练习，也可以再编拟这样的题目：某班共有学生 50 名，学生年龄只有两个值，要么 14 岁，要么 15 岁. 请问：这个班学生的平均年龄是 14.5 岁吗？

另外，还要归纳"权"可以用百分比、比值、个数（后续将学的"频数"）等形式来表示.

附：基于上述理解来上课的教学视频，可供观看、下载，网址为——

教学视频下载网址：https://pan.baidu.com/s/10JewRCvdaPXuJvK2Rbj1cQ.

教学视频观看网址：

http://v.youku.com/v_show/id_XMzQ0MDIzNzM0OA==.html? spm = a2h0k.8191407.0.0&from=s1.8-1-1.2；也可通过百度或在优酷网输入"加权平均数（会昌刘鑫）"搜索得到.

第二部分　解题研究

二次函数系数及其关系式符号的判定

已知二次函数 $y = ax^2 + bx + c (a \neq 0)$ 的图像，要求判定参数 a，b，c 及其关系式的符号. 这是中考的一个热点，也是一个难点. 现介绍相关的方法和技巧.

一、参数符号的判定

（一）系数 a 的符号的判定

当抛物线 $y = ax^2 + bx + c (a \neq 0)$ 开口向上时，$a > 0$；开口向下时，$a < 0$.

（二）系数 b 的符号的判定

若抛物线 $y = ax^2 + bx + c (a \neq 0)$ 的对称轴 $x = -\dfrac{b}{2a}$ 在 y 轴的左边，则 $-\dfrac{b}{2a}$ < 0；若抛物线的对称轴在 y 轴的右边，则 $-\dfrac{b}{2a} > 0$；若对称轴是 y 轴，则 $-\dfrac{b}{2a} = 0$. 结合系数 a，分析、化简 $-\dfrac{b}{2a} < 0$，$-\dfrac{b}{2a} > 0$ 或 $-\dfrac{b}{2a} = 0$，可得 b 的符号，如表1所示.

表1

	$a > 0$（开口向上）	$a < 0$（开口向下）
对称轴在 y 轴的左边	$b > 0$	$b < 0$
对称轴在 y 轴的右边	$b < 0$	$b > 0$
对称轴是 y 轴	$b = 0$	

（三）常数项 c 的符号的判定

当 $x = 0$ 时，$y = a \times 0^2 + b \times 0 + c = c$，可得点的坐标 $(0, c)$.

所以，当抛物线 $y = ax^2 + bx + c (a \neq 0)$ 与 y 轴交于 y 轴的正半轴时，$c > 0$；当抛物线与 y 轴交于 y 轴的负半轴时，$c < 0$；当抛物线经过原点时，$c = 0$.

二、常见关系式符号的判定

（一）关系式 $a + b + c$ 的符号的判定

当 $x = 1$ 时，$y = a \times 1^2 + b \times 1 + c = a + b + c$，可得点的坐标 $(1, a + b + c)$.

所以，当抛物线 $y = ax^2 + bx + c (a \neq 0)$ 经过点 $(1, 0)$ 时，$a + b + c = 0$；当抛物线经过点 $(1, 0)$ 的正上方时，$a + b + c > 0$；当抛物线经过点 $(1, 0)$ 的正下方时，$a + b + c < 0$.

（二）关系式 $a - b + c$ 的符号的判定

同上，通过分析抛物线 $y = ax^2 + bx + c (a \neq 0)$ 与点 $(-1, 0)$ 的位置关系，可判定 $a - b + c$ 的符号.

推广：分析抛物线 $y = ax^2 + bx + c (a \neq 0)$ 与点 $(n, 0)$ 的位置关系，可对其他形如 $n^2 \cdot a + n \cdot b + c$ 的关系式的符号进行判定，如关系式 $4a + 2b + c$ 等.

（三）关系式 $2a + b$ 的符号的判定

若抛物线 $y = ax^2 + bx + c (a \neq 0)$ 的对称轴 $x = -\dfrac{b}{2a}$ 在点 $(1, 0)$ 的左边，则 $-\dfrac{b}{2a} < 1$，当 $a > 0$ 时，可得 $2a + b > 0$；当 $a < 0$ 时，可得 $2a + b < 0$.

若抛物线的对称轴在点 $(1, 0)$ 的右边，则 $-\dfrac{b}{2a} > 1$，当 $a > 0$ 时，可得 $2a + b < 0$；当 $a < 0$ 时，可得 $2a + b > 0$.

若抛物线的对称轴经过点 $(1, 0)$，则 $-\dfrac{b}{2a} = 1$，可得 $2a + b = 0$.

（四）关系式 $2a - b$ 的符号的判定

同上，通过讨论抛物线 $y = ax^2 + bx + c (a \neq 0)$ 的对称轴与点 $(-1, 0)$ 的位置关系，可判定 $2a - b$ 的符号.

推广：通过分析抛物线的对称轴与点 $(p, 0)$ 的位置关系，分析、化简 $-\dfrac{b}{2a} < p$，$-\dfrac{b}{2a} > p$ 或 $-\dfrac{b}{2a} = p$，可得其他形如 $ma + nb$ 的关系式的符号，如关系式 $2a - 3b$ 等.

（五）关系式 $b^2 - 4ac$ 的符号的判定

若抛物线 $y = ax^2 + bx + c (a \neq 0)$ 与 x 轴有两个交点，表示方程 $ax^2 + bx + c = 0 (a \neq 0)$ 有两个不相等的实根，则根的判别式 $b^2 - 4ac > 0$. 同理：若抛物线与 x 轴只有一个交点，则 $b^2 - 4ac = 0$；若抛物线与 x 轴没有交点，则 $b^2 - 4ac < 0$.

（六）其他

有时，需要利用抛物线 $y = ax^2 + bx + c (a \neq 0)$ 顶点的位置与顶点坐标 $\left(-\dfrac{b}{2a}, \dfrac{4ac - b^2}{4a} \right)$ 来确定有关关系式的符号.

有时，需要根据抛物线与 x 轴的交点 $(x_1, 0)$，$(x_2, 0)$ 的位置，再结合根与系数关系的关系式 $x_1 + x_2 = -\dfrac{b}{a}$ 和 $x_1 x_2 = \dfrac{c}{a}$ 来确定有关关系式的符号.

温馨提示：在解答问题时，不能死记硬背上述结论，而应当运用上述分析方法，综合、灵活进行分析.

例1（2010 年天津） 已知二次函数 $y = ax^2 + bx + c (a \neq 0)$ 的图像（见图 1），有下列结论：

（1）$b^2 - 4ac > 0$；

（2）$abc > 0$；

（3）$8a + c > 0$；

（4）$9a + 3b + c < 0$.

其中，正确结论的个数是（　　　）

（A）1　（B）2　（C）3　（D）4

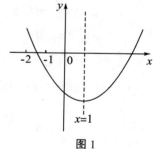

图 1

解析：由图像与 x 轴有两个交点，得 $b^2 - 4ac > 0$，故（1）正确.

由图像开口向上，得 $a > 0$；由图像与 y 轴交于 y 轴的负半轴，得 $c < 0$；因对称轴在 y 轴的右边，则 $-\dfrac{b}{2a} > 0$，得 $b < 0$，所以 $abc > 0$，故（2）正确.

由于图像经过点 $(-2, 0)$ 的正上方，所以 $a \cdot (-2)^2 + b \cdot (-2) + c > 0$，即 $4a - 2b + c > 0$；因为对称轴为 $x = 1$，即 $-\dfrac{b}{2a} = 1$，由

$$\begin{cases} 4a - 2b + c > 0 \\ -\dfrac{b}{2a} = 1 \end{cases}$$　得 $8a + c > 0$，故（3）正确.

图像交 x 轴的左交点的横坐标 x_1 满足 $-2 < x_1 < -1$，且对称轴为 $x = 1$，结合抛物线的对称性可得图像交 x 轴的右交点的横坐标 x_2 应满足 $3 < x_2 < 4$，所以，图像经过点 $(3，0)$ 的正下方，得 $a \cdot 3^2 + b \cdot 3 + c < 0$，即 $9a + 3b + c < 0$，故（4）正确.

故选 D.

注：本文以"二次函数常见关系式符号的判定"为题于 2012 年发表在《初中数学辅导》期刊上.

中考中常见的分类讨论

在解答数学问题时，有时需要将问题加以分类，进行逐类求解，然后再进行综合，从而取得完整的结论，这就是分类讨论思想. 分类时应统一标准，不重复、不遗漏.

分类讨论是初中数学的重要思想方法，掌握好分类讨论思想，可以培养学生思维的周密性、条理性. 中考对分类讨论思想的考查力度较大. 现以 2009 年和 2010 年典型的中考试题为例，说说在中考中常见的分类讨论.

一、含绝对值问题的分类讨论

例1（2009 年孝感）　若 $|m - n| = n - m$，且 $|m| = 4$，$|n| = 3$，则 $(m + n)^2 = $ _____.

解：由 $|m| = 4$，$|n| = 3$ 得：$m = \pm 4$，$n = \pm 3$，

$\therefore \begin{cases} m = -4 \\ n = 3 \end{cases}$ 或 $\begin{cases} m = -4 \\ n = -3 \end{cases}$ 或 $\begin{cases} m = 4 \\ n = 3 \end{cases}$ 或 $\begin{cases} m = 4 \\ n = -3 \end{cases}$；

又 $\because |m - n| = n - m$，$\therefore n \geqslant m$，

$\therefore$ 取 $\begin{cases} m = -4 \\ n = 3 \end{cases}$ 和 $\begin{cases} m = -4 \\ n = -3 \end{cases}$；

所以，当 $m = -4$，$n = 3$ 时，$(m + n)^2 = (3 - 4)^2 = 1$；

当 $m = -4$，$n = -3$ 时，$(m + n)^2 = (-7)^2 = 49$.

点评：含绝对值的问题，一般要先去掉绝对值符号. 去绝对值法则是由分类给出的，所以，化简含有字母的绝对值问题时必须分类讨论. 本来本题 n，m 的取值有四组，但符合 n，m 关系的只有两组，所以结果只有两个值.

二、含参数问题的分类讨论

例2（2010 年芜湖）　关于 x 的方程 $(a - 5)x^2 - 4x - 1 = 0$ 有实数根，则 a 满足（　）.

（A）$a \geqslant 1$　　（B）$a > 1$ 且 $a \neq 5$　　（C）$a \geqslant 1$ 且 $a \neq 5$　　（D）$a \neq 5$

解：当 $a = 5$ 时，原方程变为一元一次方程 $-4x - 1 = 0$，有且只有一个实

数根.

当 $a \neq 5$ 时,原方程是一元二次方程,当 $\triangle = (-4)^2 - 4 \times (a-5) \times (-1) \geq 0$,即 $a \geq 1$ 时,原方程有两个不相等的实数根.

综上所述,取 $a \geq 1$,故选 A.

点评:本题中 x^2 的系数是含参数的代数式 $(a-5)$,参数 a 的不同取值会影响原方程最高次项的次数,原方程会变为一元二次方程或一元一次方程,从而影响对解的分析,所以必须对参数的取值进行分类讨论.

三、图形不确定问题的分类讨论

例 3(2010 年荆门） 如图 1 所示,坐标平面内一点 $A(2,-1)$,O 为原点,P 是 x 轴上的一个动点,如果以点 P,A,O 为顶点的三角形是等腰三角形,那么符合条件的动点 P 的个数为（　　）.

（A）2　　　　（B）3　　　　（C）4　　　　（D）5

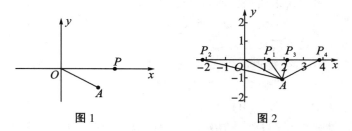

图 1　　　　　　　　　　图 2

解:如图 2 所示,以 AO 为底的等腰三角形是 $\triangle P_1OA$（$P_1O = P_1A$）.以 AO 为腰的等腰三角形有三个:以点 O 为顶点的是 $\triangle OP_2A$（$OP_2 = OA$）和 $\triangle OP_3A$（$OP_3 = OA$）,以点 A 为顶点的是 $\triangle AOP_4$（$AO = AP_4$）.综上所述,符合条件的动点 P 一共有四个,故选 C.

点评:本题中点 P 的位置不确定,线段 AO 可以作为底,也可以作为腰,所以可依此来进行分类讨论.以线段 AO 为腰时,又可以再分两类,一类是以点 O 为顶点,另一类是以点 A 为顶点.

例 4(2009 年杭州） 如果一个直角三角形的两条边长分别是 6 和 8,另一个与它相似的直角三角形的边长分别是 3、4 及 x,那么 x 的值（　　）.

（A）只有 1 个　（B）可以有 2 个　（C）有 2 个以上,但有限　（D）有无数个

解:两条边长是 6 和 8 的直角三角形可能有两个,$\triangle ABC$（见图 3）、$\triangle DEF$（见图 4）,第三边的长度分别是 10 和 $2\sqrt{7}$.

三条边长是 3、4 及 x 的直角三角形也可能有两个,$\triangle A'B'C'$（见图 5）、$\triangle D'E'F'$（见图 6）.

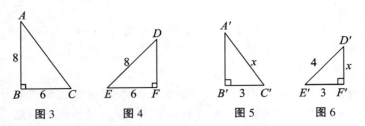

图3　　　　图4　　　　图5　　　　图6

从图 3 至图 6 可知，能够互相相似的三角形只能有两对，$\triangle ABC$ ∽ $\triangle A'B'C'$ 和 $\triangle DEF$ ∽ $\triangle D'E'F'$.

如图 5 所示，当长度是 x 的边为斜边时，$x = \sqrt{3^2 + 4^2} = 5$；

如图 6 所示，当长度为 4 的边为斜边时，$x = \sqrt{4^2 - 3^2} = \sqrt{7}$.

所以 x 的值共有 2 个，故选 B.

点评：本题中的已知条件不全面、不完整，只给出了直角三角形两条边的长度，而斜边尚未明确，所以通过确定斜边来进行分类讨论. 直角三角形边长分别是 3、4 及 x，长度为 4 及 x 的两边均有可能为斜边（因为 $3 < 4$，所以长度为 3 的边不可能为斜边）.

例 5（2010 年襄樊）　已知：$\odot O$ 的半径为 13cm，弦 AB ∥ CD，$AB = 24$cm，$CD = 10$cm，则 AB、CD 之间的距离为（　　　）.

（A）17cm　　　（B）7cm　　　（C）12cm　　　（D）17cm 或 7cm

解：过圆心 O 作 $OE \perp CD$ 于 E，作 $OF \perp AB$ 于 F，联结 OA，OC. 由垂径定理和勾股定理得 $OE = 12$，$OF = 5$.

当 AB，CD 位于圆心 O 的同侧时（见图 7），$EF = OE - OF = 12 - 5 = 7$（cm）；

当 AB，CD 位于圆心 O 的异侧时（见图 8），$EF = OE + OF = 12 + 5 = 17$（cm）. 故选 D.

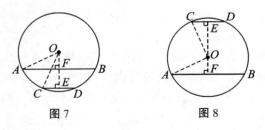

图7　　　　　　　图8

点评：因为小于直径的两条平行弦 AB，CD 的位置关系可能有两种：一是两弦位于圆心的同侧，二是两弦位于圆心的异侧. 故依此来进行分类讨论.

四、动态几何的分类讨论

例 6（2009 年锦州） 如图 9 所示，直角梯形 $ABCD$ 和正方形 $EFGC$ 的边 BC，CG 在同一条直线上，$AD \parallel BC$，$AB \perp BC$ 于点 B，$AD = 4$，$AB = 6$，$BC = 8$，直角梯形 $ABCD$ 的面积与正方形 $EFGC$ 的面积相等．将直角梯形 $ABCD$ 沿 BG 向右平行移动，当点 C 与点 G 重合时停止移动．设梯形与正方形重叠部分的面积为 S．

（1）求正方形的边长．

（2）设直角梯形 $ABCD$ 的顶点 C 向右移动的距离为 x，求 S 与 x 的函数关系式．

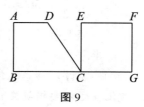

图 9

（3）当直角梯形 $ABCD$ 向右移动时，它与正方形 $EFGC$ 的重叠部分面积 S 能否等于直角梯形 $ABCD$ 面积的一半？若能，请求出此时运动的距离 x 的值；若不能，请说明理由．

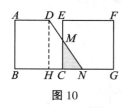

图 10

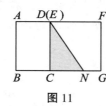

图 11

图 12

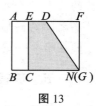

图 13

解：运动过程如图 9，图 10，图 11，图 12 和图 13 所示．

（1）$S_{正方形EFGC} = S_{梯形ABCD} = \dfrac{1}{2}(4+8) \times 6 = 36$，从而可得正方形的边长为 6．

（2）①当 $0 \leqslant x < 4$ 时，如图 10 所示，重叠部分为 Rt $\triangle MCN$，过 D 作 $DH \perp BC$ 于 H，可得 $\triangle MCN \backsim \triangle DHN$，则 $\dfrac{MC}{DH} = \dfrac{CN}{HN}$，$HN = BN - AD = 8 - 4 = 4$，即 $\dfrac{MC}{6} = \dfrac{x}{4}$．

$\therefore MC = \dfrac{3}{2}x$，$S = \dfrac{1}{2}CN \cdot CM = \dfrac{1}{2} \cdot x \cdot \dfrac{3}{2}x = \dfrac{3}{4}x^2$．

②当 $4 \leqslant x \leqslant 6$ 时，如图 12 所示，重叠部分为直角梯形 $ECND$，

$\therefore S = \dfrac{1}{2}[4 - (8 - x) + x] \times 6 = 6x - 12$．

综上所述，$S = \begin{cases} \dfrac{3}{4}x^2 & (0 \leqslant x < 4) \\ 6x - 12 & (4 \leqslant x \leqslant 6) \end{cases}$．

（3）存在.

当 $0 \leqslant x < 4$ 时，$S = \dfrac{3}{4}x^2$，$S_{梯形ABCD} = 36$，

$\therefore \dfrac{1}{2} \times 36 = \dfrac{3}{4}x^2$，取正根 $x = 2\sqrt{6}$，但 $2\sqrt{6} > 4$，所以此时 x 的值应舍去，x 的值不存在.

当 $4 \leqslant x \leqslant 6$ 时，$S = 6x - 12$，$S_{梯形ABCD} = 36$，

$\therefore \dfrac{1}{2} \times 36 = 6x - 12$，解得 $x = 5$.

综上所述，当 $x = 5$ 时，重叠部分的面积 S 等于直角梯形 $ABCD$ 面积的一半.

点评：动态几何题是中考的热点题型，在运动过程中，因为图形不断变化，所以要根据变化过程的不同状态来进行分类讨论. 在分析的过程中，必须找准变化过程的"分界点". 本题中，图9、图11和图13所示位置是变化过程的三个"分界点"状态，我们先对其进行分析，然后对每两个"分界点"状态之间的图形进行分析. 第（3）小题的分类讨论方法是典型的处理分段函数的策略——逐段讨论.

五、决策问题的分类讨论

例7（2009 年南宁） 南宁市狮山公园计划在健身区铺设广场砖. 现有甲、乙两个工程队参加竞标，甲工程队铺设广场砖的造价 $y_甲$（元）与铺设面积 $x(\mathrm{m}^2)$ 的函数关系如图 14 所示；乙工程队铺设广场砖的造价 $y_乙$（元）与铺设面积 $x(\mathrm{m}^2)$ 满足函数关系式：$y_乙 = kx$.

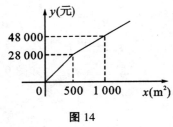

图 14

（1）根据图 14 写出甲工程队铺设广场砖的造价 $y_甲$（元）与铺设面积 $x(\mathrm{m}^2)$ 的函数关系式.

（2）如果狮山公园铺设广场砖的面积为 $1\,600\mathrm{m}^2$，那么公园应选择哪个工程队施工更合算？

解：（1）当 $0 \leqslant x < 500$ 时，设 $y_甲 = k_1 x$，把 $(500,\ 28\,000)$ 代入式中，可得 $y_甲 = 56x$.

当 $x \geqslant 500$ 时，设 $y_甲 = k_2 x + b$，把 $(500,\ 28\,000)$、$(1\,000,\ 48\,000)$ 代入式中得 $y_甲 = 40x + 8\,000$.

$\therefore y_甲 = \begin{cases} 56x & (0 \leqslant x < 500) \\ 40x + 8\,000 & (x \geqslant 500) \end{cases}$

（2）当 $x = 1\ 600$ 时，$y_甲 = 40 \times 1\ 600 + 8\ 000 = 72\ 000$，$y_乙 = 1\ 600k$.

① 当 $y_甲 < y_乙$ 时，即 $72\ 000 < 1\ 600k$，得 $k > 45$；

② 当 $y_甲 > y_乙$ 时，即 $72\ 000 > 1\ 600k$，得 $0 < k < 45$；

③ 当 $y_甲 = y_乙$ 时，即 $72\ 000 = 1\ 600k$，得 $k = 45$.

所以，当 $k > 45$ 时，选择甲工程队更合算；当 $0 < k < 45$ 时，选择乙工程队更合算；当 $k = 45$ 时，选择两个工程队的花费一样.

点评： 决策问题也是中考的热点题型，在决策过程中，常常要比较各种方案，这就必须进行分类讨论. 图 14 表示的函数是分段函数，所以第（1）小题要分段逐段进行求解. 对于第（2）小题，在分析决策方案时，一般要比较不同的大小关系进行分类讨论，常常是用列不等式、解不等式的方法来得出结论.

注：本文于 2011 年 2 月发表在《中学数学杂志》上.

"分式法" 妙解整式问题

化分式为整式是中学数学中常见的解题思路和解题习惯. 本文将介绍一种与此相逆的解题方法——化整式为分式, 不妨称之为 "分式法".

应用 "分式法" 解题就是: 对于有些整式问题, 首先设法将其转化为分式形式, 然后在分式形式下进行有关运算, 得出相关的结论, 从而巧妙地完成整式问题的解答. 在数学竞赛中, 这是一种常见的解题方法.

一、等式两边取倒数构造分式

例 1 (1991 年北京市竞赛试题)　设 a, b, c 均为非零实数, 并且 $ab = 2(a + b)$, $bc = 3(b + c)$, $ca = 4(c + a)$. 则 $a + b + c =$ _____.

解: 对已知三式取倒数得 $\dfrac{1}{ab} = \dfrac{1}{2(a + b)}$, $\dfrac{1}{bc} = \dfrac{1}{3(b + c)}$, $\dfrac{1}{ca} = \dfrac{1}{4(c + a)}$;

再变形并联立方程组得 $\begin{cases} \dfrac{1}{a} + \dfrac{1}{b} = \dfrac{1}{2}, \\[2mm] \dfrac{1}{b} + \dfrac{1}{c} = \dfrac{1}{3}, \\[2mm] \dfrac{1}{c} + \dfrac{1}{a} = \dfrac{1}{4}. \end{cases}$

解得 $\dfrac{1}{a} = \dfrac{5}{24}$, $\dfrac{1}{b} = \dfrac{7}{24}$, $\dfrac{1}{c} = \dfrac{1}{24}$; 则 $a = \dfrac{24}{5}$, $b = \dfrac{24}{7}$, $c = 24$.

$\therefore a + b + c = \dfrac{24}{5} + \dfrac{24}{7} + 24 = \dfrac{1\,128}{35}$.

评析: 本题若直接解原整式方程组求 a, b, c, 难度极大, 但通过取倒数构造分式方程后, 能够轻松地求出 $\dfrac{1}{a}$, $\dfrac{1}{b}$, $\dfrac{1}{c}$, 进而求得 a, b, c, 将问题圆满解决.

二、等式两边除以某因式构造分式

例 2 (由 1996 年北京市竞赛试题改编)　已知 $a^2 + 4a + 1 = 0$, 则 $a^2 + \dfrac{1}{a^2}$

= _____.

解：因为 $a^2 + 4a + 1 = 0$，显然 $a \neq 0$，

把方程 $a^2 + 4a + 1 = 0$ 两边同时除以 a 得分式方程：$a + \dfrac{1}{a} = -4$.

$\therefore a^2 + \dfrac{1}{a^2} = \left(a + \dfrac{1}{a}\right)^2 - 2 = (-4)^2 - 2 = 14$.

评析：如果通过解方程 $a^2 + 4a + 1 = 0$ 求出 a，再代入计算，不但运算繁琐，而且要分两种情况进行，运算量很大. 另外，低年级的学生可能不会解一元二次方程，此路不通！本题解法巧妙，通过两边除以 a，实现了从整式到分式的过渡.

三、对整式提取某因式产生分式

例3（2008 年黄冈市竞赛试题） 设 $x^2 - \sqrt{7}x + 7 = 0$，则 $49 + 7x^2 + x^4 =$ ____.

解：由方程 $x^2 - \sqrt{7}x + 7 = 0$ 知 $x \neq 0$，两边同除以 x 得分式方程：$x + \dfrac{7}{x} = \sqrt{7}$；

$\therefore 49 + 7x^2 + x^4 = x^2\left(\dfrac{49}{x^2} + 7 + x^2\right) = x^2\left[\left(x + \dfrac{7}{x}\right)^2 - 7\right] = x^2\left[\left(\sqrt{7}\right)^2 - 7\right] = 0$.

评析：本题首先从已知条件中的整式方程构造出分式方程，再借用提取公因式进行因式分解的方法，把结果中的整式变为分式，从而在形式上使已知与结论"接轨"，在分式形式下快捷地完成问题的解答.

四、在分数中换元产生分式

例4（2004 年北京市竞赛试题） 计算 $\dfrac{20\,042\,003^2 + 1}{20\,042\,002^2 + 20\,042\,004^2} =$ ____.

解：设 $a = 20\,042\,003$，则

原式 $= \dfrac{a^2 + 1}{(a-1)^2 + (a+1)^2} = \dfrac{a^2 + 1}{2(a^2 + 1)} = \dfrac{1}{2}$.

评析：通过换元，将"大数值"的分数转化为简单的分式形式，从而简捷地完成计算（分数属于单项式，是整式）.

五、在分数中，"从个别抽象出一般"产生分式

例5（2007 年全国联赛试题）　当 x 分别取值 $\dfrac{1}{2\,007}$，$\dfrac{1}{2\,006}$，$\dfrac{1}{2\,005}$，…，

$\dfrac{1}{2}$，1，2，…，$2\,005$，$2\,006$，$2\,007$ 时，计算代数式 $\dfrac{1-x^2}{1+x^2}$ 的值，将所得的结果相加，其和等于（　　）.

(A) -1　　　(B) 1　　　(C) 0　　　(D) $2\,007$

解：根据题目的规律，除 1 之外，一个数 n 与它的倒数 $\dfrac{1}{n}$ 同时参与运算，这样，宜分组配对进行计算.

因为 $\dfrac{1-\left(\dfrac{1}{n}\right)^2}{1+\left(\dfrac{1}{n}\right)^2}+\dfrac{1-n^2}{1+n^2}=\dfrac{n^2-1}{n^2+1}+\dfrac{1-n^2}{1+n^2}=0$，即当 x 取值 $\dfrac{1}{n}$ 和 n（n 为正

整数）时，计算所得的代数式的值之和为 0；又因为当 $x=1$ 时，$\dfrac{1-1^2}{1+1^2}=0$.

因此，当 x 分别取值 $\dfrac{1}{2\,007}$，$\dfrac{1}{2\,006}$，$\dfrac{1}{2\,005}$，…，$\dfrac{1}{2}$，1，2，…，$2\,005$，

$2\,006$，$2\,007$ 时，计算所得各代数式的值之和为 0. 故选 C.

评析：本例中，如果全体同时进行通分，采用"团体参战"的方式，那将碰得"晕头转向"，最后也难以完成解答. 解答该题，要先观察题目的特点和数字的规律，不仅要分组进行计算，还要将分数抽象、转化为分式，在分式形式下轻松进行有代表性的"局部"计算，从而简捷地完成"全部"解答.

注：本文于 2010 年 5 月发表在《中学生数学》期刊上.

消元法应用举例

当一个数学问题有若干个已知的等量关系时，可通过恒等变换，消去其中的某些元素，推出其他元素的关系，从而获得解题途径，这就是消元法. 它是一种化归方法. 消元法的应用很广泛.

一、代入消元法

例 1（2014 年滨州） 解方程组 $\begin{cases} 3x - y = 7, & ① \\ x + 3y = -1. & ② \end{cases}$

解：由②得：$x = -3y - 1.$ ③
把③代入①得：$3(-3y - 1) - y = 7$，解得：$y = -1.$
将 $y = -1$ 代入③得：$x = 2,$
则原方程组的解为 $\begin{cases} x = 2, \\ y = -1. \end{cases}$

评析：这个方程组的系数有一个明显的特点，那就是含有系数为 1 和 -1 的项，这就容易用含 y 的代数式表示 x（或用含 x 的代数式表示 y），把表示出来的式子代入其他方程，从而实现消元的目的.

二、加减消元法

例 2 解方程组 $\begin{cases} 7x - 3y = 13, & ① \\ 5x + 6y = -7. & ② \end{cases}$

解：①×2 得：$\begin{cases} 14x - 6y = 26, & ③ \\ 5x + 6y = -7. & ② \end{cases}$

②+③得：$(14x - 6y) + (5x + 6y) = 26 + (-7)$，
解得：$x = 1.$
把 $x = 1$ 代入①得：$y = -2.$
则原方程组的解为：$\begin{cases} x = 1, \\ y = -2. \end{cases}$

评析：这个方程组的系数也有一个明显的特点，那就是 y 的系数有倍数关系且符号相反，这样就容易把系数化为相反数，再把两式相加，就可实现消元目的．类似地，如果方程组某系数的符号相同且成倍数关系，系数化为相同的系数后，则可采用两式相减的办法，实现消元目的．

三、换元消元法

例3（2013年湖北黄冈改编） 解方程组 $\begin{cases} \dfrac{2(x-y)}{3} - \dfrac{x+y}{4} = -\dfrac{1}{12}, \\ 3(x+y) - 2(x-y) = 7. \end{cases}$

解：设 $x - y = m$，$x + y = n$，

原方程组化为：$\begin{cases} \dfrac{2m}{3} - \dfrac{n}{4} = -\dfrac{1}{12}, \\ -2m + 3n = 7. \end{cases}$

化简得：$\begin{cases} 8m - 3n = -1, \\ -2m + 3n = 7, \end{cases}$ 解这个方程组得：$\begin{cases} m = 1, \\ n = 3. \end{cases}$

即：$\begin{cases} x - y = 1, \\ x + y = 3. \end{cases}$

解这个方程组得原方程组的解为：$\begin{cases} x = 2, \\ y = 1. \end{cases}$

评析：这个方程组不是一般式，如果把它化为一般式，肯定可以用代入消元法或加减消元法求解．这个方程组还有一个明显的特点，即它是由 $(x+y)$，$(x-y)$ 组合而成的，通过分别换元，可以把方程组的结构形式变得简洁，便于完成后续解答．

四、参数消元法

例4（第24届希望杯培训题） 若 $\dfrac{b}{a} = \dfrac{c}{b} = \dfrac{2}{c}$，则 $b^2 - c^2 - ac + bc - 2a + 2b = $ ＿＿＿＿．

解：设 $\dfrac{b}{a} = \dfrac{c}{b} = \dfrac{2}{c} = t$，则 $b = at$，$c = bt$，$2 = ct$，

化简得：$c = \dfrac{2}{t}$，$b = \dfrac{2}{t^2}$，$a = \dfrac{2}{t^3}$．

则：

$b^2 - c^2 - ac + bc - 2a + 2b$

$= \dfrac{4}{t^4} - \dfrac{4}{t^2} - \dfrac{4}{t^4} + \dfrac{4}{t^3} - \dfrac{4}{t^3} + \dfrac{4}{t^2}$

$= 0.$

评析：这道题的特点是——用连等表示已知的等量关系．既然连等，我们就引入参数 t，假设它们都等于 t，这样，既可以保持它们相等的内在关系，又可以把它们从连等中分离出来，通过分别代换，实现消元目的．

五、整体消元法

例 5（第 24 届希望杯试题改编） 已知有理数 a，b，x，y 满足 $ax + by = 3$，$ay - bx = 5$，那么 $(a^2 + b^2)(x^2 + y^2)$ 的值是____．

解：$(a^2 + b^2)(x^2 + y^2)$
$= a^2x^2 + a^2y^2 + b^2x^2 + b^2y^2$
$= (a^2x^2 + b^2y^2) + (a^2y^2 + b^2x^2)$
$= (a^2x^2 + 2axby + b^2y^2) + (a^2y^2 - 2axby + b^2x^2)$
$= (ax + by)^2 + (ay - bx)^2$
$= 3^2 + 5^2$
$= 34$.

评析：这道题的特点是——已知条件中，a，b 与 x，y 各字母间的关系是交错的．要实现这种转变，就必须把 $(a^2 + b^2)(x^2 + y^2)$ 展开，再通过配方进行整体代换，从而实现消元目的．

六、乘因子消项法

例 6 $(2 + 1)(2^2 + 1)(2^4 + 1)\cdots(2^{2n} + 1)$ 的值是（　　）.
(A) $4^{2n} - 1$　(B) $2^{2^{2n}} - 1$　(C) $2^{2n} - 1$　(D) $2^n - 1$
解：原式 $= (2 - 1)(2 + 1)(2^2 + 1)(2^4 + 1)\cdots(2^{2n} + 1)$
$= (2^2 - 1)(2^2 + 1)(2^4 + 1)\cdots(2^{2n} + 1)$
$= (2^4 - 1)\cdots(2^{2n} + 1)$
$= (2^{2n} - 1)(2^{2n} + 1)$
$= (2^{2n})^2 - 1$
$= 2^{4n} - 1$
$= 4^{2n} - 1$.

所以，选 A.

评析：这道题的特点是——在已知式中每个括号内都是两数和的形式，其中 2 的指数逐个翻倍增加，所以乘以因子 $(2 - 1)$，就可通过连续应用平方差公式实现消项的目的，从而完成计算．

应用消元法时，首先要认真先观察已知条件，分析它们的特点，再选择恰当、简便的消元方法．

练习：

1. 解方程组：

(1)（2013 年毕节）$\begin{cases} x + 2y = 1, \\ 3x - 2y = 11. \end{cases}$

(2) $\begin{cases} 8(2x + y) + 3(x - 2y) = 17, \\ 4(2x + y) + 3(x - 2y) = 13. \end{cases}$

2.（2014 年全国数学竞赛试题）已知实数 x，y，z 满足

$\begin{cases} x + y + z = 5 \\ 4x + y - 2z = 2 \end{cases}$，则代数式 $4x - 4z + 1$ 的值是（　　）.

(A)−3　　　　(B)3　　　　(C)−7　　　　(D)7

（练习答案：1.（1）$\begin{cases} x = 3 \\ y = -1 \end{cases}$，（2）$\begin{cases} x = 1 \\ y = -1 \end{cases}$；2. A）

注：本文以"用消元法解题"为题于 2015 年 6 月发表在《数理天地》期刊上.

消常数法应用举例

解方程组时，常用的方法是代入法、加减法和因式分解法．有时根据系数和常数的特点，对方程组进行处理，也有其独到之处，其中的特殊消元法——"消常数法"，频繁出现在各级各类竞赛中，应用很多．

例 1（1999 年武汉市竞赛题） 设 x、y 为实数，且满足

$$\begin{cases} (x-1)^3 + 1\,998(x-1) = -1, & ① \\ (y-1)^3 + 1\,998(y-1) = 1, & ② \end{cases}$$

则 $x + y = ($ ）．

（A）1 　　（B）-1 　　（C）2 　　（D）-2

解：①+②消去常数得

$(x-1)^3 + (y-1)^3 + 1\,998\ (x-1+y-1) = 0$，

$(x+y-2)\ [(x-1)^2 - (x-1)(y-1) + (y-1)^2] + 1\,998\ (x+y-2) = 0$，

$(x+y-2)\left[\left(x - \dfrac{1}{2}y - \dfrac{1}{2}\right)^2 + \dfrac{3}{4}(y-1)^2 + 1\,998\right] = 0$．

$\because\ \left(x - \dfrac{1}{2}y - \dfrac{1}{2}\right)^2 + \dfrac{3}{4}\ (y-1)^2 + 1\,998 > 0$，

$\therefore x + y - 2 = 0$．

则 $x + y = 2$，故选 C．

点评：在上述解题过程中，通过消去常数，打破僵局，然后利用因式分解、结合整体思想，从高次中脱离出来，使问题得到解决．

例 2（2002 年全国初中数学联赛题） 若 $m^2 = n + 2$，$n^2 = m + 2(m \neq n)$，则 $m^3 - 2mn + n^3$ 的值为（ ）．

（A）1 　　（B）0 　　（C）-1 　　（D）-2

解：把已知二式组成方程组得

$$\begin{cases} m^2 = n + 2, & ① \\ n^2 = m + 2, & ② \end{cases}$$

移项得

$$\begin{cases} m^2 - n = 2, & ③ \\ n^2 - m = 2. & ④ \end{cases}$$

③-④消去常数得 $m^2-n^2-n+m=0$，即 $(m-n)(m+n+1)=0$.

$\because m\neq n$，即 $m-n\neq 0$，

$\therefore m+n+1=0$.

$\therefore m+n=-1$.

$m^3-2mn+n^3$

$=m(n+2)-2mn+n(m+2)$

$=2(m+n)=2\times(-1)=-2$.

所以，选 D.

点评：解答此题的关键有两点，其一为联立方程组，使数量间的关系对比明显；其二为消去常数，若不用这把金钥匙，则无法打开解题大门.

例3（2002年河南省竞赛题） 设 $2x^2-2x+k=0$，$2y^2-2y+k=0$，且 $x-y=2$，那么 $k=\underline{\quad}$.

解：把已知二式组成方程组，得

$$\begin{cases} 2x^2-2x+k=0, & ① \\ 2y^2-2y+k=0. & ② \end{cases}$$

①-②消去 k 得 $2x^2-2y^2-2x+2y=0$. 则

$$2(x-y)(x+y-1)=0.$$

$\because x-y=2\neq 0$，　　　　　　　　③

$\therefore x+y-1=0$.　　　　　　　　　④

由③④组成方程组解得

$$x=\frac{3}{2}，\quad y=-\frac{1}{2}.$$

把 $x=\frac{3}{2}$ 代入①得

$$k=-\frac{3}{2}.$$

点评：在本题的求解过程中，首先求解关于 x，y 的二次方程组，视 k 为常数，以退为进，然后巧妙地消去常数，从而快捷地完成解答.

注：本文于 2003 年 3 月发表在《中学生数学》期刊上.

第三部分　品题与命题

即学即考型中考试题赏析

实施新课程标准后，有一类题型在中考中越来越热门. 这类试题所用素材涉及的知识并不是"考纲"中的内容，也不是新课程标准及新课标教材中的内容. 试题中首先提供了一定的阅读材料，供考生学习有关新知识，然后要求解答相关问题. 这种寓学于考、学后即考的试题我们不妨称之为"即学即考型试题".

"即学即考型试题"体现了以能力立意的命题原则，倡导"终生学习"的理念. 它的出现，给我们发出了多种信号：日常教学要重视能力的培养，要重视发展性评价，中考复习不能用"题海战术"……

限于篇幅，笔者从 2007 年和 2008 年中考试卷中摘取了一部分内容并做简要评析，与各位分享.

一、拓展知识

例 1（2008 年湖南湘潭）　阅读材料：

如果 x_1，x_2 是一元二次方程 $ax^2+bx+c=0$ 的两根，那么有 $x_1+x_2=-\dfrac{b}{a}$，$x_1x_2=\dfrac{c}{a}$.

这是一元二次方程根与系数的关系. 我们可以利用它来解题. 设 x_1，x_2 是方程 $x^2+6x-3=0$ 的两根，求 $x_1^2+x_2^2$ 的值.

解法可以这样：

$\because x_1+x_2=-6$，$x_1x_2=-3$，则

$$x_1^2+x_2^2=(x_1+x_2)^2-2x_1x_2=(-6)^2-2\times(-3)=42.$$

请你根据以上解法解答下题：

已知 x_1，x_2 是方程 $x^2-4x+2=0$ 的两根，求：

（1）$\dfrac{1}{x_1}+\dfrac{1}{x_2}$ 的值；

（2）$(x_1-x_2)^2$ 的值.

评析：根与系数的关系是大纲版教材的重点内容，但新课程标准中没有该内容．虽然新课标教材还是以某种方式对其做了简单的介绍（只猜 x_1+x_2、x_1x_2 的结果），但没有出现正式的定理、例题，更没有在解题技巧上给予举例和安排相关练习．本题首先介绍根与系数的关系，然后通过举例让考生明白：利用根与系数的关系来解题，不是通过求出方程的根直接代入，而是对式子进行适当变形，用 x_1+x_2、x_1x_2 做"整体代入"．这种对知识的深化及应用，对考生的能力提出更高的要求.

二、介绍解题新方法

例2（2008 年四川内江） 阅读下列内容后，解答下列各题：

几个不等于 0 的数相乘，积的符号由负因数的个数决定.

例如：考查代数式 $(x-1)(x-2)$ 的值与 0 的大小，

当 $x<1$ 时，$x-1<0$，$x-2<0$，$\therefore (x-1)(x-2)>0$；

当 $1<x<2$ 时，$x-1>0$，$x-2<0$，$\therefore (x-1)(x-2)<0$；

当 $x>2$ 时，$x-1>0$，$x-2>0$，$\therefore (x-1)(x-2)>0$.

综上：当 $1<x<2$ 时，$(x-1)(x-2)<0$；

当 $x<1$ 或 $x>2$ 时，$(x-1)(x-2)>0$.

（1）填写表 1（用"+"或"-"填入空格处）.

表1

	$x<-2$	$-2<x<-1$	$-1<x<3$	$3<x<4$	$x>4$
$x+2$	-	+	+	+	+
$x+1$	-	-	+	+	+
$x-3$	-	-	-	+	+
$x-4$	-	-	-	-	+
$(x+2)(x+1)(x-3)(x-4)$	+	-			

（2）由表1可知，当 x 满足 _____ 时，$(x+2)(x+1)(x-3)(x-4)<0$.

（3）运用你发现的规律，直接写出当 x 满足 _____ 时，$(x-7)(x+8)(x-9)(x-9)<0$.

评析：对于几个"数"相乘，有法则："几个不等于0的数相乘，积的符号由负因数的个数决定. 当负因数有奇数个时，积为负；当负因数有偶数个时，积为正."本题首先提示"几个不等于0的数相乘，积的符号由负因数的个数决定"，接着，通过详细举例，从确定单个式子的符号，上升到确定两个式子的符号；从确定两个式子的符号上升到确定三四个式子的符号；从用式子表示结论上升到用表格表示结论. 学习新方法后，解答特定的高次不等式就不难了！

三、呈现新规则

例3（2007年江苏无锡） 任何一个正整数 n 都可以进行这样的分解：$n=s\times t$（s，t 是正整数，且 $s\le t$），如果 $p\times q$ 在 n 的所有这种分解中两因数之差的绝对值最小，我们就称 $p\times q$ 是 n 的最佳分解，并规定：$F(n)=\dfrac{p}{q}$. 例如，18 可以分解成 1×18，2×9，3×6 三种形式，这时就有 $F(18)=\dfrac{3}{6}=\dfrac{1}{2}$.

给出下列关于 $F(n)$ 的说法：（1）$F(2)=\dfrac{1}{2}$；（2）$F(24)=\dfrac{3}{8}$；（3）$F(27)=3$；（4）若 n 是一个完全平方数，则 $F(n)=1$. 其中正确说法的个数是（　）.

（A）1　　　（B）2　　　（C）3　　　（D）4

评析：本题首先介绍"最佳分解"的"规则"，然后详细举例说明正整数18的"最佳分解". 这类考题所呈现的"新规则"一般都比较简单，可以转化为实数中常规的运算，常常会引出一些易理解、易接受的新概念. 这类试题有一定的趣味性，像做游戏一样，能给紧张的考试氛围注入一些轻松的气息.

四、定义新运算

例4（2008年山东枣庄） 在实数的原有运算法则中，我们补充新运算法则"＊"如下：当 $a\ge b$ 时，$a*b=b^2$；当 $a<b$ 时，$a*b=a$. 则当 $x=2$ 时，$(1*x)\cdot x-(3*x)=$ _____.（"·"和"－"仍为实数运算中的乘号和减号）

评析：这些运算虽然是新的，但是可以转化为平常的加、减、乘、除、乘方和开方等运算. 此类考题大都属于送分题，特别是本题. 本题还提醒考生注意两点："在实数的原有运算法则中"和"……仍为实数运算中的乘号和减号".

五、融学习于规律猜想中

例 5（2007 年广西河池） 古希腊数学家把 1，3，6，10，15，21，…，叫作三角形数，根据它的规律，则第 100 个三角形数与第 98 个三角形数的差为＿＿＿＿＿.

评析：规律猜想型试题，考查的是学生观察、归纳、猜想的能力. 猜想型试题要求考生从有限的列举中"悟"出规律，是一种隐性的学习. 本例与其他的规律猜想型试题不同，一般的（数与式的）规律猜想型试题的结果是日常教学中极为常见的简单"规律"（是旧知识，如某个公式），而本例的规律却是初中罕见的：第 n 项加 $n+1$ 得到第 $n+1$ 项，或 $a_n = 1 + 2 + \cdots + n$.

六、学"个别"找"一般"

例 6（2007 年四川内江） 探索研究：

（1）观察一列数 2，4，8，16，32，…，发现从第二项开始，每一项与前一项之比是一个常数，这个常数是＿＿＿＿＿；根据此规律，如果 a_n（n 为正整数）表示这个数列的第 n 项，那么 $a_{18} = $ ＿＿＿＿＿，$a_n = $ ＿＿＿＿＿.

（2）如果欲求 $1 + 3 + 3^2 + 3^3 + \cdots + 3^{20}$ 的值，可令

$S = 1 + 3 + 3^2 + 3^3 + \cdots + 3^{20}$ ……………………………………①

将①式两边同乘以 3，得：

＿＿＿＿＿＿＿＿＿＿＿ ……………………………………②

由②式减去①式，得

$S = $ ＿＿＿＿＿＿＿＿＿.

（3）用由特殊到一般的方法知：若数列 a_1，a_2，a_3，…，a_n，从第二项开始每一项与前一项之比的常数为 q，则 $a_n = $ ＿＿＿＿＿（用含 a_1，q，n 的代数式表示），如果这个常数 $q \neq 1$，那么

$a_1 + a_2 + a_3 + \cdots + a_n = $ ＿＿＿＿＿＿＿＿＿（用含 a_1，q，n 的代数式表示）.

评析：从解题方法上来看，在新课标教材中都能找到（1）、（2）小题的解题原型. 第（3）小题虽然考查的是高中的知识，但设置了台阶，梯度平缓，在毕业会考试题之后编拟这样一道 10 分的加试题，要求参加升学考试的考生完成，并将 4 分用于评价考生能否完成用字母 n 表示数的飞跃. 这样有利于增加试题的梯度和难度，有利于增强考试的甄别和选拔功能.

七、选用数学史材料

例7（2007 年山东临沂） 如果一个数等于它的不包括自身的所有因数之和，那么这个数就叫完全数. 例如，6 的不包括自身的所有因数为 1，2，3，而且 $6 = 1 + 2 + 3$，所以 6 是完全数. 大约 2 200 多年前，欧几里得提出：如果 $2^n - 1$ 是质数，那么 $2^{n-1}(2^n - 1)$ 是一个完全数. 请你根据这个结论写出 6 之后的下一个完全数是_____.

评析："完全数"是一个非常有趣味的数，与之相对的概念还有"亏数"和"盈数"."完全数"那富有趣味性的性质和传说，吸引了许多数学家和数学爱好者的关注. 用数学史材料编制这样一道试题，有利于增强学生对数学的兴趣.

八、选用数学竞赛材料

例8（2007 年福建漳州） 若规定：
（1）$\{m\}$ 表示大于 m 的最小整数，例如：$\{3\} = 4$，$\{-2.4\} = -2$.
（2）② $[m]$ 表示不大于 m 的最大整数，例如：$[5] = 5$，$[-3.6] = -4$.
则使等式 $2\{x\} - [x] = 4$ 成立的整数 $x =$_____.

评析：一般地，函数 $\{m\}$ 和 $[m]$ 是数学竞赛的内容，在中考中编制这样的试题，对增加思维量和趣味性，有一定的作用. 本题举例时所用的数字都很小，最后只要求"整数 x"，相对降低了难度.（注：符号 $\{m\}$ 在数学竞赛中一般表示 m 的非负纯小数）

九、跨学科、跨行业选用材料

例9（2007 年湖北恩施） 计算机中常用的十六进制是逢 16 进 1 的计数制，采用数字 0~9 和字母 A~F 共 16 个计数符号. 这些符号与十进制的数的对应关系如表 2 所示.

表2

十六进制	0	1	2	3	4	5	6	7	8	9	A	B	C	D	E	F
十进制	0	1	2	3	4	5	6	7	8	9	10	11	12	13	14	15

例如，用十六进制表示：$E + F = 1D$，则 $A \times B =$_____.
（A）B0 　　　（B）1A 　　　（C）5F 　　　（D）6E

评析：十六进制用于微机编程，是计算机专用的计数方法. 跨学科、跨行业选用编题材料，体现了新课标"学有用的数学""数学来源于生活，又应用于生活"的理念，加上计算机已深入社会各个方面，选这样的材料作为考题还有利于增强考生对计算机的了解.

十、选用高中、大学数学材料

例 10（2007 年广东梅州） 将 4 个数 a，b，c，d 排成 2 行、2 列，两边各加一条竖直线记成 $\begin{vmatrix} a & b \\ c & d \end{vmatrix}$，定义 $\begin{vmatrix} a & b \\ c & d \end{vmatrix} = ad - bc$. 上述记号就叫作 2 阶行列式. 若 $\begin{vmatrix} x+1 & x-1 \\ 1-x & x+1 \end{vmatrix} = 6$，则 $x =$ _____.

例 11（2007 年新疆维吾尔自治区） 阅读理解应用.

在锐角 $\triangle ABC$ 中，$\angle A$，$\angle B$，$\angle C$ 的对边分别是 a，b，c. 如图 1 所示，过 C 作 $CD \perp AB$ 于 D，则 $\cos A = \dfrac{AD}{b}$，即 $AD = b\cos A$.

$\therefore BD = c - AD = c - b\cos A$.

在 $\text{Rt}\triangle ADC$ 和 $\text{Rt}\triangle BDC$ 中有 $CD^2 = AC^2 - AD^2 = BC^2 - BD^2$，

$\therefore b^2 - b^2\cos^2 A = a^2 - (c - b\cos A)^2$.

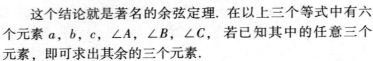

整理得：$a^2 = b^2 + c^2 - 2bc\cos A$ ·················· ①

同理可得：$b^2 = a^2 + c^2 - 2ac\cos B$ ·················· ②

$c^2 = a^2 + b^2 - 2ab\cos C$ ·················· ③

图 1

这个结论就是著名的余弦定理. 在以上三个等式中有六个元素 a，b，c，$\angle A$，$\angle B$，$\angle C$，若已知其中的任意三个元素，即可求出其余的三个元素.

例如，在锐角 $\triangle ABC$ 中，已知 $\angle A = 60°$，$b = 3$，$c = 6$，

则由①式可得：$a^2 = 3^2 + 6^2 - 2 \times 3 \times 6\cos 60° = 27$，

$\therefore a = 3\sqrt{3}$. $\angle B$，$\angle C$ 则可由式子②、③分别求出，在此略.

根据以上阅读理解，请你试着解决如下问题：

已知锐角 $\triangle ABC$ 的三边 a，b，c 分别是 7，8，9，求 $\angle A$，$\angle B$，$\angle C$ 的度数（保留整数）.

评析： 在中考试卷中编写含有高中、大学数学知识的试题，表面上看来是"难了"，但是，像例 10 中的二阶行列式，已说明可转变为简单的运算，像例 11 中的"余弦定理"，在阅读材料中详细呈现了其推出过程，并进行直接应用的举例. 编设这样"跳一跳，摘得到"的"桃子"，有利于激发学生的求知欲.

注：本文于 2009 年 8 月发表在《中学数学研究》期刊上.

例析数学中考的社会热点型试题

以社会热点为素材的试题频频出现在 2009 年全国各省市的中考数学试题中，这同时也体现了中考数学命题的一个方向和趋势. 这些试题在考查基础知识的同时，也考查考生综合运用所学知识分析问题、解决问题的能力和建模能力. 解答这类试题，常常需要考生认真分析题意，寻找各数量之间的关系，从实际问题抽象出数学关系，建立数学模型，最后通过解答数学问题得出答案. 下面举例进行评析.

一、百枚奖牌圆百年梦想

例 1（2009 年广东省肇庆市） 2008 年北京奥运会，中国运动员获得金、银、铜牌共 100 枚，金牌数位列世界第一. 其中金牌比银牌与铜牌之和多 2 枚，银牌比铜牌少 7 枚. 问金、银、铜牌各多少枚？

解：设金、银牌分别为 x 枚、y 枚，则铜牌为 $(y+7)$ 枚.

依题意，得 $\begin{cases} x + y + (y+7) = 100, \\ x = y + (y+7) + 2. \end{cases}$

解以上方程组，得 $x = 51$，$y = 21$，

所以 $y + 7 = 21 + 7 = 28$.

答：金、银、铜牌分别为 51 枚、21 枚、28 枚.

评析：2008 年北京奥运会，中国百年奥运梦想成真，百枚奖牌数让我们倍感自豪和骄傲. 本题以百枚奖牌数编题，真实阐述了金、银、铜牌之间的关系，表述简洁明了，是一道以奥运会为题材的试题. 我想考生在完成该试题的解答时，定会受更快、更高、更强的奥林匹克精神所鼓舞！

二、"红歌"红，精神弘

例 2（2009 年福建省龙岩市） 为纪念古田会议召开 80 周年，我市某中学团委拟组织学生开展唱红歌比赛活动，为此，该校随机抽取部分学生就"你是否喜欢红歌"进行问卷调查，并将调查结果统计后绘制成统计表（见表 1）.

表1

态度	非常喜欢	喜欢	一般	不知道
频数	90	b	30	10
频率	a	0.35		0.20

请你根据统计图、表提供的信息解答下列问题：

（1）该校这次随机抽取了_____名学生参加问卷调查.

（2）确定统计表中 a、b 的值：$a =$ _____，$b =$ _____.

（3）在统计图中"喜欢"部分扇形所对应的圆心角是_____度.

（4）若该校共有 2 000 名学生，估计全校态度为"非常喜欢"的学生有_____人.

简答：（1）200；（2）$a = 0.45$，$b = 70$；（3）126；（4）900.

评析：2006 年五一国际劳动节期间，为纪念红军长征胜利 70 周年，江西卫视在井冈山上举办了一场红歌现场演唱会，并进行了现场直播. 2006 年 10 月 15 日，江西卫视举办了首届"中国红歌会"晚会，从此，"中国红歌会"成为全国闻名的文化品牌. "红歌"的走红，正如中央电视《焦点访谈》所评：她红在历史中，红在生活里，也红在人们的心里. 以唱红歌为背景的数学试题，可以让考生再一次受到爱国主义教育的熏陶. 本试题取材真实可信，贴近考生的生活，并且文字简洁，考查意图清晰；题中用"随机抽取部分学生"的结果来"估计全校"，体现了统计思想的应用，是一道很好的考试试题.

三、两岸"三通"，天堑变通途

例3（2009 年辽宁省朝阳市） 海峡两岸实现"三通"后，某水果销售公司从台湾地区采购苹果的成本大幅下降. 请你根据图 1 中两位经理的对话，计算出该公司在实现"三通"前到台湾地区采购苹果的成本价格.

图 1

解：设该公司 2009 年到台湾地区采购苹果的成本价格为 x 元/千克，则"三通"前到台湾地区采购苹果的成本价格为 $2x$ 元/千克. 根据题意列方程得

$$\frac{100\,000}{x} - \frac{100\,000}{2x} = 20\,000.$$

解得 $x = 2.5$.

经检验 $x = 2.5$ 是原方程的根.

当 $x = 2.5$ 时，$2x = 5$.

答：实现"三通"前该公司到台湾地区采购苹果的成本价格为 5 元/千克.

评析：两岸"三通"是两岸关系发展史上具有历史意义的一件大事，具有里程碑意义. 两岸"三通"能促进两岸经济、政治、文化的交流，使两岸的往来更加便捷. 本题选取两岸"三通"前后能节省"成本价格"这个角度设置问题，通过对本试题的解答，能让考生实实在在体会到两岸"三通"带来的变化. 另外，本题采用漫画的对话形式呈现关键的数据，增加了试题的趣味性.

四、"限塑令"效果好

例 4（2009 年湖北省黄石市） 全国实施"限塑令"于 2009 年 6 月 1 日满一年，某报三名记者当日分别在武汉三大商业集团门口，同时采用问卷调查的方式，随机调查了一定数量的顾客，了解在"限塑令"实施前后顾客使用购物袋的情况. 图 2、图 3 是这三名记者根据汇总的数据绘制的统计图. 图 2 是"限塑令"实施前，平均一次购物使用不同数量塑料购物袋的人数统计图，图 3 是"限塑令"实施后，使用各种购物袋的人数分布统计图.

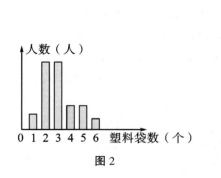

图 2

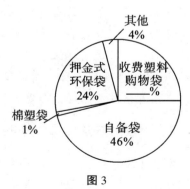

图 3

请你根据以上信息解答下列问题：

（1）图2中从左到右各长方形的高度之比为2∶8∶8∶3∶3∶1，又知此次调查中使用4个和5个塑料购物袋的顾客一共24人，问这三名记者一共调查了多少人？

（2）"限塑令"实施前，如果每天约有6 000人到这三大商场购物，根据记者所调查的一定数量顾客平均一次购物使用塑料购物袋的平均数，估计这三大商业集团每天需要为顾客提供多少个塑料购物袋？

（3）据《武汉晚报》报道，自2008年6月1日到2008年12月底，三大商业集团下属所有门店塑料袋的使用量与2007年同期相比，从12 927万个下降到3 355万个，降幅为_____（精确到百分之一）．这一结果与图3中的收费塑料购物袋_____%比较，你能得出什么结论，谈谈你的感想．

解：（1）设一次购物用6个塑料袋的人数为 x 人，则依条件有 $3x+3x=24$，$x=4$，则记者共调查了 $4（2+8+8+3+3+1）=100$ 人．

（2）这100位顾客平均一次购物使用购物袋的平均数为

$$\frac{8\times1+32\times2+32\times3+12\times4+12\times5+4\times6}{100}=3（个）.$$

估计这三大商业集团每天要为顾客提供 $6 000\times3=18 000$ 个塑料购物袋．

（3）74%；25；结论略．

评析：为了节约能源，保护环境，培养人们的环保意识，商务部、发展改革委、工商总局联合发布《商品零售场所塑料购物袋有偿使用管理办法》（即"限塑令"）．该办法自2008年6月1日起正式实施．到2009年6月1日，我国超市少消耗近400亿个塑料袋，相当于节约石油100多万吨．本试题以武汉三大商业集团的有关数据和某报三名记者的问卷调查数据为题材，呈现统计图表，不仅考查了有关统计的数学知识，还考查了考生阅读、分析图表的能力，也渗透了环保意识，对考生进行了一次生动的环保教育．题中出现《武汉晚报》等真实名称，增强了数据的可信度．第（2）小题应用了统计思想，考生算清这笔账后，会更加清楚地认识到实施"限塑令"的效果．

五、"家电下乡"，政府补贴

例5（2009年河南省） 某家电商场计划用32 400元购进"家电下乡"政策指定产品中的电视机、冰箱、洗衣机共15台．三种家电的进价和售价如表2所示．

表2

价格 种类	进价（元/台）	售价（元/台）
电视机	2 000	2 100
冰箱	2 400	2 500
洗衣机	1 600	1 700

（1）在不超出现有资金的前提下，若商场购进电视机的数量和购进冰箱的数量相同，购进洗衣机的数量不超过电视机数量的一半，商场有哪几种进货方案？

（2）国家规定：农民购买家电后，可根据商场售价的13%领取补贴。在（1）的条件下，如果这15台家电全部销售给农民，国家财政最多需补贴农民多少元？

解：·（1）设商场购进电视机、冰箱各 x 台，则洗衣机为 $(15-2x)$ 台.

依题意得：

$$\begin{cases} 15-2x \leqslant \dfrac{1}{2}x, \\ 2\,000x + 2\,400x + 1\,600(15-2x) \leqslant 32\,400, \end{cases}$$

解这个不等式组，得 $6 \leqslant x \leqslant 7$.

∵ x 为正整数，∴ $x=6$ 或 7.

方案1：购进电视机和冰箱各6台，洗衣机3台；

方案2：购进电视机和冰箱各7台，洗衣机1台.

（2）方案1需补贴（6×2 100+6×2 500+3×1 700）×13% = 4 251（元）；

方案2需补贴（7×2 100+7×2 500+1×1 700）×13% = 4 407（元）.

∴ 国家的财政收入最多需补贴农民 4 407 元.

评析：从2009年2月1日起，"家电下乡"政策在全国范围内实施."家电下乡"政策意义重大，影响深远，是我国应对当前国际金融危机、惠农强农、带动工业生产、促进消费、拉动内需的一项重要举措.农民购买下乡家电将得到销售价格13%的政府补贴.本题以家电下乡为背景，既考查考生从图表获得信息的能力，又考查考生建立不等式组解决实际问题的能力，还考查考生的分类讨论思想.

六、"民生工程"暖民心

例6（2009年山东省济南市）　自2008年爆发全球金融危机以来，企业受到了不同程度的影响．为落实"促民生、促经济"政策，济南市某玻璃制品销售公司2009年1月份调整了职工的月工资分配方案，调整后月工资由基本保障工资和计件奖励工资两部分组成（计件奖励工资＝销售每件产品的奖励金额×销售的件数）．表3是甲、乙两位职工2009年5月份的工资信息．

表3

职工	甲	乙
月销售件数（件）	200	180
月工资（元）	1 800	1 700

（1）试求工资分配方案调整后职工的月基本保障工资和销售每件产品的奖励金额各为多少元？

（2）若职工丙2009年6月份的工资不低于2 000元，那么丙该月至少应销售多少件产品？

解：（1）设职工的月基本保障工资为 x 元，销售每件产品的奖励金额为 y 元．

由题意得 $\begin{cases} x + 200y = 1\ 800, \\ x + 180y = 1\ 700. \end{cases}$

解这个方程组得 $\begin{cases} x = 800, \\ y = 5. \end{cases}$

答：职工月基本保障工资为800元，销售每件产品的奖励金额为5元．

（2）设该公司职工丙6月份生产 z 件产品．

由题意得 $800 + 5z \geqslant 2\ 000$，

解不等式得 $z \geqslant 240$．

答：该公司职工丙6月份至少生产240件产品．

评析：解决民生问题是构建和谐社会的重要内容．党的十七大以来，党和政府特别关注民生问题，并已取得了良好的成果．本题从调整职工工资这个角度体现民生问题的受关注程度，又以全球金融危机为背景，体现政府大力拉动经济发展的政策．

【启示】通过分析上述各例，我们对2009年数学中考命题的方向有了了解；对于来年的中考复习，我们必须关注社会热点，以便把握中考应用题的命题趋势．

注：本文于2010年3月发表在《考试》期刊上．

简洁美观，与众不同

——2011 年江西卷第 14 题赏析

【试题】2011 年江西卷第 14 题：

将完全相同的平行四边形和完全相同的菱形镶嵌成如图 1 所示的图案. 设菱形中较小角为 x 度，平行四边形中较大角为 y 度，则 y 与 x 的关系式是_____.

一、简洁美观

2011 年江西卷第 14 题的表述十分简洁. 在原试卷中，试题的文字量不足两行，仅有 56 个汉字和字母 x、y.

试题的示意图（见图 1）的标注简洁明了. 图中虽然有很多线段和顶点，却没有用一个字母进行标注，仅用了两个字母对角进行标注，就完全表达了题意.

试题以大家都非常熟悉的菱形和平行四边形为题材. 虽然一般的平行四边形仅是中心对称图形，但试题的示意图（见图 1）既是中心对称图形，又是轴对称图形，如图 2 所示，l_1 和 l_2 是两条对称轴，l_1 和 l_2 的交点是对称中心.

图 1 中平行四边形的水平长度比竖直长度更长，菱形的对称轴是水平和铅直设计的. 另外，图 1 还有一定的立体效果，给人以丰富的想象.

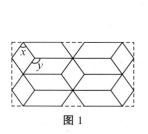

图 1

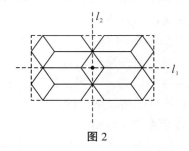

图 2

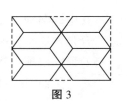

图 3

为了更加全面、深入地了解图 1，我们把这张图按题意扩大（见图 4）. 可以发现该图案的组图很有规律，是由一些"基本单元"拼成的，如图 5 所示的四个图形都是其中的"单元图形". 从这个角度看，图3中没有一个完整的"单元图形".

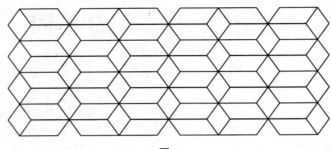

图4

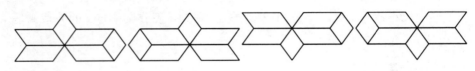

图5

经过上面的分析，图3或图4不适合作为试题的示意图. 图3是图形不完整，未形成一个"单元图形"；图4则是多余部分太多，浪费试卷版面.

由此可见，试题的示意图所选的区域十分准确，所截范围的大小恰到好处，取舍非常科学，完整而简约.

二、与众不同

本题的最大亮点是其设问方式与众不同：要确定不同顶点的两个角的关系.

考查镶嵌问题时，以往的大部分试题都是针对镶嵌的条件直接进行设问，那就是：围绕同一点拼在一起的几个多边形的内角和为360°.

例如：只用正三角形、正方形、正五边形、正六边形和正八边形中的某一种，不能镶嵌成平面图案的是_____，能镶嵌成平面图案的是_____；用其中的两种，能镶嵌成平面图案的组合是_____，不能镶嵌成平面图案的组合是_____；……这样的试题，不管是以填空题的形式出现，还是以选择题的形式出现，都是对教材中相关结论的记忆性考查.

然而，2011年江西卷第14题则从多角度对镶嵌问题进行了考查.

首先，该试题不仅考查了镶嵌的核心知识，还考查了平行四边形和菱形的性质，更可贵的是还考查了考生的观察能力、运用知识分析问题和解决问题的能力. 因为，镶嵌问题的核心知识是"围绕同一点拼在一起的几个多边形的内角和为 360°"，而 2011 年江西卷第 14 题所问的是不同顶点的两个角的关系，如果不能灵活运用所学知识进行分析，就不能完成该试题的解答.

其次，该试题考查了多种数学思想方法，如用字母表示数的思想、数形结合思想、转化思想、数学建模思想和方程思想等.

结合试题的文字提示，对试题中两个角的位置和大小的交代，以及解答过程中不同顶点的其他相关角的代数式表示（见图 7 和图 8），都利用了用字母表示数的思想和数形结合思想；为了完成解答，要利用平行四边形的性质和菱形的性质，才能把不同顶点的角的大小转化为同一顶点的角的大小，这就是转化思想；为了求得 x 和 y 的关系，需要利用数学建模思想，用方程思想根据周角的定义列出等式，才能全面完成解答.

最后，本题还可以一题多解. 如图 6 所示，根据题意，结合图 7，因为以点 C 为顶点的三个角组成一个周角，即：

$\angle ACD + \angle ACE + \angle DCE = 360°$，

$y + (180 - x) + y = 360$，

所以 $2y - x = 180$.

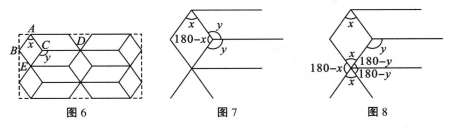

图 6   图 7   图 8

类似地，借助以点 E 为顶点的五个角所组成的周角（见图 8），同样可以得出 y 与 x 的关系式 $2y - x = 180$.

从分析和解答过程可以看出，2011 年江西卷第 14 题的思维量较大.

总之，2011 年江西卷第 14 题，从形式上看，简洁而美观；从内涵上分析，则与众不同.

注：本文以"简洁美观 超凡脱俗"为题于 2011 年 10 月发表在《中学数学教学参考（中旬）》期刊上.

简约平实，别有洞天

——2014 年江西卷第 19 题赏析

2014 年江西省中考第 19 题如下：

如图 1 所示，在平面直角坐标系中，点 A，B 分别在 x 轴、y 轴的正半轴上，$OA = 4$，$AB = 5$. 点 D 在反比例函数 $y = \dfrac{k}{x}(k > 0)$ 的图像上，$DA \perp OA$，点 P 在 y 轴负半轴上，$OP = 7$.

（1）求点 B 的坐标和线段 PB 的长；

（2）当 $\angle PDB = 90°$ 时，求反比例函数的解析式.

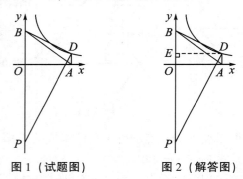

图 1（试题图）　　　图 2（解答图）

粗看本试题，我会觉得它比较简单直接，但是，对试题进行深入细致的分析、思考，特别是参加了本试题的中考阅卷后，就发现它这样考查是另有深意的.

特色 1：覆盖面广，文字量少

本试题是一道综合性较强的解答题，考查的知识包括几何初步、点的坐标、勾股定理、矩形的性质、直角三角形的性质、相似三角形的判定和性质等；考查的数学思想方法包括用字母表示数思想、数形结合思想、分类讨论思想、方程思想、函数思想、转化思想、待定系数法思想等；考查了通过作垂线构造直角三角形等基本经验；考查考生发现问题、提出问题、分析问题和解决问题的能力以及计算能力等．这些都是初中数学的核心主干知识．

我们平时常见的综合解答题，文字量有的多达半页，甚至接近一页．但是，本题字数很少，原试卷中试题仅有62个汉字，连同直角坐标系的标识在内，图中也仅有7个拉丁字母，一改以往综合题内容冗长的风格，减少了学生的阅读量，有利于缓解考生的紧张情绪和心理压力，体现了对考生的关爱．

特色2：语言平实，表述科学．

本题开门见山把已知条件准确、清晰地表达出来，没有设置不必要的干扰，没有故意拐弯抹角．

值得一提的是，放在题干中的"点D在反比例函数$y = \dfrac{k}{x}(k > 0)$的图像上，$DA \perp OA$"一句，虽然与解答第（1）题无关，但为考生解答第（2）题做好了心理铺垫，也为整道试题的表述做好了布局；若把它放在第（2）题中，则会给人一种轻重不平衡之感．这些都说明命者有过硬的写作功底．

特色3：起点低，区分度好

本题的第（1）小题很基础，没有难度，极易入手．求OB的长只需要应用日常教学中的"勾3，股4，弦5"定理．另外，点B的位置还有一个特点——在y轴上，横坐标为0，这样，点B的坐标就可轻而易举地求得了．

本题的图形也相当普遍，在教材和日常教学中很常见．它在直角坐标系中，只有两个直角三角形和在第一象限的一支双曲线，作了辅助线后也只增加了两个直角三角形和一个矩形，用这样熟悉的素材也体现了试题的公平性．

本题的第（2）小题添加了一个条件"$\angle PDB = 90°$"，使得难度上升一个台阶，增加了试题的数学味，体现了试题的综合性，同时对考生的思维也提出了挑战，使试题有较好的区分度，体现了试题的选拔功能．

笔者阅卷时发现，该试题满分为8分，各分数段的考生分布较均匀，绝大部分考生都能正确解答第（1）题，得3分，基础稍好的考生则能得4~5分，而计算能力强的考生能得8分．这说明不同层次的考生都能拿到与其水平相当的分数．

特色4：解法多，入口宽

解答第（2）题的关键是求出点D的坐标，而求点D的坐标一般分为五步：

第一步是作辅助线（过点D作$DE \perp y$轴于点E）．这是解决问题的第一步. 它使问题得到转化，使原来没有数量关系的线段产生了特定的数量关系.

第二步是设元. 这一步主要有四种方法：一是假设点 D 坐标为 $(4，a)$，二是假设点 D 坐标为 $\left(4，\dfrac{k}{4}\right)$，三是假设 $BE = m$，四是假设 $EO = n$.

第三步是列方程（组）. 这一步有六类方法：

方法一，相似法.

由 $\triangle BPD \backsim \triangle BDE$，或 $\triangle BPD \backsim \triangle DPE$，或 $\triangle BDE \backsim \triangle DPE$ 可列得方程.

方法二，面积法.

因为 $S_{\mathrm{Rt}\triangle BPD} = \dfrac{1}{2}BP \cdot DE$，又 $S_{\mathrm{Rt}\triangle BPD} = \dfrac{1}{2}BD \cdot DP$，得 $\dfrac{1}{2}BP \cdot DE = \dfrac{1}{2}BD \cdot DP$，从而可列得方程，如：

$$\dfrac{1}{2} \times 10 \times 4 = \dfrac{1}{2} \times \sqrt{m^2 + 4^2} \times \sqrt{(10-m)^2 + 4^2}.$$

方法三，运用勾股定理.

在 $\mathrm{Rt}\triangle BPD$ 中，$BD^2 + PD^2 = BP^2$，从而可列得方程，如：

$$\left(\sqrt{(3-n)^2 + 4^2}\right)^2 + \left(\sqrt{(7+n)^2 + 4^2}\right)^2 = 10^2.$$

方法四，三角法.

例如：在 $\mathrm{Rt}\triangle BPD$ 和 $\mathrm{Rt}\triangle BDE$ 中，因为 $\tan\angle DBP = \dfrac{DP}{BD}$，$\tan\angle DBE = \dfrac{DE}{BE}$，所以 $\dfrac{DP}{BD} = \dfrac{DE}{BE}$，也可列得方程.

方法五，直接运用射影定理.

在 $\mathrm{Rt}\triangle BPD$ 中，因为 $DE \perp BP$，由射影定理可得：$DE^2 = BE \cdot EP$ 等关系式，从而也可列得方程.

方法六，解析法.

设直线 BD 的解析式为 $y = k_1 x + b_1$，直线 PD 的解析式为 $y = k_2 x + b_2$，

因为点 $B(0，3)$，$D\left(4，\dfrac{k}{4}\right)$ 在直线 $y = k_1 x + b_1$ 上，可得 $\begin{cases} k_1 = \dfrac{k-12}{16} \\ b_1 = 3 \end{cases}$；

因为点 $P(0，-7)$，$D\left(4，\dfrac{k}{4}\right)$ 在直线 $y = k_2 x + b_2$ 上，可得 $\begin{cases} k_2 = \dfrac{k+28}{16} \\ b_2 = -7 \end{cases}$；

因为 $\angle PDB = 90°$，所以 $k_1 \cdot k_2 = -1$，即：$\dfrac{k-12}{16} \times \dfrac{k+28}{16} = -1.$

另外，还有一种列方程组的形式，即通过相似法或直接运用射影定理可得 $BE \cdot PE = DE^2$，从而得：

$$\begin{cases} BE \cdot PE = 16, \\ BE + PE = 10. \end{cases}$$

第四步是解方程（组）．第二步的设元方法与第三步的列方程（组）方法搭配，可以组合很多种解题过程．解方程（组）后，相应的结果如下：

$a_1 = 1$，$a_2 = -5$（不合题意，舍去）；

$k_1 = 4$，$k_2 = -20$（不合题意，舍去）；

$m_1 = 2$，$m_2 = 8$（不合题意，舍去）；

$n_1 = 1$，$n_2 = -5$（不合题意，舍去）；

$$\begin{cases} BE = 2 \\ PE = 8 \end{cases} \text{或} \begin{cases} BE = 8 \\ PE = 2 \end{cases}（不合题意，舍去）．$$

第五步是得到点 D 的坐标为 $(4，1)$．

第六步是用待定系数法可求得双曲线的解析式为 $y = \dfrac{4}{x}$．

对这道试题，我们赞叹命题老师的良苦用心，因为它可以用来检验水平不同的考生．我们也惊叹优秀的考生们既能用常规的初中解法，又能用高中的解析法来解答，真正实现了"人人都能获得良好的数学教育、不同的人在数学上得到不同的发展"．对于这道试题，我们不得不赞叹命题老师的匠心独运．

注：本文于 2015 年 5 月发表在《中学数学研究》期刊上．

无巧不成题

——2016 年江西卷第 21 题命题经历

2016 年江西省中考数学试卷第 21 题如下：

图 1 是一个创意卡通圆规，图 2 是其平面示意图，OA 是支撑臂，OB 是旋转臂，使用时，以点 A 为支撑点，铅笔芯端点 B 可绕点 A 旋转作出圆．已知 $OA = OB = 10$cm.

（1）当 $\angle AOB = 18°$ 时，求所作圆的半径．（结果精确到 0.01cm）

（2）保持 $\angle AOB = 18°$ 不变，在旋转臂 OB 末端的铅笔芯折断了一截的情况下，作出的圆与（1）中所作圆的大小相等，求铅笔芯折断部分的长度．（结果精确到 0.01cm）

（参考数据：$\sin 9° \approx 0.156\,4$，$\cos 9° \approx 0.987\,7$，$\sin 18° \approx 0.309\,0$，$\cos 18° \approx 0.951\,1$，可使用科学计算器）

图 1　　　　　图 2

本题情境真实，图文并茂，问题设置精巧，富有探究性，是一道与学生生活联系非常密切的应用题，真正体现了数学与生活的联系，能让学生实实在在体会到数学来源于生活又服务于生活的道理．本题中的第（2）小题，既可以用三角函数知识求解，也可以用相似的方法完成，考查面较广．

笔者有幸参与 2016 年的中考命题工作，现将此题的命制过程讲述出来，与大家分享！

一、情境巧遇

作为一名数学老师，利用教学用圆规在黑板上画圆时，常常会不小心把旋转臂的粉笔折断一截，有趣的是，有时在不调整圆规两臂夹角的大小，也不更换粉笔、不调整粉笔长短的情况下，利用留在旋转臂的那一小截粉笔继续画圆，所画之圆居然与原来的圆大小相等.

对于这样的巧合，凡是有教学智慧和数学头脑的老师都会抓住这个情境不放，琢磨其中蕴含的数学道理. 于是，在 2016 年江西省中考数学命题期间，命题组成员的老师们决定把它作为命题的素材.

二、缘由巧析

上述情况，可以用图 3 和图 4 来说明. 图 3 表示粉笔折断前画圆所用的圆规，用它画圆时半径为 AB；图 4 表示粉笔折断后画圆所用的圆规，用它画圆时半径为 CD. 在两臂的夹角不变的情况下，前后所画的圆是等圆. 这意味着粉笔折断前后两臂末端的距离相等，即 $AB = CD$. 若抽象为几何图形，则可以用图 5 来表示，图中 $OE = OF$，若附衬上 $\odot O$，其缘由就更加明了了.

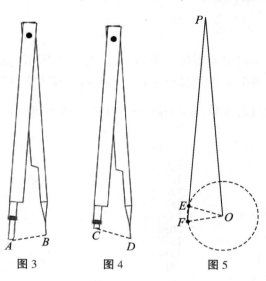

图 3   图 4   图 5

三、困境巧破

如何把这个素材编成中考试题呢?

在关键问题上，命题组的老师们碰到了两个难题：一是圆规两臂夹角的设定，二是折断粉笔部分长度的编拟. 如果圆规两臂夹角设置太小，则画图时线条拥挤、不利于几何关系的分析；如果圆规两臂夹角设置太大，则折断前粉笔的长度和折断部分的粉笔长度太长，与现实不符.

命题组的老师们用几何画板直观、动态地分析了其中的关系. 现将几种特殊情况展示如图 6 所示（假设圆规原来的两臂长度相等）.

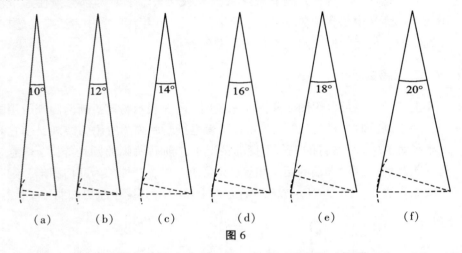

（a）　　（b）　　（c）　　（d）　　（e）　　（f）

图 6

假设教学用圆规两臂长均为 40cm，如图 7 所示（假设 $OA = OB$，$AB = AC$），则折断部分的粉笔长度 y（单位：cm）与圆规两臂夹角 x（单位：度）的函数关系可以表示为：$y = 160 \sin^2 \dfrac{x}{2}(0° < x < 60°)$. 其图像如图 8 所示.

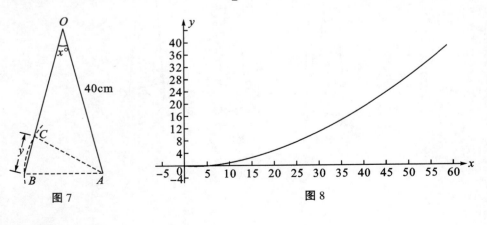

图 7

图 8

从上述图像还较难精确看出折断部分粉笔的长度 y（单位：cm）与圆规两臂夹角 x（单位：度）的关系，而从表 1 所列的几组数据则能更清楚地发现圆规两臂夹角不能太大.

表 1

圆规两臂夹角 x	6°	8°	10°	12°	14°	16°	18°	20°	22°	24°
折断部分的粉笔长度 y（cm）	0.44	0.78	1.22	1.75	2.38	3.10	3.92	4.82	5.83	6.92

那么真实的、教学中使用的圆规其粉笔外露部分的长度大约是多少呢？大约是 1.5 cm（见图 9），如果长度超过 4 cm（见图 10）就太离谱了！

图 9

图 10

综合上述因素，命题组的老师们决定放弃用教师教学圆规作为命题题材，尝试用学生常用的圆规作为题材，但是，结果同样令人不太满意.

于是，此题的命制陷入了困境——圆规两臂的夹角太小则不便于考生分析、画线，角度太大则所需的粉笔长度太长，与现实不符. 至此，用此素材进行命题的工作暂时中断.

然而老师们怎么舍得放弃这么好的素材呢！两天后，奇迹发生了.

（一）巧选题材

两天后，命题组的老师们商议改用网上的"卡通圆规"（见图 11）作为题材进行编题，并冠以"创意"二字，称之为"创意卡通圆规"，并对其进行巧拟数据、巧设梯度、巧饰图形等加工，使本题的编拟得以完成.

图 11

（二）巧设梯度

为了让大部分考生都能入手做这道题，第（1）小题设置为已知两臂长及其夹角求所作圆的半径，第（2）小题则体现探究性，分析并求解折断笔芯的长度.

（三）巧拟数据

为了让图形更美观，便于考生计算求值，命题组老师们拟定两臂原长度相等，并让长度值为整十的数，取 10cm；同时拟定两臂夹角的度数是偶数，使得抽象得到的"等腰三角形"OAB 的"顶角"的度数的一半也是整数. 根据上面的分析，命题组老师们决定取顶角的度数为 18°.

（四）巧饰图形

为了使图形满足题意，命题组老师们将圆规两臂的夹角合拢到 18°. 另外，为了充分发挥"创意卡通圆规"的"创意"，命题组的老师们把圆规的两脚末端拉得很长，表示铅笔芯是足够长的. 此外为了体现对考生的人文关怀，让考生看到卡通的头像有个好心情，命题组的老师们还对图 11 进行了美化，把原来面露凶相的头像"整容"成一个滑稽、嘴巴上翘的笑脸（见图12）.

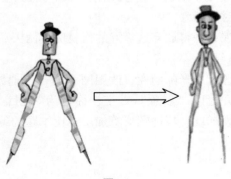

图 12

经命题组老师们再三斟酌试题的文字表述后，一道立意新颖的试题就出现在了 2016 年江西省中考数学试卷中. 综合方方面面的因素，命题组决定把该题作为试卷的最后一道 8 分题，在试卷中为第 21 题.

附：2016 年江西卷第 21 题解答

（1）如图 13 所示，作 $OC \perp AB$.

$\because OA = OB$，$OC \perp AB$，

$\therefore AC = BC$，$\angle AOC = \angle BOC = \dfrac{1}{2} \angle AOB = 9°$.

在 Rt$\triangle AOC$ 中，$\sin \angle AOC = \dfrac{AC}{OA}$，

$\therefore AC \approx 0.156\,4 \times 10 = 1.564$，

$\therefore AB = 2AC = 3.128 \approx 3.13$.

$\therefore$ 所作圆的半径是 3.13cm.

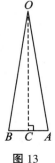
图 13

图 14

（2）如图 14 所示，以点 A 为圆心，AB 长为半径画弧，交 OB 于点 C，作 $AD \perp BC$ 于点 D，

$\because AC = AB$，$AD \perp \text{BC}$，

$\therefore BD = CD$，$\angle BAD = \angle CAD = \dfrac{1}{2} \angle BAC$，

$\because \angle AOB = 18°$，$OA = OB$，$AB = AC$，

$\therefore \angle BAC = 18°$，$\angle BAD = 9°$.

在 Rt$\triangle BAD$ 中，$\sin \angle BAD = \dfrac{\text{BD}}{\text{AB}}$，

$\therefore BD \approx 0.156\,4 \times 3.128 \approx 0.489\,2$，

$\therefore BC = 2BD = 0.978\ 4 \approx 0.98.$

$\therefore$ 铅笔芯折断部分的长度约为 0.98cm.

注：本试题由 2016 年江西省中考命题组全体成员共同命制而成（命题组成员是：江西省抚州市临川第二中学的黄金声，江西省景德镇市第五中学的侯鼎人，江西省九江市实验中学的程旦，江西省上饶市铅山县教研室的熊志玲，江西省赣州市会昌县教研室的刘鑫）. 本文由本书作者刘鑫与当年命题组组长黄金声合写而成. 本文以"无巧不成题——2016 年江西省中考数学第 21 题命制经历"为题于 2017 年 1 月发表在《中学数学教学参考（中旬）》期刊上，同时笔者也成了该期刊那一期的封面人物.

用"嫁接法"命制小型综合题

"嫁接"是苗木生产的一项技术，常用于果树、林木和花卉的人工繁殖。它是把一种植物的枝或芽，接到另一种植物的茎或根上，使接在一起的两个部分长成一个完整的植株。接上去的枝或芽，叫作接穗；被接的植物体，叫作砧木或台木（我们可以称之为"树兜"）；接穗嫁接后成为植物体的上部或顶部，砧木嫁接后成为植物体的根系部分。

图1、图2、图3可以很直观、形象地说明嫁接的神奇效果。

图1

图2

图3

在试题命制时，"嫁接法"可以命制一些小型综合题。现举例说明。

例1（2016年江西省第18题） 如图4所示，AB 是 $\odot O$ 的直径，点 P 是弦 AC 上一动点（不与 A，C 重合），过点 P 作 $PE \perp AB$，垂足为 E，射线 EP 交 $\overparen{AC}$ 于点 F，交过点 C 的切线于点 D。

（1）求证 $DC = DP$。

（2）若 $\angle CAB = 30°$，当 F 是 $\overparen{AC}$ 的中点时，判断以 A，O，C，F 为顶点的四边形是什么特殊四边形？说明理由。

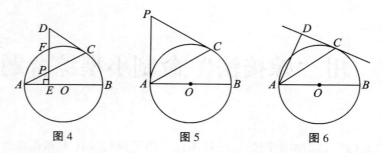

图 4　　　　　图 5　　　　　图 6

例 2（2009 年天津市）　如图 5 所示，已知 AB 为 $\odot O$ 的直径，PA，PC 是 $\odot O$ 的切线，A，C 为切点，$\angle BAC = 30°$.

（1）求 $\angle P$ 的大小；

（2）若 $AB = 2$，求 PA 的长（结果保留根号）.

例 3（人教版《数学·九年级（上册）》第 102 页第 12 题）　如图 6 所示，AB 为 $\odot O$ 的直径，C 为 $\odot O$ 上一点，AD 和过点 C 的切线互相垂直，垂足为 D.

求证：AC 平分 $\angle DAB$.

不难发现，例 1 和例 2 都是以人教版课本的习题（例 3）为"树兜"嫁接而成的.

破解创新作图题的方法——衬托

创新作图，是指不用圆规和刻度尺，仅用无刻度的直尺按要求画图. 创新作图题是近几年江西省中考的特色试题，是考查学生综合素养的好题型.

创新作图题是怎么命制出来的？怎么解创新作图题？我的方法是——衬托.

一、创新作图题的命制——找谁来衬托

在命制创新作图题时，需要寻找一些几何图形，借它的性质来衬托我们想要的位置关系或数量关系，常用的几何图形有正多边形、网格、圆等.

例 1（江西省 2016 年数学样卷第 17 题） 请用无刻度的直尺，根据下列条件分别找到图 1、图 2 中的圆心 O 和圆心 P 的位置（保留作图痕迹，不写作法）.

（1）在图 1 中，以 MN 为公共边的两个正方形 $AMND$ 和 $MBCN$ 在 $\odot O$ 内，顶点 A，B 在 $\odot O$ 上.

（2）在图 2 中，已知正方形 $EFGH$ 在 $\odot P$ 内，顶点 E，F 在 $\odot P$ 上.

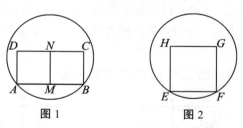

图 1　　　图 2

【分析】命题思路是：圆心→直径→直角→矩形（或正方形）→……

（1）要找圆心，就要找两条相交直径；

（2）直径，就是圆周角为直角所对的弦；

（3）直角怎么来衬托——用正方形.

【解答】

对于第（1）小题，如图3所示，根据对称性，线段 MN 所在位置一定有一条直径；直角 $\angle A$ 已经有一边与圆相交，点 B 已经在圆上，延长直角 $\angle A$ 的另一边 AD，使它与圆相交，得到直径的另一个端点 E，联结 BE，得到直径 BE 与 MN 的交点 O 就是图1的圆心.

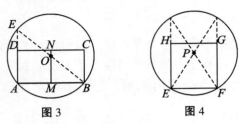

图3　　　　　　图4

对于第（2）小题，如图4所示，方法类似，需要作两条直径.

二、创新作图题的解答——它衬托什么

在解答创新作图题时，需要了解已知的一些几何图形中，我们应用了这些几何图形的哪些性质来衬托什么样的位置关系或数量关系. 例如，正多边形可以衬托线段相等和直角，正方形网格可以衬托线段的比例关系和直角，圆的直径可以用来衬它所对圆周角是直角，等等.

例2（江西省2016年中考数学第17题）　如图5所示，六个完全相同的小长方形拼成一个大长方形，AB 是其中一个小长方形的对角线，请在大长方形中完成下列画图. 要求：仅用无刻度直尺；保留必要的画图痕迹.

（1）在图5中画一个 $45°$ 角，使点 A 或点 B 为这个角的顶点，且 AB 为这个角的一边.

（2）在图6中画出线段 AB 的垂直平分线.

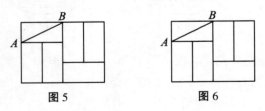

图5　　　　　　图6

【分析】 小长方形→正方形→正方形网格→更大的正方形→……

（1）"六个完全相同的小长方形拼成一个大长方形"就衬托了每个小长方形的长宽之比是 $1:2$，即每个小长方形是由两个正方形组成的. 这样，延长一些小长方形的边，就得到了正方形网格，如图7、图8所示.

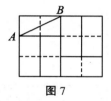

图 7

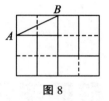

图 8

（2）在正方形网格中，以 AB 为边可以作一个更大的正方形，如图 9、图 10 所示.

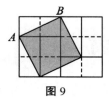

图 9

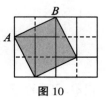

图 10

（3）更大的"阴影正方形"中，其对角线就衬托了 45°的角，如图 11 所示；更大的正方形的边与原矩形的边的交点，就衬托了线段 AB 的中点，这样垂直平分线就出来了，如图 12 所示.

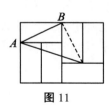

图 11

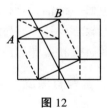

图 12

第四部分　品课与评课

深度成就高度

——《一节"用含30°的直角三角板拼多边形"的活动课》教学赏析

2010年《中学数学教学参考》第8期刊登的文章《一节"用含30°的直角三角板拼多边形"的活动课》，给人耳目一新的感觉，从中可以看到潘小梅老师充满挑战的教学设计，并感受到潘老师上课时高潮迭起的课堂氛围. 这堂课，潘老师以其研究和备课的深度成就了其教学理念和教法的高度.

一、研究、备课有深度

这节课属于非常规的综合与实践课，各种版本的教材均没有现成的题材，教学参考资料也未见相关的提示，近几年的中考也没有这类试题，以前的报纸杂志中也未曾刊发过这类研究. 这节课是潘小梅老师的原创！

这节课与《数学·七年级（下册）》教材中的《镶嵌》不同. 它不是定性讨论能否镶嵌成平面图案的问题，而是定量研究用含30°的直角三角板所拼凸多边形的内角度数问题.

潘老师经过研究和备课，找到了一条捷径，这条捷径以拼特殊角为起点，以拼150°角为入口，以拼三角形为铺垫，以拼四边形为跳板，以拼十二边形为终点. 她沿着这条捷径顺利完成了探索的历程.

这条捷径上有两条诱人的"岔道"，但都被潘老师堵住了，防止了同学们误入歧途. 这也展示了潘老师灵活驾驭课堂教学的能力.

其一是在拼150°角时三角板有很多不同的排列和组合，例如，150°角可以由一块三角板的90°角和另一块三角板的60°角拼成（如图1所示，有四种对应的图形）；150°角也可以由一块三角板的90°角和另外两块三角板的30°角拼成……可以看出，拼150°角时会拼出很多凹多边形和凸多边形，但潘老师在本节课中只要求探究凸多边形，没有对凹多边形进行探究. 这是因为没有与凹多边形相关的理论基础，没法进行更深层次的探究.

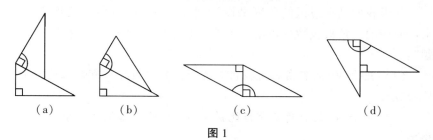

（a）　　　（b）　　　（c）　　　（d）

图 1

其二是学生 4 回答后，潘老师没有让学生接着往拼五边形、六边形、七边形的方向进行探究. 可以想象，对五边形、六边形、七边形的拼接进行探究，其方法和结论与拼四边形的相似，价值不大.

经过潘老师的研究和备课，在她的设计和启发下，我们见识了两种重要的方法. 这两种重要的方法让数学教学、教研工作者和学生体会了做数学家的经历. 其一是研究数学的方法——从实验到论证、先猜想再验证. 例如，学生 1 和学生 2 在成功拼得三角形之后用数学的方法对结果进行了证明. 其二是把数学当作研究的工具——综合应用相关的数学知识，对未知的问题事先进行猜想，再用实验进行验证. 例如，学生 3 聪明地事先对用含 30°的直角三角板可能拼成的四边形的角度进行分析、求解，再按照求解结果来拼图，这正是设置活动二与活动三的目的所在.

在这节课的设计中，新课的引入也十分精彩. 以拼角的大小引入新课，是因为三角板是学生最熟悉的文具之一，除了经常用于画线段、直线和画直角外，还经常用来画特殊角.

设置活动一的价值也值得挖掘. 如果由拼 30°，60°，90°，120°角引出本节活动课的问题（课题），则有可能不会出现那么丰富的凹多边形和凸多边形，这就需要在后面的讨论中反复强调是"拼凸多边形"，造成时间和精力的浪费，还会影响思维. 另外，用含 30°的直角三角板拼出的多边形的内角的最大值就是 150°，而 150° = 5×30°，这个"5"在后面的讨论中有重要作用. 这也为后面的教学做好了铺垫，可谓一箭双雕！

活动四的设置是本节活动课的压轴戏. 对活动四的探究综合性强、难度大，潘老师用 66 块全等的含 30°的直角三角板拼出的十二边形是其研究成果的点睛之笔.

　　总之，潘老师是站在数学家研究数学的高度安排本节活动课的. 学生在活动过程中既要动手又要动脑，还要综合运用方程、不等式、多边形的外角和、举反例等知识和方法解决问题. 这让学生既经历了实验—论证—猜想—验证等过程，又可体验问题—困难—挑战—挫折—取胜的过程.

　　如果我们站在应试的角度来设计"用含 30°的直角三角板拼多边形（要求：使用的三角板块数尽可能少）"，也许只能编出下面这样普通的"开放题"：

　　（1）用含 30°的直角三角板拼三边形，其内角度数有哪几种？请画出所拼的四边形.

　　（2）用含 30°的直角三角板能拼成四边形吗？如果能，请画出三种不同的拼法.

　　（3）用含 30°的直角三角板能拼成任意边数的凸多边形吗？如果不能，请问能拼出的凸多边形的最大边数是多少？

二、理念、教法有高度

　　这是一堂以学生为主体、教师为主导的课，学生通过自主、合作、探究方式完成课堂教学活动，教师是教学活动的合作者、组织者和引导者.

　　学生动手完成三角形的拼接并把结果展示在黑板上，也是学生用两种方法证明只能拼出三种内角度数不同的三角形；学生事先猜想出拼成四边形的内角度数共有八种，并把这八种内角度数用表格列举出来，也是学生通过小组合作把这八种四边形一一成功拼出来；……

　　教师以四个活动为纽带，以八个问题为载体，激发学生不停地动脑和动手，将课堂步步引向深入，达到一个又一个高潮.

　　这堂课注重思想方法的引导、启发、渗透和应用. 课堂中应用了类比法、列举法、列表法、举反例、数学证明、分析法、综合法等数学思想方法.

　　从教学片段回顾我们还可以发现，在师生的对话和老师的讲课中，潘老师始终关注情感态度目标. 潘老师的评价总是以鼓励、表扬为主. 例如，潘老师对学生 1 的说理表扬"很好！"，对学生 2 的证明表扬"太棒了！"，并说明表扬的原因，而对学生 3 则间接赞扬他（她）是聪明的人.

三、复制有难度

　　潘老师向我们展示了一堂高水平的综合与实践课，值得我们学习！

　　笔者要求全县 23 所初中学校把潘老师的课例当作"教案"分别上一节课，并观摩了三节课，最后发现：复制有难度. 有的教师把活动课上成了证题课,整堂课都在启发"证……证……证";有的教师觉得上起来十分吃力,没把活动三完成就下课了;……

开设活动课,并不是为了系统地学习应试的数学知识,而是让学生既动手又动脑,在实践活动中获得亲身体验与直接经验,培养学生的分析、综合、比较、抽象、概括、判断、推理等能力,以及思维的灵活性与敏捷性,使学生学会研究和探索.按照《全日制义务教育数学课程标准(修改稿)》的要求,"综合与实践"的教学活动应当保证每学期至少一次.可是教材中精彩的现成材料很少,以人教版七、八、九年级教材为例,每章后面都有一节活动课,但所含的知识点较少,思维量太少.大多数教师都是让学生自"读";一般的做法是在中考第二轮复习时,选一些相关的中考试题进行专题复习,以期在中考中取得好成绩.

综合反思之后得到的启示是:活动课的教学,只有研究和备课有了深度,才能成就理念和教法的高度.

四、值得商榷之处

笔者认为,学生 3 的表述中,"依次"二字有错,应当删除这两个字才能保证前后一致.

学生 3 的表述摘录如下:"我代表我们组的同学认为,用含 30° 的三角板,能拼成的最小角是 30°,最大角是 150°,且内角和为 360°,所以可以设四边形的 4 个角依次为 $\angle 1$,$\angle 2$,$\angle 3$,$\angle 4$,且 $\angle 1 = 30° \cdot a$,$\angle 2 = 30° \cdot b$,$\angle 3 = 30° \cdot c$,$\angle 4 = 30° \cdot d$($1 \leqslant a \leqslant b \leqslant c \leqslant d \leqslant 5$ 且 a,b,c,d 为正整数)."

"设四边形的 4 个角依次为 $\angle 1$,$\angle 2$,$\angle 3$,$\angle 4$"的意思应当是:$\angle 1$,$\angle 2$,$\angle 3$,$\angle 4$ 分别是按顺时针或逆时针排列的四边形的四个内角,如图 2 所示.

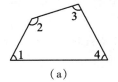 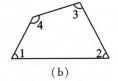

(a)　　　　　　　　(b)

图 2

在表示四边形内角度数的表格中,其首行的"整数解 (a, b, c, d)"及"对应的内角度数"显然是按 $\angle 1$,$\angle 2$,$\angle 3$,$\angle 4$ 的顺序排列的,但是,课例中展示的八个已经拼好的四边形图形中,其角度却不都是按 $\angle 1$,$\angle 2$,$\angle 3$,$\angle 4$ 的顺序"依次"排列的.

　　例如：课例中所拼四边形的第一个图，在其下方标注的四个角是（30°，30°，150°，150°）（见图3），但是，如果按图形正确标注其角度应该是有序的，即为（30°，150°，30°，150°）（见图4）．如果按角度（30°，30°，150°，150°）的排列去拼四边形，则得到图5，但此时必须用四块三角板，这又与原来的约定"使用的三角板块数尽可能少"相冲突．

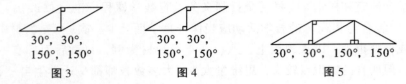

30°，30°， 150°，150°	30°，30°， 150°，150°	30°，30°，150°，150°
图3	图4	图5

　　如何解决这个矛盾呢？最好的办法是将学生3表述中的"依次"二字删除，这样就可以把每组角度看作一个组合，而不是排列．这样就可在保证满足"使用的三角板块数尽可能少"的条件下拼得符合要求的四边形．

　　例如，课例中的第七组角度是（60°，90°，90°，120°），如果删除了"依次"二字后，就可以不再考虑四个内角60°，90°，90°，120°的排列顺序，而把它们看作一个四边形四个内角的一个组合，这样就能够拼得如图6、图7、图8所示的三个四边形．我们可以把图7和图8看作同一结果，结合"使用的三角板块数尽可能少"的条件，最后认定图6就是符合要求的四边形．

图6	图7	图8

　　注：

　　1.《深度成就高度》一文于2010年12月发表在《中学数学教学参考（中旬）》期刊上．

　　2. 课例《一节"用含30°的直角三角板拼多边形"的活动课》，可以通过查阅2010年第8期《中学数学教学参考（中旬）》获得，也可以通过网上搜索获得，如：道客巴巴网（http://www.doc88.com/p-5979930846735.html），维普网（http://www.cqvip.com/QK/86509B/201008/34926256.htm）．

课堂的主角，教学的主体

——课改课"整式的除法"教学赏析

为了推进和宣传课改，会昌县举行了课改先锋课评选，获得初中数学一等奖的是会昌县右水初中吴潮山老师上的"整式的除法"（人教版《数学·八年级（上册）》）一课. 这节课，充分体现了学生是课堂的主角，学生是教学的主体；这节课，让学生实现了"教会→学会→会学→会教"的三级跳！

一、积极主动，学生是学习的主人

师："上节课我们学习了同底数幂的除法，这节课我们进一步学习整式的除法，上课之前请各小组长按我们的要求检查各组的预习情况，请各小组交叉检查……"

小组长："……"（各小组长收齐本组同学的导学案，并把它们交给负责检查的小组，每个小组的成员都在检查分发到自己手上的导学案，主要是查看导学案的完成情况. 检查过程中，还有很多同学在交流、讨论；检查完成后，小组长收齐导学案并送还给原来的小组. 同时，老师在巡视、指导.)

师："从你们检查的情况来看，怎么样，做了没有？"

学生齐声回答："做好了！"

【赏析】这个班是分了学习小组的课改班，为了便于学习上的合作、交流，同一小组的 6 个学生围在一起坐. 这个班的上课模式要求学生先学后教，老师提前一天把前置性学习材料以导学案的形式发给学生，让学生课前进行预习，并钻研和完成导学案中的探究问题.

从中我们还看到，这个班的学生的学习积极性很高、习惯很好，都能自觉地完成导学案中的探究任务，真正体现和实现了学生自主学习的学习方式，让学生成为学习的主人.

二、展示备课和讲课，学生是课堂的主角

师："按照我们的模式，今天轮到第几组上来讲课？"

学生齐声回答："第六组."

师："我们掌声欢迎第六组……"

（全班热烈鼓掌）

"小老师" 1："（把如图 1 所示的小黑板挂在教室正面的黑板上）同学们，上节课我们学了整式除法中的同底数幂的除法，现在我们一起来回顾，请同学们一起来回答同底数幂除法的运算法则，同底数幂相除，预备齐……"

学生齐声回答："同底数幂相除，底数不变，指数相减."

"小老师" 1："它用字母怎么表示呢？"

学生齐声回答：" $a^m \div a^n = a^{m-n}$. "

"小老师" 1："这个式子有什么要求呢？"

学生齐声回答：" $a \neq 0$ ， m ， n 为正整数，且 $m > n$. "

"小老师" 1："这个式子有什么特殊情况吗？"

学生齐声回答："有！当 $m = n$ 时， $a^0 = 1$ ， $a \neq 0$. "

"小老师" 1："也就是说，任何不等于 0 的数的 0 次幂都等于 1."

（"小老师" 1 把如图 1 所示的第一块小黑板取下，再把如图 2 所示的第二块小黑板挂上）

"小老师" 1："上新课前，请同学们一起来朗读今天的学习目标，单项式除以单项式，预备齐……"

学生齐声朗读单项式除以单项式的运算法则及其运用，多项式除以单项式的运算法则及其运用.

1. $a^m \div a^n = a^{m-n}$
($a \neq 0$, m, n 为正整数，且 $m > n$)
2. 当 $m = n$ 时：
$a^0 = 1$ ($a \neq 0$)

图 1

学习目标：
（1）单项式除以单项式的运算法则及其应用.
（2）多项式除以单项式的运算法则及其应用.

图 2

（"小老师" 1 离开讲台，"小老师" 2 走上讲台）

"小老师" 2："请大家看到导学案中的课前导学部分，请大家一起朗读单项式除以单项式的法则，单项式相除……"

学生齐声朗读："单项式相除，把系数与同底数幂分别相除作为商的因式，对于只在被除式里含有的字母，则连同它的指数作为商的一个因式."

例题1.

（1）$28x^4y^2 \div 7x^3y$

解：原式＝$(28 \div 7) \times (x^4 \div x^3)$
$\times (y^2 \div y)$
$=4xy$

（2）$-5a^5b^3c \div 15a^4b$

解：原式＝$(-5 \div 15) \times (a^5 \div a^4)$
$\times (b^3 \div b)c$
$=-\dfrac{1}{3}ab^2c$

图3

（1）$(12a^3-6a^2+3a) \div 3a$

解：原式＝$(12a^3 \div 3a) - (6a^2 \div 3a) + (3a \div 3a)$
$=4a^2-2a+1$

（2）$(-21x^4y^3-35x^3y^2+28x^4y^2+7x^2y) \div (-7x^2y)$

解：原式＝$[-21x^4y^3 \div (-7x^2y)] - [35x^3y^2 \div (-7x^2y)]$
$[7x^2y] \div (-7x^2y)]$
$=3x^2y^2+5xy-y$

（3）$[(x+y)^2-y(2x+y)-8y] \div 2x$

解：原式＝$[x^2-2xy+y^2-2xy) -y^2-8y] \div 2x$
$=\dfrac{1}{2}x-4$

图4

"小老师"2：（用手指着课前写在教室前黑板上如图3所示的例题1，其中第一小题的28与7是白色粉笔书写的，x^4和x^3是红色粉笔书写的，y^2和y是黄色粉笔书写的）请大家看到这两个例题，我用不同颜色的粉笔把系数和不同字母区分开来，28与7是系数，x^4和x^3是同底数幂. 它们相除，可以根据单项式除以单项式法则，应该是系数与系数相除，即$28 \div 7$. 同底数幂相除，应该怎么样？"

学生齐声回答："x^4除以x^3."

"小老师"2："还有一个怎么办？"

学生齐声回答："也要括号，y^2除以y."

"小老师"2："结果会等于多少？"

学生齐声回答："$4xy$."

"小老师"2："这就是单项式相除运算法则的应用."

（在与全班同学的互动下，"小老师"2边讲边板书. 例题1讲完后，板书情况如图5所示）

例题1.

（1）$28x^4y^2 \div 7x^3y$

解：原式＝$(28 \div 7) \times (x^4 \div x^3)$
$\times (y^2 \div y)$
$=4xy$

（2）$-5a^5b^3c \div 15a^4b$

解：原式＝$(-5 \div 15) \times (a^5 \div a^4)$
$\times (b^3 \div b)c$
$=-\dfrac{1}{3}ab^2c$

图5

【赏析】这个班的课改模式不仅要求学生课前自主学习，还要求学习小组轮流进行备课．一般是备课小组的学生先对课本内容进行独学，然后结合相关参考书，在小组内对教材知识进行分析、梳理，并进行解题和变式，等等．接着备课小组把要点写在学生备课本上，由小组长在上课前一段时间向老师简单汇报，老师给予评价、指导．上课时，由他们当"小老师"，讲授相关的教学内容．

讲课小组"集体备课"后，每个"小老师"把分配给自己讲的教学内容直接写在教室的前黑板、后黑板或小黑板上．例如，"小老师"1准备的讲授内容是写在小黑板上的（见图1和图2），"小老师"2准备的讲授内容是直接写在黑板上的（见图3），"小老师"3准备的讲授内容也是直接写在黑板上的（见图4），等等．

从小黑板或黑板所展示的"教案"来看，讲课小组备课是真正弄清了前后知识之间的联系的．例如，对比图3与图4，我们会发现，一个是不含答案的例题，一个是含答案的例题．由此我们可以看出，备课小组是完全明白哪些是已知的知识，哪些是未知的知识．他们也知道本节课的基础是上节课所学的同底数幂的除法，本节课的基本是如图3所示的例题1，学懂了这个"基础"和"基本"后，如图4所示的例2就迎刃而解了．所以，他们就把例2的解答与试题本身同时呈现出来，无须浪费时间卖关子了！

还值得一提的是，如果完全由老师来讲这节课，肯定会对两个法则的归纳煞费苦心，但是"小老师"2没有花时间讲授两个法则的归纳过程，仅要求全班同学看导学案中的课前导学，然而带全班同学朗读一遍法则就够了！

为什么呢？学生最了解自己的情况，他们都认为本节课的内容较简单：单项式除以单项式运算，只要把系数和底数相同的幂分别分离出来相除，其他的照抄就完事了．同样，同学们也都认为多项式除以单项式运算就是将其"转化"成单项式除以单项式运算，再理清运算符号和性质符号就可以了．

就这节课来说，这样处理教材与教学，就能挤出更多的时间用于对两个法则的灵活应用上．

另外，"小老师"1和"小老师"2的讲课，条理清楚，思路清晰，逻辑性强．他们讲了很多文本之外的含义和思考，讲得十分生动，数学味很浓，可见他们对法则的理解、对例题剖析是十分深入的．他们讲课时，神情投入，信心十足，精神饱满，举止大方，教态自然，声音洪亮，板书工整，讲课套路娴熟，表现出了优秀的综合素质．

从本节课可以看出，让学生参与备课，才是真正践行了构建主义的核心理念，准确找到了"最近发展区"；让学生参与讲课，才能真正明白哪些该讲，哪些不必讲，这样才能打造高效的课堂方式．

更难能可贵的是，这种课改模式，采用了最有效的学习方式——"（自己学后）转教别人"，即：先让学生自主学习，再利用他们当"小老师"的学习方式，让学习效率达到最高. 这种方式的根据是"学习金字塔"理论.

美国学者埃德加·戴尔（Edgar Dale）于 1946 年首先发现并提出"学习金字塔"（The Cone of Learning）理论. 研究表明，不同的学习方法达到的学习效果不同，学习 24 小时之后材料的平均保持率为 5%~90% 不等（见图6）.

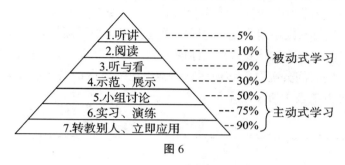

图6

第一种学习方式，用耳朵听讲授，知识保留 5%；

第二种，用眼去阅读，知识保留 10%；

第三种，视听结合，知识保留 20%；

第四种，用演示的办法，知识保留 30%；

第五种，分组讨论法，知识保留 50%；

第六种，练习、操作、实践，知识保留 75%；

第七种，转教别人、立即应用，知识保留 90%.

埃德加·戴尔还提出，学习效率都在 30% 以下的几种传统方式，都是个人学习或被动学习，而学习效率在 50% 以上的学习方式，都是团队学习、主动学习和参与式学习.

三、全面参与，学生是教学的主体

这个班所采用的课改模式是"五步四环节"高效课堂教学模式. 其中，"五步"是指：课前导学、交流激学、以教定教、当堂反馈、拓展提升、当堂检测. 以新授课为例，"四环节"是指：课前预习、展示分享、知识巩固、能力提升. 这种课改模式是吴潮山老师自创的. 他借鉴了昌乐二中的课改模式，吸收了郭思乐"生本教育"的理念——一切为了学生，高度尊重学生，全面依靠学生. 这种课改模式要求学生课前自主学习课本知识，课中由一个小组的同学对知识进行梳理、讲授和展示，在梳理过程中，其他同学可以根据自身的预习情况对教学内容提出质疑，并通过互相讨论加以解决，同学之间也可通过出题、做题等交流活动来发现问题，进而讨论问题及解决问题. 对于这种课改模式，学生在课堂上自主参与，课堂的绝大部分时间留给学生，老师仅用极少时间进行点拨、补充，这种课改模式具有主体式、大容量、快节奏等特点，师生互动深入，能让学生得到更全面的发展.

这节课中，学生不仅参与问答和练习，还以老师的身份参与了备课和讲授. 他们不仅讲述复习内容、试题的解答思路，还讲解新授内容. 这个班共有学生63名，在这节课中，共有6个学生以老师的身份参与讲课，共有29人回答课堂的提问，还有5次小组讨论. 这样的课堂真正实现了新课标所要求的自主、合作、探究学习方式的转变，真正体现了学生是课堂的主角、教学的主体的理念.

课堂的时间分配更能够说明这一点. 把整节课的各个教学环节进行分析、统计，可得如表1所示结果.

表1

教学环节		时长（单位：分钟）
充满互动的讲授	"小老师"讲授	12.2
	吴老师讲授（点拨、补充）	4.9
练习		20.5
小组讨论		6.9
小结		1.1
其他（如组织教学、鼓掌等）		0.9
累计		46.5

再把上述各教学环节及其分配时间改用扇形统计图表示（见图7），我们从中能更直观地看到学生的参与方式非常丰富，参与率也非常高.

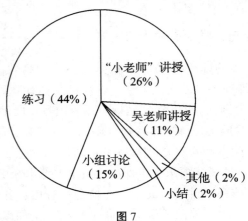

图7

这样的课堂，不再是完全由老师"教会"学生，而是充分调动学生学习的积极性. 学生从自主初步"学会"，再在课堂上通过展示、交流和老师的点拨、补充，直至完全"学会". 令人惊叹的是，学生不但"会学"，而且达到了"会教"的水平! 从"学"到"教"的飞跃中，学生的潜能得到激发、能力得到了培养和提升. 这是真正的以学生为本的课堂、真正的高效课堂!

注：

1. 本文以"课堂的主角，教学的主体——课改课'整式的除法'教学赏析"为题于 2014 年 6 月发表在《江西教育（教学版）》期刊上.

2. 会昌县右水初中吴潮山老师执教的课改课"整式的除法"，其教学视频可供下载和观看，网址为——

教学视频下载网址：https://pan.baidu.com/s/1w_cd3ILilUt2Q0-4QkTgOA.

教学视频观看网址：

http://v.youku.com/v_show/id_XMzQ0MDg1OTczMg==.html？spm=a2h0k.8191407.0.0&from=s1.8-1-1.2；也可通过百度或在优酷网输入"整式的除法（会昌吴潮山）"搜索得到.

第五部分 信息技术应用

优秀微课的特点与作用

《中学数学教学参考（中旬）》期刊在 2015 年 1~2 期开展了"微课课例展示与评析"专题征稿活动，共刊发了 8 篇关于微课的文章．这 8 个微课都短小精悍．制作教师的精雕细琢，使得它们直观形象、生动有趣，都能收到有利于学生学习，让学生好（hǎo）学、乐学的效果．

一、微课特点是精雕细琢

（一）精明的课题选择

这次展示的 8 个微课中，每个微课的课题都很有代表性，展示了选送教师高超的微课开发能力和过硬的教研能力．这些微课中，有课内的，也有课外的；有重点、难点，也有考点、易错点；有知识层面上的讲解，也有思想方法层面上的点拨．给我留下印象最深的微课是"数格点，算面积"——初看其微课名，我以为它讲的是中考规律探究题，让人想去学，看到最后才知道它讲的是"皮克公式"．如果一开始就把课题名取为"正经"的"皮克公式"，恐怕没有人想去学习这个会加重学业负担的课外知识；如果仅借助文字材料来学习"皮克公式"，恐怕花大半天的时间也掌握不了这个公式．但是，看了张琪老师制作的微课后，皮克公式就在心中留下了深刻的印象，也许终生不会忘记．

（二）精细的教学设计

这次展示的 8 个微课中，每个微课的教学设计都很科学，由浅入深，由易到难，由低到高，符合学生的认识规律，也符合教学规律，让人觉得好

（hǎo）学.

值得一提的是，8 位教师设计微课时，都不是照本宣科，而是将知识细化，即使是很"单"的知识点，也给人一种丰实、饱满之感，在日常教学中，对于这 8 个微课中所提到的问题，大部分教师也许只需三五句话就可以把解答告诉学生，但是在这 8 个微课中，教师们把课程设计得非常精细.

例如，微课"求最短路径问题"，对于问题 1，在人教版教材中只有如下简单的内容：如图，牧马人从 A 地出发，到一条笔直的河边 l 饮马，然后到 B 地，牧马人到河边什么地方饮马，可使所走的路径最短？但是，荀峰老师把经典的"将军饮马"故事放到这个问题中，使得原本枯燥的数学问题有了时间、地点、人物等，增添了这个数学问题的文化味和生活味，使得学生学起来兴趣盎然，乐于学习.

又如在微课"'边边角'能证明三角形全等吗"中，邓昌滨老师首先把这个问题放在等腰三角形中进行探索，然后再把这个问题细化到直角三角形、钝角三角形、锐角三角形中分别讨论，最后得出全面的结论. 这样设计教学，太精细了，能给人留下深刻的印象.

在微课的使用上，张琪老师也给我们提供了很好的借鉴. 她把她的微课与传统教学相结合，一边放视频一边随时提问，一边巡视批改，是很好的做法.

（三）精湛的信息技术应用技能

1. 精到的背景设置

如图 1 所示，在微课"求最短路径问题"中，当呈现问题 1 时，其背景图就是标有文中所提到的 A（马）、B（蒙古包）和 l（小河）的草原. 这样设置背景，就像提供了一个情境，有利于学生发挥其形象思维的作用.

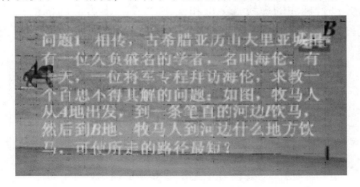

图 1

2. 精美的颜色搭配

例如，在微课"以退为进巧计数"中，对于探究一，陈海烽老师画了三

条直线 a，b，c，每条直线颜色都不同，其中直线 a 是红色的，直线 b 是宝蓝色的，直线 c 是翠绿色的（见图 2）. 这样配色就能增强对比效果，有利于颜色的区分. 他把原图分离成三个图形后，a，b，c 三条直线仍保持原来的颜色，并且相对位置也没有改变.

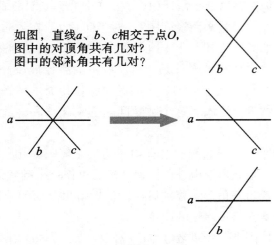

如图，直线 a、b、c 相交于点 O，图中的对顶角共有几对？图中的邻补角共有几对？

图 2

再如微课"数格点，算面积"，其颜色的搭配真是"精"到了极致！如图 3 所示，表示小狗的阴影部分是青绿色的，对其进行标注的虚线、字母和文字"S：多边形的面积"的颜色也是青绿色的；分布在小狗边界的 15 个格点的颜色是宝蓝色的，对其进行标注的虚线、字母和文字"L：多边形边界上的点的个数"的颜色也是宝蓝色的；在小狗内部的 2 个格点的颜色是红色的，对其进行标注的虚线、字母和文字"N：多边形内部的点的个数"的颜色也是红色的."万绿丛中两点红"，多么强烈的颜色对比啊！而且，在整个微课中，S，L，N 三个字母的颜色始终保持不变.

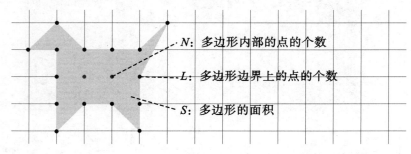

图 3

3. 精当的工具选择

本来，大部分微课的录制都可以用"PPT+录屏软件"轻松做成，但是，从这次展示的 8 个微课中，我们可以看到教师们所用的教学软件和制作工具是经过精心挑选的. 例如，微课"'边边角'能证明三角形全等吗"和"动点的最值问题"，用的是几何画板，它可以生动准确地演示相关的动画. 微课"数格点，算面积"用的也是几何画板. 张琪老师巧妙地利用了几何画板的"自动吸附网格"功能，在拖动边缘上的格点时，它会自动吸附到附近的格点上，从而达到理想的探究效果. 又如微课"利用'模式识别'巧解题"，不但用了 PPT 和 Flash 的动画技术，还对真人演示的动手操作部分用录像设备进行了拍摄. 拍摄者准确选取拍摄角度，恰当调整画面，对突破难点起到了很好的作用.

从这 8 个微课的播放效果来看，其画面流畅，过渡自然，说明老师们后期的制作水平也是很高的.

从中可以看出，教师们都有很强的信息技术应用能力.

4. 精准的同步操作

这 8 个微课中，绝大部分的同步显示、同步标注都操作得很精准——说啥来啥、说啥指啥、说哪指哪（如图 4 所示，教师一边讲解一边用鼠标在图上比画，或者讲解的同时也对所提及的线段画杠；如图 5 所示，将讲解中所提及的图形涂上阴影；还有通过闪烁、加粗等功能来起到强调、突出的作用）. 这样有利于吸引学生的注意力，让学生的思维与老师的思维同步.

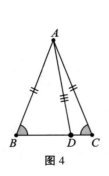

图 4

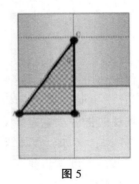

图 5

5. 精彩的过程展示

如图 6、图 7、图 8 所示，在微课"'边边角'能证明三角形全等吗"中，邓老师的课件制作水平很高，他把联结线段 AD 的全过程都逼真地展示了出来.

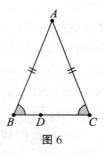
图 6

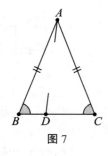
图 7

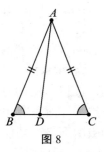
图 8

图 9 至图 14，是微课"利用'模式识别'巧解题"中把覆在圆柱内壁上的纸取出并展开的全过程，刘乃志老师把这段动画做得很逼真！

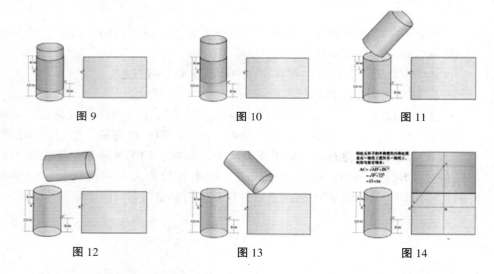

图 9   图 10   图 11

图 12   图 13   图 14

从展示过程中还可以看出，这些微课也展示了解决问题的思维过程（即思维可视化），让学生明白了"所以然"。例如，在微课"求最短路径问题"中，荀峰教师直观地告诉学生把 A，B 两"地"抽象为两个"点"，把"河" l 抽象为一条"直线"；又如，在微课"以退为进巧计数"中，陈海峰老师形象地通过分离图形，告诉学生把复杂的图形分离、退化为概念所对应的基本图形，以使问题得到解决。

二、微课的作用是好（hǎo）学乐学

笔者把这次展示的 8 个微课分别播放给 8 个班的学生观看，在学生观看之前，把微课中所提及的问题、试题印发给学生思考；在学生观看之后，还通过调查了学生对这些微课的评价，学生的主要观点如下：

绝大多数学生都喜欢观看这些微课，认为这些微课讲得直观形象、生动有趣；解题过程详细，深入浅出、易于理解；有很强的吸引力，能让人的注意力更集中；制作的精美动画让相关的演示过程更清楚；可重复观看，可作为预习、复习的材料；详略得当，效率高；观看过程中可以暂停播放，边学习边思考；介绍的解法多，可以拓宽思路；可以在家通过电脑或手机来进行自主学习；等等.

少数学生不喜欢观看这些微课，原因是：有些老师的普通话不标准，吐字不够清晰；没有把老师的讲话内容显示在屏幕上；不能与讲课教师交流互动；等等.

对于哪些数学内容适合通过微课来学习这个问题，学生的回答是：概念、定理、难题、动态几何、专题学习等可通过微课来学习.

总的来说，大部分学生还是认为这样的微课有利于他们的学习，优秀的微课能为他们"好（hǎo）学"提供素材、为他们"乐学"创造条件.

三、几点思考

2012 年 3 月 13 日，教育部印发了《教育信息化十年发展规划（2011—2020 年）》；2013 年 10 月 25 日，教育部印发了《教育部关于实施全国中小学教师信息技术应用能力提升工程的意见》；2014 年 5 月 27 日，教育部印发了《中小学教师信息技术应用能力标准（试行）》. 由此可以看出，国家非常重视信息技术在教育、教学和教研中的应用，试图以教育信息化来带动、促进教育现代化的实现. 近几年，全国各地正在实施"三通两平台"工程，计划于 2020 年全面完成"三通两平台"的建设任务.

在新形势下，信息技术在教育教学方面的应用已从"整合"深入到了"融合"，"微课"是信息化发展的必然产物. 不久的将来，微课将在实现教学方式的转变上充分发挥作用，到时候，学生可以跨越时间和空间进行学习，基于微课的"翻转课堂"也将使教育发生革命性的变化.

（一）不必追究"微课"的准确定义

1960 年美国阿依华大学附属学校首先提出了"微型课程（Minicourse）"这个概念；2004 年，英国启动教师电视频道，每个节目视频时长为 15 分钟，频道开播后得到了教师的普遍认可；2006 年起，孟加拉裔美国人萨尔曼·可汗为了辅导不在身边的表妹的数学，录制了许多在线视频，大受欢迎；2008年秋，美国新墨西哥州圣胡安学院的"一分钟教授"戴维·彭罗斯（David Penrose）因首创了影响广泛的"一分钟的微视频"的"微课程"（Microlecture）而声名远播. 近几年，以"微视频"为核心的"微课"在国内外的影响越来越大.

"微课"不是什么新事物. 它是"视频教程"的一种，只是时长较短而已. 它早已为各行各业的教学所应用，很多软件的教程就是以微课的形式来传播的. 例如，在 2011 年，对于几何画板 5.0 的新功能的讲解，网上就有阿海老师制作的 73 集短视频；在 2008 年，笔者在视频网上就看到了韦宗义等老师的"几何画板视频教程". 这些视频的时长大都在十分钟以内. 笔者认为，这些短视频教程都可以称之为"微课".

微课，特别是优秀的数学微课，在制作前期，肯定要为之准备相配套的各种材料，如微教学设计、微课件等，也必定有相关的资料包. 至于这些资源包是否都要呈现出来，则依具体要求而定.

所以，我们没有必要追究"微课"的准确定义，没有必要把历次全国微课大赛的具体要求作为"微课"这个概念的内涵. 我们仅需把握其核心含义——时长较短的视频，其内容是某个单一的知识点、某个教学环节或其他小专题，而且是内容相对完整的一节"课".

(二) 必须避免的微课瑕疵

本次展示的微课也有一定的瑕疵，现略说一二.

一是个别字体使用不规范. 如图 15 所示，第二行靠后的字符"$\triangle ABD$"和第三行的字符"$\triangle ACD$"，用罗马体斜体，是正确的；而其他的字符如"$\triangle ABC$""$AB=AC$""D""BC""B、C"，用罗马体正体，是错误的，应改为斜体.

如图，在等腰 △ ABC 中，AB= AC，点D 是BC 上除B、C外的任意一点，连结AD，那么 △ABD 与△ACD全等吗？

图 15

微课名写成"'SSA'能证明三角形全等吗"也是错误的. 它错就错在用了三个字母. 表示"边边角"的三个字母不管写成正体还是斜体都是错的，应写成带引号的文字才是对的（这时引号表示简称）. 按照相关规定，被赋予了特定意义的字母须用正体表示，但是，"边边角"所代表的"有两边和其一边的对角分别相等的两个三角形全等"是个假命题，不能像"边角边""角边角"一样用（正体）字母来简写.

对于数学字符的书写，有相关的国际标准和国家标准，我们必须规范书写.

二是有些字号太小. 一般地，PPT 课件中的字号以不小于 24 磅为宜.

三是个别 PPT 的显示与讲解不同步. 例如，在微课"求最短路径问题"

中，在 03：51—04：27，荀老师讲的内容是"现在，要解决的问题是：点 A，B 分别是直线 l 同侧的两个点，如何在 l 上找到一个点，使得这个点到点 A、点 B 的距离之和最短呢？请同学们讨论……如果我们能把点 B 移到另一侧 B' 处，同时对 l 上的任意点 C 都保持 CB 与 CB' 的长度相等，就可以把问题转化为如图的情况……"。但是，在这段时间内，PPT 中没有显示相应的几何图形，仅显示如图 16 所示的四行文字．我想，学生观看微课时，眼睛肯定是盯着屏幕的，如果相应的几何图形不在学生的视野中，学生的思路就很难跟得上老师的思路，这样学习的效果肯定会大打折扣．

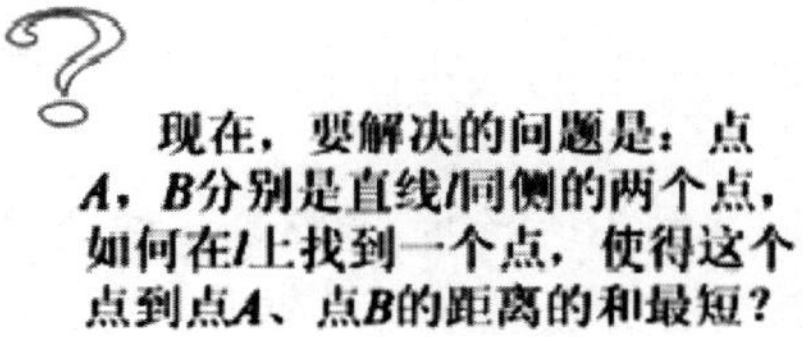

现在，要解决的问题是：点 A，B 分别是直线 l 同侧的两个点，如何在 l 上找到一个点，使得这个点到点 A、点 B 的距离的和最短？

图 16

注：

1. 本文以"微课——施精雕细琢之工，收易学乐学之效"为题于 2015 年 7 月发表在《中学数学教学参考（中旬）》期刊上．

2. 本文所提到的 8 个微课视频可在《中学数学教学参考》期刊的官方网站上获得，网址为 http://www.zhongshucan.com/infonews/content.jsp? id = 18349&nodeid = 587&siteid = 44.

基于微课运用的初中数学概念教学

"微课"是视频教程的一种. 它以视频为主要载体，只是时长比较短，是针对某个学科的知识点（如重点、难点、疑点、考点等）或教学环节（如学习活动、主题、实验、任务等）而设计开发的一种情景化、支持多种学习方式的视频课程.

微课的时长一般为 5~10 分钟，能整合多种教学资源，营造一个与具体教学活动紧密结合、真实的情境；有利于突出主题，明确教学目标，针对性强，并且使用简便.

数学概念的教学在数学教育、教学中有举足轻重的作用. 对学生来说，只要数学概念学好了，相关定理、性质的掌握就比较容易；数学概念的教学抓得扎实，则对提升学生学习数学的信心、提升学生的数学素养、提高数学教学质量都有帮助.

现在，各学校、各教室的信息化装备都十分先进，有多媒体、白板或班班通，这为微课在日常教学中的应用提供了条件.

2014 年，教育部印发了《中小学教师信息技术应用能力标准（试行）》，要求教师提高应用信息技术的意识，要求教师应用信息技术优化课堂教学，要求教师掌握多媒体教学环境下常用设备与资源的使用.

这样，基于微课的初中数学概念的教学，能让传统的数学课堂教学得到升华，能增强学生学习数学的兴趣，能提升初中数学教学水平，能加强初中数学的学科建设，能促进教师教研水平的提高和专业水平的提升，让数学概念在学生心中扎根.

所以，在数学概念教学中应用微课，有深远的意义和重大的价值！

对于如何应用微课来进行初中数学概念的教学，笔者进行了一些实践与研究.

一、微课的制作方式

（一）录像型

这种微课只需要教师在传统的教室环境中上课，用摄像机（或可摄像的手机、平板电脑等）对教学过程进行拍摄即可．这种方法操作简单、制作难度小．当然，要选择光线好的教室进行，尽量使用亮色的白色粉笔或黄色粉笔书写．如果在教学过程中使用了电子白板或投影，则要注意画面的调整，尽量不要让一半画面是黑板一半画面是白板或是投影的屏幕，否则什么都看不清．最好是大部分画面都是白板或是投影的屏幕，或者大部分画面都是黑板，这样才能看清画面的文字或图像．

另外，还可以用支架把手机或摄像机等设备固定，教师则在桌面上讲解或在纸上边书写边讲解相关的教学内容，就这样对教学过程进行录制．这种微课录制的方法也相当简单．

（二）录屏型

借助录屏软件（如 Camtasia Studio、屏幕录制专家等，2010 版以上的 PPT 也有自带的录屏功能），教师既可以用 PPT 作为课件，也可以用几何画板或其他课件，进行微课录制．利用这些软件，教师对着计算机显示的课件讲解，录制完成后，再进行后期制作，进行加工、美化，这样就可以制作出一个微课了．

用这种方式录制微课，事先要精心设计教案和课件，注意课件的色彩、文字的字体和字号以及点击课件的速度．

（三）电子白板型

我们可以利用电子白板中自带的录制功能录制微课，还可以安装手写板，与电脑连接，结合使用演示软件对教学过程进行讲解、演示，对教学过程进行录制，从而制作出一个微课．

（四）动画演示型

将教学环节用动画演示来完成，结合文本和图像的呈现，也可以录制有趣的微课．

通过 Flash、Gif 等动画制作软件对课件进行编辑制作，也可以逐格地拍摄一系列的照片，然后用会声会影等软件合并成视频片段，以定格动画的方式将其呈现．用这种方法制作微课，一般要配上一定的音乐，并增加一些特效．

二、微课在初中数学概念教学中的应用

（一）微课前置，实现教与学的翻转

例如，在进行"有理数"教学之前，笔者将精心制作的微课"正数与负数"发到县初中数学教师 QQ 群，很多教师就以"预习"的形式要求学生课前观看微课，也有的教师是在课堂讲课前让学生观看微课，结果是体现了生本思想，实现了"先学后教"的新理念．

观看微课后，首先让学生交流、讨论本课的相关知识，然后让学生列举生活中正数与负数的例子，并用正数和负数解决生活中的问题，最后由教师进行点拨、提升.

这个微课材料十分丰富，主要有以下四种课外材料：一是选用了一则新闻"高端餐饮去年首现负增长"，二是精选了一段天气预报，三是制作了一幅冰水共存的图片，四是制作了一幅既有海拔高度为正也有海拔高度为负的图片.

微课前置，实践了以学生为主体的理念，真正实现让学生自主学习.

笔者组织了全县初中数学教师的数学概念微课的比赛活动，优秀微课作品已上传到了江西教师网的县数学教师成长工作室，让学生在课前观看相关的微课，让学生享受做学习的主人的感觉. 此外，网上也有很多微课资料可供教师们使用.

（二）微课中置，突出重点、突破难点

很多初中数学概念教学的重点和难点，不是光靠教师的嘴巴就能讲得清楚的，这时微课就可以发挥作用了.

例如，在进行"勾股定理"的教学时，老师为什么把直角三角形三边的关系的结论称为"勾股定理"，而不称其为"直角三角形三边关系定理". 这其中有深厚的数学文化和悠久的历史原因，笔者为此做了一个微课"勾股定理命名之文化味"，全面介绍了我国古代对勾股定理所做的重大贡献. 该微课播放之后，让学生充分明白了"直角三角形三边关系的结论"为什么叫"勾股定理".

又如，在进行"平方根"的教学时，笔者做了一个微课"根号的历史"，对根号的来龙去脉介绍得清清楚楚. 同学们被这段数学故事深深地吸引了，对数学文化产生了深厚的兴趣.

再如，在进行"三角形"一课的教学时，其中的"三角形稳定性"是一个抽象的性质，以前，很多教师只是把这个结论"灌"给学生. 我县珠兰示范学校周东明老师做了一个微课"三角形的稳定性"，形象直观地讲解了其中的理由和事例，详细展示了其中的细节和结论推出的过程，让学生知其然且知其所以然.

（三）微课后置，梳理总结、复习巩固

第一，在课尾播放微课，可以起到全面梳理一节课的讲课内容，总结一节课的知识要点的作用. 例如，"平面直角坐标系"一课，知识点多而散，笔者就制作了一个微课"7.1.2　平面直角坐标系"，全面、有序、深入地介绍了本节课的知识点、本课与小学所学相关知识的联系，还介绍了"坐标"一词的广泛应用，并把该微课在课尾播放，让它起到梳理总结的作用.

第二，在课后播放微课，可以起到复习巩固的作用. 很多有条件的学生知道会昌数学教师成长工作室、江西教师网、中国微课网、华东师范大学的慕课平台等有微课后，会主动去观看上面的微课，作为复习巩固的材料.

三、微课对学生学习的影响

有条件的学校和学生，都喜欢利用微课来进行课前、课中和课后的学习与复习. 微课直观形象、生动有趣、过程详细、深入浅出、通俗易懂，有很强的吸引力，能让人的注意力更集中；微课中丰富的动画演示能让学生把相关过程看得更清楚，还可重复观看，是学生预习、复习的好材料；微课讲解详略得当，利用微课进行学习和复习，效率更高；学生在观看微课的过程中，还可以暂停播放，边学习边思考；除了在学校教室观看外，有条件的学生还可以在家里通过电脑或手机上网来利用微课进行自主学习.

总之，微课，对于教师来说，是进行概念教学的好帮手；微课，对于学生来说，是好（hǎo）学、易学的好材料，能真正让学生体会到乐学的效果.

注：本文以"基于'微课'的初中数学概念教学研究"为题于 2016 年 12 月发表在《数学教学通讯》期刊上.

（a）

（b）

图 1　刘鑫老师上课的瞬间

多媒体辅助数学教学的
常见误区和对策

近几年，多媒体得到了普及. 我们在使用多媒体时，发现其中隐藏着种种误区，有些误区甚至频繁出现在各级优质课竞赛中，如果不及时采取对策，将影响学生数学素养的培养和进一步提高.

误区一：多媒体教室布置不科学

绝大部分多媒体教室是这样布置的：屏幕布挂在黑板中央的上方，讲台撤掉了，教室前排的中央摆放着电脑桌和电脑（个别多媒体教室有视频展示台，也放在电脑桌上），投影仪水平地吊在教室的天花板上. 这样布置的结果是：其一，屏幕布拉开后几乎把整个黑板给遮挡住了，根本没有板书的区域；其二，投影区域偏高，老师够不着，数学老师讲课时不能对映上面的要点和图形进行比画，另外，学生也得仰着头观看播放；其三，粉笔和黑板楷放在电脑桌上，粉笔灰会把电脑和视频展示台弄脏.

还有，为了使放映图像更清晰，老师会把教室所有的窗帘都拉上，即使不观看播放时，也没有人把窗帘间歇性地拉开（或开灯），整个多媒体教室一直处于较暗状态，使得师生的看、读和写受到很大的影响.

多媒体教室的不科学布置也是其他误区产生的原因之一.

对策一：科学、规范地布置多媒体教室

到目前为止，我们发现有关部门仅对多媒体教室的硬件标准有相关要求，而对其布置并没有做出什么规定.

笔者认为，多媒体教室应这样布置：保留传统的讲台和黑板；黑板的一侧是教室门和过道，（黑板同墙的）另一侧挂屏幕布，屏幕布垂下后，其下端与黑板下端持平；吊在天花板的投影仪必须倾斜一定的角度，使其产生的投影区域下端与黑板的下端成一直线；电脑桌必须宽敞，放在屏幕布的前面，与讲台成一直线；电脑、视频展示台等设备摆放在电脑桌上……

同时，笔者呼吁有关部门尽快出台相关规定，规范、统一多媒体教室的

布置.

误区二：避简就繁

只要在多媒体教室上课，很多老师就常常会这样做：原本可以通过演示简单、简易的传统媒体说清楚的问题，他们却要花很多的时间和精力去做课件，把问题映到大屏幕上来解释和说明.

例如：说明等腰三角形、等腰梯形和圆的对称性时，有些老师不用相应的纸片来说明问题，而是做成动画课件.

又如：本来可以直接用一张图片来展示的题材，有些老师却要事先进行摄像，在课堂上播放几十秒钟的录像后，再用录像的定格来展示.

再如：本来可以由教师当堂直接口述的材料，有些老师却要先进行录音，再在课堂上来播放录音.

诸如此类. 他们常常避简就繁，抛弃传统、简易的工具，转而使用较麻烦的媒体.

对策二：选择适合的媒体，并进行优化组合

传统数学教师在我们心中的形象一般是：一只手拿着备课本、教学参考书、教材和粉笔盒，另一只手拿着圆规、三角板……他们就是凭借这些传统的教学工具为祖国培养了一代又一代杰出的人才！

数学的常用传统工具有：实物、模型、黑板、小黑板、各种自制教具等. 常用的现代媒体有：幻灯机、电脑、录音机、录像机、VCD、DVD、多媒体投影仪、视频展示台……

如何选择教学媒体呢？应该选择适合的媒体，并进行优化组合.

心理学研究表明，让人识别一种东西所用的方法不同，所需要的时间也不一样. 例如：语言描述需要 2.8 秒，线条图画需要 1.5 秒，黑白照片需要 1.2 秒，彩色照片需要 0.9 秒，而直接观看物体的原状则只需要 0.4 秒. 这组数据清楚地表明，人的感官越接近实物的原状，接收信号所花的时间就越少，信息传输的速度也就越快.

实验心理学家赤瑞特拉做过许多著名的心理实验，并通过大量的实验证实：人类获取的信息 83% 来自视觉，11% 来自听觉. 这两个加起来就有 94%. 还有 3.5% 来自嗅觉，1.5% 来自触觉，1% 来自味觉. 这就是说，如果既能看见，又能听见，还能用手操作，这样通过多种感官刺激获取的信息量，比单一听老师讲课要有效得多.

我们就要运用这些心理学理论来指导对媒体的选择和组合，在教学活动

中尽量安排看图、看模型、看实物、动手做实验……将抽象的内容形象化. 同时也要注意，能通过黑板、语言讲明白的就不必用电脑了.

在同等效果的情况下，还要避繁就简，正如美国大众传媒学家施兰姆所说：如果两种媒体在实现某一教学目标时，功能是一样的，我一定选择价格较低的那种媒体.

误区三：使用他人课件

现在网上的资料非常丰富，包括课件，通过互联网我们几乎可以下载到每章、每节、每个课时的相关课件. 有些老师，常常不经取舍和修改就直接使用在网上下载的课件上课. 还有些老师则请人代做课件，特别是参赛老师. 在各级优质课比赛中，我们常常会看到参赛选手使用署有他人姓名的课件（有人甚至请课件制作人到比赛现场来帮助操作电脑及课件）.

出现上述情况的原因有很多：有的怕费时费力，有的是课件盲（甚至是电脑盲），大部分还是水平问题.

不同的学生、不同的班级、不同的学校，学情不同、班情不同、老师的风格也有差异，使用他人的课件一般是不合适的. 请人代做课件也不太好，因为其他学科（包括计算机）的老师只知道文字、图片、音乐和动画，根本不了解数学学科中诸多的公式、符号和数学美，更不知道其中蕴含的数学关系！

对策三：加强电脑知识和常用软件的学习和培训

各级政府和学校要创造条件，加强对老师的培训. 老师也要自我加压，加强学习，力争尽快掌握日常教学常用的电脑知识和常用的软件，如：Word、Excel、PowerPoint、几何画板和公式编辑器等，以跟上时代的步伐，做一名合格的新时代数学老师，把运用多媒体辅助教学当成"家常菜"来做，并争取做成"拿手好菜"（即使下载他人课件，也要进行取舍、修改甚至创新）. 这是时代的要求和时代赋予我们的责任，也是我们数学老师的基本义务（如现行的新课标人教版教材中就安排了很多关于信息技术应用的学习、教学材料）.

误区四：课件制作不科学

我们调研、听课（包括各级优质课竞赛观摩）中常常发现数学课件制作不科学的情况.

其一，错误使用字母、符号的字体和格式. 有很大一部分课件、教案的打印不规范：字母、符号的字体和格式与汉字的字体和格式相同，常用宋体或

Arial 表示，如：x+y＝5，△**ABC**（Arial，加粗）.

其二，滥用、错用图形、图像、音乐、音效、动画及其集成，干扰太多，使学生眼花缭乱、难辨主次、注意力被无关的材料所吸引，分散了精力，干扰了教学.

例如：

与教学内容毫不相干的插图、多余的动画——金光闪闪的布娃娃、花草、星星、首饰等点缀物；不停晃动的船舶、猴子、熊猫、蝴蝶等卡通画；多余的过大的边框、花环等衬托物.

与学习内容无关的背景——有一次市优质课竞赛中，笔者发现某老师的课件中有一张幻灯片的背景图案竟然是饭叉叉着一瓣橘子（这与其课题"矩形"没有任何关系）；另一位老师的课件的好几张幻灯片竟然有三分之一的画面是竹叶和藤枝（这是极大的浪费）.

其三，字号大小不恰当.

对策四：加强对课件制作知识的学习和应用

制作数学多媒体课件时，应兼顾科学性、艺术性和简约性等原则，对材料进行取舍，去掉可有可无的插图和多余的动画，遵循青少年的心理规律，选择恰当的版式、模版、色彩和背景，以增强课堂教学效果.

至于数学字母、符号的表述，必须与数学教材一样，现介绍如下：一是三角函数、圆周率和表示特定意义的字母、符号，一般都是用 Times New Roman 字体的小写正体，如：sin，cos，π，km，△.二是表示几何图形顶点的字母一般都用 Times New Roman 字体的大写斜体，如：点 A，线段 AB，$\angle B$，△ABC，$\odot O$.三是表示函数及其变量、坐标系、直线、线段的字母一般都用 Times New Roman 字体的小写斜体，如：函数 $y＝2x+1$，x 轴，y 轴，直线 l，线段 a.四是句号用黑点"."……

其实，在安装公式编辑器时，选定 Times New Roman 这种字体后，只要打开公式编辑器来敲打上面所述的数学字母和符号，并对"样式"菜单下的选项进行相关的选择，自然就会出现规范的字母和符号，这样打出来的字母和符号在排版时，字体也不会改变.

误区五："冷落"黑板，不善板书

很多老师以为屏幕可以代替黑板、课件播放可以代替板书（像做讲座、做报告一样），所以用多媒体上课时就很少板书.笔者每次参加各级优质课竞赛观摩，都会发现老师上数学课不板书的现象；平时调研，这种现象就更普遍了！最糟糕、最没有效果的是：老师引导学生看着屏幕中的几何图形，用手点击鼠标，嘴巴说着某某边等于某某边，三角形某某某全等于三角形某某某，等等. 这样讲课根本没有一点效果！

对策五：重视板书，并科学板书

板书的即时呈现力强，随想随写，即写即看，方便增删. 由老师把课堂的分析、推导亲手板书、板画出来，不但能让学生在视觉上参与学习，还制造了一个短暂的停顿，可以给学生做笔记、消化、吸收或调整大脑的时间和机会. 在课堂中，如果没有这样的时间和机会，学生（特别是基础较差的学生）就很难有其他独立琢磨的时间和机会，对老师的口头讲解和播放的课件可能会囫囵吞枣. 另外，好的板书有提纲挈领的作用，能使一堂课的内容一目了然，有利于对本节课进行小结、复习和巩固. 好的板书、板画还能给人以美的享受，有一定的育人作用.

数学课的哪些内容必须板书？该如何板书？这里面有很深的学问！

（1）概念及其定义、定理、公式等重点、重要内容，必须用红色或黄色粉笔书写，即彩色板书.

（2）课题、定理和公式的推导过程，例题的分析及其规范的解答，几何题的严谨证明，各个难点的分解与突破，等等，必须边讲边写. 特别是在书写几何题的证明时，要用手直接在图上比画（起码要用教鞭指着相关的边、角和图形），边讲解、边比画、边板书，即同步板书.

（3）重点、要点和其他有示范性的内容出现后，必须一直保留在黑板中，使其停留在学生的视野中，不宜擦除，即不擦板书.

（4）如图1所示，应用数形结合思想对图形进行相关标注，同时在书写与图形相配套的有关结论时，相应的内容必须在图形旁边的恰当位置与图形联在一起板书，即捆绑板书.

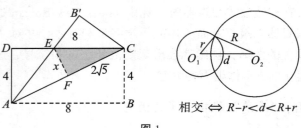

图1

（5）把某些三角形涂上阴影，在几何图形上添加辅助线以及对定理和定义进行圈圈点点时，必须用不同颜色的粉笔进行书写以形成对比，即对比板书.

误区六：以课件为"轴"

有的老师上多媒体课时，老师站在电脑旁，丢下教材和教案，手握鼠标，眼睛盯着电脑，让学生眼睛盯着大屏幕. 老师围着课件转，学生跟着老师和课件转. 这样，师生眼神的交流少了，精彩的即兴发挥也不可能了. 这就失去了思想火花的碰撞，即使偶尔出现了课堂的闪光点，也常常消失得无影无踪.

【原因1】理念错误或没有践行正确理念

根据皮亚杰的建构主义学习理论，老师是教学过程中的组织者、指导者和知识意义建构的帮助者、促进者；学生是知识意义的主动建构者；教材中所提供的知识是学生主动建构的对象；媒体是创设学习情境，让学生主动学习、协作、探索和完成知识意义建构的认知工具. 所以用多媒体辅助教学仍然要充分发挥学生的主体作用，体现多媒体教学的辅助功能. 可是在运用多媒体辅助初中数学教学时，有的老师理念发生错位或没有践行正确的理念.

【原因2】课件内容太多太全

有些老师习惯把整堂课的教案和学案都放在多媒体课件上，连同课堂的提问及其答案、例题和习题及其完整的解答也搬上屏幕，一堂45分钟的数学课竟用了十几张甚至几十张幻灯片. 例如：一次省优质课竞赛，课题为"条形图与扇形图"、时间为45分钟，有一位教师的 *PPT* 课件多达30张；另一次省优质课竞赛，课题为"解直角三角形"、时间为45分钟，有一位教师的 *Flash* 课件容量高达87.2兆！

【原因3】多媒体教室布置不科学，黑板被遮挡，不能板书

这已在误区一和误区五中阐述了，此处不再赘述.

【后果与表现】师生交流少，互动不足，忽略课堂生成

上述三种原因造成的后果是老师的大部分时间都在点鼠标，多媒体课件成了课堂的"轴"，教师成了课件内容的灌输者，学生是外界刺激的被动接受者、知识的灌输对象，教材是教师向学生灌输的内容，媒体是教师向学生灌输所使用的手段和方法.

对策六：学习正确的理念且践行正确的理念

心理学家赤瑞特拉还做过关于记忆持久性的实验，研究表明：人们一般能记住自己阅读内容的10%，听到内容的20%，看到内容的30%，听到和看

到内容的 50%，在交流过程中自己所说内容的 70%. 这就告诉我们，如果既能听到又能看到，再通过讨论交流，并用自己的语言表达出来，那么知识的记忆效果将大幅提高.

在课堂上，学生永远是学习的主体，是整个课堂的"轴". 我们使用多媒体，只是发挥其"辅助作用"（如果是复习课，课堂容量较大，为了减少课件的页数，可以印发学案），我们应遵循启发性原则，让学生积极参与，促进课堂上师生的交流，促进思维的训练和数学素养的提高. 纵观历届 k12 获奖课件，我们几乎看不到把例题的分析、解答全部放在课件上的现象. 他们的课件主要是辅助对教材的分析、辅助分解教学难点.

同时，老师要丰富自己的课堂行为，如巡视、与学生进行交流等，同时还要积极引导和启发学生，多让学生参与课堂教学，让学生来问、让学生来想、让学生来说（理）、让学生来讲（解）、让学生来写、让学生来画，让师生、生生之间进行合作探究，充分体现学生的主体地位.

误区七：学生疲劳过度

多媒体技术可以集成图形、图像、声音、动画，易使学生的听觉、视觉受到过多的刺激，使学生变得紧张、兴奋. 若这种兴奋状态持续时间过长，加上又在光线较暗的环境里，会很容易导致学生视觉疲劳、心理疲劳，抑制学生大脑对信息的接收，结果课堂效率低下，学生的视力也会受到影响.

对策七：合理支配时间，科学用脑

心理学家经过观察、研究后，得到了下面的统计数据：5~6 岁儿童注意力集中时间约为 10~15 分钟，7~10 岁儿童注意力集中时间约为 15~20 分钟，10~12 岁儿童注意力集中时间约为 25~30 分钟，12 岁以上能超过 30 分钟.

这组数据警示我们，要想取得好的教学效果，"满堂灌""满堂放"的方法是不适用的. 我们必须践行科学发展观，让学生的大脑张弛有度、劳逸结合，科学、合理使用大脑.

注：本文以"当前多媒体辅助数学教学的常见误区和对策"为题于 2009 年 9 月发表在《新课程研究（基础教育）》期刊上.

数学教师应知应会的信息技术

因为数学学科的特殊性，数学教师必须掌握以下信息技术，方能适应当下教学的需要.

一、数学公式编辑器的使用

数学公式编辑器，可用于输入复杂的数学公式和符号（如分数、分式、根号以及表示方程组或不等组的大括号等），在编辑数学试卷、数学文稿时，应用很广泛.

怎样调用数学公式编辑器？

在 *word* 文档中：点击"插入"→"对象"→"*microsoft* 公式 3.0"（或"*Equation* 3.0"等）.

如果你的电脑安装了 *MathType*（数学公式编辑器）5.2，*MathType*（数学公式编辑器）6.9 等程序，那么，在"对象"里面显示的是"*MathType* 5.0 *Equation*"，或"*MathType* 6.0 *Equation*"等信息.

再点击"确定"后，数学公式编辑器的编辑界面如图 1 所示.

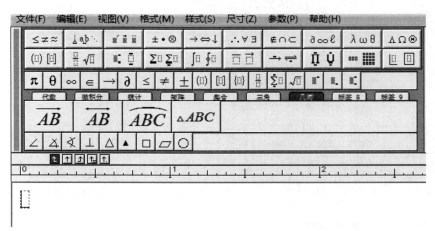

图 1

在网上（用百度搜索，或在数学公式编辑器官网）可以搜索得到数学公式编辑器的使用方法或使用教程.

二、数学字符的规范输入

在黑板上或在纸上手写数学字符时，一般只能体现大小写的差别，没有正、斜体的要求. 但是，在电脑上输入数学字符（印刷数学字符）时，是有严格的国家标准和国际标准的，不能马虎.

（一）必须用正体的数学字符

（1）有固定意义的函数.

例如：三角函数 sin，cot；指数函数 exp；对数函数 1g，ln；等等.

（2）其值不变的数学常数符号.

例如：自然对数的底 $e = 2.718\,281\,8\cdots$，圆周率 $\pi = 3.141\,592\,6\cdots$，等等.

（3）运算符号.

例如：Σ（求和），Ⅱ（连乘），等等.

（4）有特定意义的缩写字.

例如：max（最大），lim（极限），等等.

（5）特殊集合符号，要使用黑体正体. 这类集合符号共 5 个，分别是：**N**（自然数集），**Z**（整数集），**Q**（有理数集），**R**（实数集）和 **C**（复数集）.

（二）必须用斜体的数学字符

（1）变数与函数.

例如：变数 x，y；函数 f，g；等等.

（2）视为常数的参数.

例如：a，b，c 等.

（3）几何图形中表示点、线、面、体的字母.

例如：点 B，线段 AB，$\triangle ABC$，平面 ABC，等等.

（4）坐标系符号.

例如：笛卡儿坐标 x，y，z；圆柱坐标 ρ，φ，z；球坐标 γ，θ，φ.

（5）向量和矩阵符号用黑体斜体.

为此，我还录制了一个微课，专门介绍数学字符的书写要求及相关知识，可以在优酷或百度网中输入"数学字符的书写要求（会昌刘鑫）"搜索得到.

三、几何画板的使用

利用几何画板，可以画出精准的几何图形、函数图像和漂亮的图案，特别是可以制作动态的课件. 几何画板是一款理想的数学教学软件. 其实，几何画板还有其他很多功能.

如何学习几何画板？我们可以从以下几个渠道获取学习资源：

（1）从几何画板官网获得教程.

（2）通过购买相关图书获得教程.

（3）在优酷网、土豆网或百度中，输入"几何画板视频教程"等相关关键词进行搜索，可获得很多视频教程.

其中，有一套完整的视频教程"几何画板中文版视频教程"，共有 73 课，由网名为"阿海"的老师制作. 这 73 集课程分别是：

第一课 构造线段，射线和直线.

第二课 构造中点和交点.

第三课 构造平等线和垂线.

第四课 三点构造弧形、扇形、弓形.

第五课 构造多边形和圆形的内部.

第六课 构造圆形.

第七课 构造角平分线.

第八课 构造对象运动轨迹.

第九课 使用箭头工具的使用和缩放.

第十课 箭头工具的使用.

第十一课 画点工具的使用.

第十二课 圆规工具的使用.

第十三课 直线工具的使用.

第十四课 多边形工具的使用.

第十五课 文本工具的使用.

第十六课 标记工具的使用.

第十七课 信息工具的使用.

第十八课 自定义工具的使用，管理和复制自定义工具.

第十九课 自己制作自定义工具，插件工具.

第二十课 显示自定义工具的脚本视图.

第二十一课 勾股定理插件的制作.

第二十二课 使用热区感应文本.

第二十三课 拖曳文本或者标签.

第二十四课 角度标记的使用.

第二十五课 文档选项的操作.

第二十六课 页面之间的切换.

第二十七课 作为交互式电子白板使用.

第二十八课 更改系统默认字体.

第二十九课 有关图片的操作.

第三十课 撤销与重复的操作.

第三十一课 拆分和合并点.

第三十二课 设置参数选项.

第三十三课 选择全部.

第三十四课 创建一系列按钮.

第三十五课 创建运动按钮.

第三十六课 创建隐藏显示按钮.

第三十七课 复制和粘贴操作.

第三十八课 修改属性.

第三十九课 使用数学符号.

第四十课 统一设置文本样式.

第四十一课 删除和隐藏.

第四十二课 创建轨迹.

第四十三课 改变线和点的样式.

第四十四课 改变颜色.

第四十五课 图形的运动.

第四十六课 比例缩放的使用.

第四十七课 标记距离的使用.

第四十八课 标记角度的使用.

第四十九课 迭代的使用.

第五十课 平移.

第五十一课 旋转和缩放.

第五十二课 反射.

第五十三课 创建自定义变换.

第五十四课 测量斜率和方程式.

第五十五课 测量长度和距离.

第五十六课 测量坐标值.

第五十七课 测量弦度和弦长.

第五十八课 测量角度.

第五十九课 创建点的滑动.

第六十课 测量面积周长.

第六十一课 有关表格的操作.

第六十二课 计算器的使用.

第六十三课 正确理解和显示精确度.

第六十四课 创建参数.

第六十五课 创建和修改函数.

第六十六课 改变参数.

第六十七课 有关坐标系的操作.

第六十八课 描点.

第六十九课 绘制函数.

第七十课 作为点阵图几何板使用.

第七十一课 深度迭代 (一).

第七十二课 深度迭代 (二).

第七十三课 制作万花筒效 (最终篇).

学会了以上"单知识点"的几何画板操作后,再利用信息工具分析、钻研一些几何画板课件,慢慢地,你就能熟练使用几何画板了.

(注:在优酷网、土豆网或百度中输入上述 73 集课程的汉字序号及名称进行搜索,如"第六十五课 创建和修改函数",就可以观看到这些视频教程.)

四、Print Screen 键 (印屏键) 的使用

Print Screen 键(印屏键)虽然不是专为数学学科准备的,但是,数学学科有很多图形要处理,所以,这里也一并介绍.

在电脑键盘的右上方,有个印屏键,该键有时标识为"Prt Sc",有时又为"PrtSc/SysRq".

"Print Screen"的意思是打印输出屏幕的意思,所以按下此键就是把你的桌面截图复制到你的剪切板上了.

在编辑图片时,我们经常要用到它.

怎么使用 Print Screen 键呢?

例如,在 word 文档上需要获得某个图片,操作顺序如下:

(1) 复制屏幕截图. 把你想要获得截图的页面显示出来,直接按下 Print Screen 键,那么整个屏幕就被截图下来了,即整个屏幕的截图就复制到你的剪切板上了.

(2) 粘贴屏幕截图.

①点击"开始"→"所有程序"→"附件"→"画图".

②点击"选择".

③点击"粘贴"，把截屏粘贴到上面.

（3）复制要截取的局部图形.

①点击"选择".

②点击画图里面的"裁剪"（或框选），选择需要的那部分图形，点击"复制"或"剪切".

（4）粘贴已截得的图片，再把所复制或剪切到的图片粘贴到 word 中的某个位置.

结合几何画板的文本工具，可以把图片中的文本（如图形中的字母、图形旁边的文字说明等）处理得非常漂亮.

更多、更详细的图文教程，可以通过在百度中输入"如何使用 Print Screen 键（印屏键）截图"搜索得到.

第六部分　总结与反思

先学材料——"前置研究"的设计策略

先学，就是指老师在讲课之前，让学生对将要学习的内容有一定程度的了解. 一般的先学是"预习"，先学的最高级别是"自学". 先学，是一种教学方法，也是培养学生学习能力和学习习惯的一项有效措施.

如何让学生进行有效的先学呢？

最常见的先学是预习. 预习，一般是老师口头上的要求. 对待预习，自觉性很好的学生，会去浏览、阅读课本上相关的教学内容. 但是，大部分学生只习惯完成书面的课外作业，对预习不够重视.

其实，对于数学来说，预习是首要的课外作业. 但是，对于预习的深浅怎样把握、效果怎样检验，老师难以控制，预习效果的应用也难以实现.

不管怎么说，预习还是以接受课本上现成的知识和结论为主.

我认为，设计先学材料，让学生完成先学材料中的相关活动，思考相关的问题，老师就可以实现对先学活动的管理和先学效果的应用.

最差的先学材料就是导学案. 绝大部分导学案只是把书上的定义、定理等结论编成填空题，学生只需要把书上的东西抄上去就可以完成，根本不用思考. 还有一些新授的导学案就是把大量的试题汇在一起，像一张考试卷. 导学案是为老师好教而设计的.

到目前为止，我认为最好的先学材料是优质的前置研究.

"前置研究"，又名"前置性小研究". 它是广州郭思乐教授"生本教育"团队创设的一种先学材料. 前置研究是以研究的方式对将学内容进行探究，更多的是以研究的方式去思考、体验和感悟知识. 前置研究是为学生好学而设计的.

下面我们来认识前置研究.

一、三大特点——简单、根本、开放

广州郭思乐教授概括了优质的前置研究必须具备的三个特点——简单、根本、开放.

"生本"团队对前置研究的三个特点做了精辟的诠释.

简单：让每个学生都能入手.

根本：问题能切入学习的核心，抓住知识的"根"，找准教学重点和基本点.

开放：问题结论开放，有讨论、质疑的空间，对学生的要求开放，下能保底，上不封顶；不同层次的学生都能得到不同的发展.

二、四大表现形式——提问、问题、话题、活动

小学名师黄爱华在进行"大问题教学"的研究，余映潮在进行"主问题教学"的研究. 他们的研究有个共同的成果，那就是：那些对教学内容"牵一发而动全身"的好问题，都表现为"提问""问题""话题""活动"等形式.

我在设计前置研究的过程中也发现，好的前置研究，其表现形式也与黄爱华、余映潮的研究成果一致，也是这四种形式——提问、问题、话题、活动.

三、两大设计策略——分割与隐藏

如何才能够设计出简单、根本、开放的前置研究呢？

根据我的实践，设计优质的前置研究的两大策略是——分割与隐藏.

分割，就是合理地把教学内容划分为课前研究和课中教学部分，并把课前研究部分布置给学生课前去思考、感悟和探究.

隐藏，即把自己的教学目的藏起来，不是直截了当地告诉学生所要思考、感悟和探究的目的.

四、案例剖析

在本书的"课例篇"中，已呈现了五个前置研究，它们都具备上述性质，表现形式也在上述所列的范围内.

现再举一例，并对其进行剖析.

【案例】

"平方差公式"的前置研究，具体如表 1 所示.

表 1

课前让学生独立研究部分	1. 带过程笔算（按照多项式乘多项式的方法计算，不省略步骤）. （1）$(x+1)(x-1)$ = = （2）$(m+2)(m-2)$ = = （3）$(a+3)(a-3)$ = = （4）$(5+b)(5-b)$ = = 请问：（1）上述几个相乘的多项式，有什么共同的特点（用自己的话表述）？ （2）上述几个多项式相乘，计算结果有哪些特点（用自己的话表述）？ 2. 不带过程口算（根据上述归纳的规律，请直接写出计算结果）. （1）$(x+7)(x-7)$ = ＿＿＿＿＿＿. （2）$(4+b)(4-b)$ = ＿＿＿＿＿＿.
课堂师生共同研究部分	1. 课堂小组讨论. （1）请把你总结的、用于口算的规律写出来（文字或式子都可以）. （2）请给你总结的规律命名：＿＿＿＿＿＿＿＿＿＿. 2. 请写出 3 个可以用上述规律进行口算的多项式相乘的式子（这 3 个式子最好是不同"类型"的，你能在"类型"上有创新吗?）. 3. 请你的同桌口算你写出的 3 个口算式子.

【剖析】

简单——找准了起点，以上一节课所学的多项式乘以多项式为切入点；数据小，每一项只是一个数字或字母，每个括号内只有一项是字母构成的，并且系数为 1 或 –1，其顺序与平方差公式顺序完全一致.

根本——在知识生成处理下种子；所列的计算式子都是两数和乘以两数差的形式，并且从"笔算"过渡到"口算"，所提的问题是计算前的两个多项式的特点和计算后结果的特点，目的是让学生领悟出公式的本质所在.

开放——"用自己的话表述""给你总结的规律命名""请写出 3 个可以用上述规律进行口算的多项式相乘的式子"，等等，都体现了问题的开放性.

分割——课前部分要学生研究的都是基础问题、根本问题，目的是为课堂教学做铺垫；课堂部分要让学生研究的才是"真正"的教学目标中所提的问题.

隐藏——前置研究中对本节课的教学课题"平方差""公式"只字未提.

一道"送分题"，
为啥四成考生得零分

一、题目

2015 年江西省中考第 15 题为：

先化简，再求值：$2a(a + 2b) - (a + 2b)^2$，其中 $a = -1$，$b = \sqrt{3}$.

二、典型失误及失误分析

（一）审题不清

1. 未化简就直接代入数值进行计算

失误 1：$2a(a+2b)-(a+2b)^2$

$\qquad = 2 \times (-1) \times \left(-1+2 \times \sqrt{3}\right) - \left(-1 + 2 \times \sqrt{3}\right)^2$

$\qquad = 2 - 4\sqrt{3} - \left(1 - 4\sqrt{3} + 12\right) = \cdots$

2. 未化简代入后用计算器计算，并用等号连接

失误 2：$2a(a+2b)-(a+2b)^2 = 2 \times (-1) \times \left(-1+2 \times \sqrt{3}\right) - \left(-1 + 2 \times \sqrt{3}\right)^2$

$\qquad = -2 \times 2.464\ 101\ 615 - 2.464\ 101\ 615^2$

$\qquad = -4.928\ 203\ 23 - 6.071\ 796\ 77 = -11$

3. 没有化到最简就代入数值进行计算

失误 3：$2a(a+2b)-(a+2b)^2 = (a+2b)(2a-a-2b)$

$\qquad = (a+2b)(a-2b)$

当 $a=-1$，$b=\sqrt{3}$ 时，

原式 $= \left(-1+2\sqrt{3}\right)\left(-1-2\sqrt{3}\right)$

$\qquad = (-1)^2 - \left(2\sqrt{3}\right)^2$

$\qquad = -11$

4. 循环运算

失误 4：$2a(a + 2b) - (a + 2b)^2 = (a + 2b)(2a - a - 2b)$

$\qquad = (a + 2b)(a - 2b)$

$\qquad = a^2 - 4b^2$

$\qquad = (a + 2b)(a - 2b)$

5. 化简求值与解方程混淆

失误 5：$2a^2 + 4ab - (a^2 + 4ab + 4b^2) = 0$

$\qquad 2a^2 + 4ab - a^2 - 4ab - 4b^2 = 0$

$\qquad a^2 - 4b^2 = 0$

$\qquad a^2 = 4b^2$

　　失误分析：该试题明确要求"先化简，再求值"，可是上述五种失误均是由于考生没有认真审题而导致的. 未进行化简、化简结果不是最简形式或用计算器计算，即使求值结果正确，也不能得满分. 认真审题应当是解题的第一步.

（二）习惯不好

1. 书写格式不规范

失误 6：把 a^2，b^2 写成如图 1 所示的形式.

$$a2,\ b2$$

图 1

2. 省略关键步骤而致错

失误 7：$2a(a + 2b) - (a + 2b)^2 = (a + 2b)[2a - (a + 2b)]$

$\qquad = (a + 2b)(a + 2b) = \cdots$

　　失误分析：失误 6 的书写后果是原本的指数 2 会被误认为是底数与指数 2 相乘，即：$a \times 2$，$b \times 2$；失误 7 主要是因为省略了关键的一步，也就是去掉中括号内的小括号后，括号内的各项都会变号，即 $(a + 2b)[2a - (a + 2b)] = (a + 2b)(2a - a - 2b)$.

（三）混淆运算

1. 完全平方公式与其他运算公式混淆

（1）完全平方公式与积的乘方公式混淆.

失误 8：$2a(a + 2b) - (a + 2b)^2 = 2a^2 + 4ab - (a^2 + 4b^2) = \cdots$

（2）完全平方公式与平方差公式混淆.

失误 9：原式 $= 2a(a + 2b) - (a + 2b)^2 = 2a^2 + 4ab - (a^2 - 4b^2) = \cdots$

2. 乘方与乘法混淆

失误 10：$2a(a + 2b) - (a + 2b)^2 = 2a^2 + 4ab - (2a + 4b) = \cdots$

3. 提公因式与约分混淆

失误 11：$2a(a + 2b) - (a + 2b)^2 = 2a - (a + 2b) = \cdots$

4. 加法运算与乘法运算混淆

失误 12：$2a(a + 2b) - (a + 2b)^2 = 2a \times 2ab - (2ab)^2 = \cdots$

失误分析：以上五种失误，均是因为学生对整式的加减、乘除和乘方运算掌握不到位而产生的，使得化简结果不正确．完全平方$(a+2b)^2$的展开结果应为$a^2+4ab+4b^2$；原式提公因式后的结果应为$(a+2b)[2a-(a+2b)]$．

（四）丢三落四

1. 漏掉整体部分应带的括号

失误 13：$2a(a + 2b) - (a + 2b)^2 = 2a^2 + 4ab - a^2 + 4ab + 4b^2 = \cdots$

失误 14：$2a(a + 2b) - (a + 2b)^2 = (a + 2b)(2a - a + 2b) = \cdots$

失误 15：$2a(a + 2b) - (a + 2b)^2 = a + 2b(2a - a + 2b) = \cdots$

失误 16：$2a(a + 2b) - (a + 2b)^2 = (a + 2b)[2a - (a + 2b)]$

$$= (a + 2b)(2a - a - 2b)$$
$$= (a + 2b)(a - 2b)$$
$$= a^2 - 2b^2$$

失误分析：以上四种失误，均是缺乏整体思想而致，使得本应加括号的整体部分未添加括号；失误 13 应改为 $2a^2 + 4ab - (a^2 + 4ab + 4b^2)$，然后再去括号；失误 14 和失误 15 应改为 $(a + 2b)[2a - (a + 2b)]$；失误 16 的最后一步应改为 $a^2 - (2b)^2$，再计算得到最后结果为 $a^2 - 4b^2$．

2. 对负号不敏感

（1）乘方时，负数未加括号．

失误 17：原式 $= \cdots = a^2 - 4b^2 = -1^2 - 4 \times (\sqrt{3})^2 = -1 - 12 = -13$

（2）括号前是负号时，去掉括号后未把括号内的每项都变号．

失误 18：原式 $= 2a^2 + 4ab - (a^2 + 4ab + 4b^2)$

$$= 2a^2 + 4ab - a^2 + 4ab + 4b^2 = \cdots$$

失误分析：受小学学习的影响，仍有部分学生对负号不敏感；失误 17 应改为 $a^2 - 4b^2 = (-1)^2 - 4 \times (\sqrt{3})^2 = 1 - 12 = -11$；失误 18 应改为 $2a^2 + 4ab - (a^2 + 4ab + 4b^2) = 2a^2 + 4ab - a^2 - 4ab - 4b^2 = a^2 - 4b^2$．

3. 应用完全平方公式展开时丢三落四

失误 19：$2a(a + 2b) - (a + 2b)^2 = 2a^2 + 4ab - a^2 - 4ab - 4b = \cdots$

失误 20：$2a(a + 2b) - (a + 2b)^2 = 2a^2 + 4ab - a^2 - 4ab - b^2 = \cdots$

失误 21：$2a(a + 2b) - (a + 2b)^2 = 2a^2 + 4ab - a^2 - 4ab - 2b^2 = \cdots$

失误 22：$2a(a + 2b) - (a + 2b)^2 = 2a^2 + 4ab - a^2 - 4ab + 4b^2 = \cdots$

失误 23：$2a(a + 2b) - (a + 2b)^2 = 2a^2 + 4ab - a^2 - 2ab - 4b^2 = \cdots$

失误 24：$2a(a + 2b) - (a + 2b)^2 = 2a^2 + 4ab - (a^2 + 2ab + b^2) = \cdots$

4. 合并同类项时丢三落四

失误 25：$2a(a + 2b) - (a + 2b)^2 = 2a^2 + 4ab - a^2 - 4ab - 4b^2 = 1 - 4b^2$

5. 单项式乘以多项式时丢三落四

失误 26：$2a(a + 2b) - (a + 2b)^2 = 2a^2 + 2ab - a^2 - 4ab - 4b^2 = \cdots$

失误分析：以上八种失误均是对整式有关运算公式（或运算法则）掌握不到位，不能熟练、灵活应用而造成的，使得结果千奇百怪.

三、考生得分统计

该试题是试卷中的第一道解答题（前面有 6 道选择题和 8 道填空题）. 该试题满分为 6 分（全卷满分 120 分），在老师（特别是命题老师）眼中，这是一道"送分题". 在我县批改的 8 250 份试卷中（全市 107 000 余份试卷随机分配、网上阅卷），考生得分统计情况如表 1 所示.

表 1

得分	0	1	2	3	4	5	6	合计
人数	3 307	33	129	27	155	115	4 484	8 250
百分比(%)	40.08	0.40	1.56	0.33	1.88	1.39	54.35	100.00

像这样一道实实在在的"送分题"，结果却是：得 0 分的考生多达 40.08%，得 6 分（满分）的考生仅为 54.35%. 这确实应引起我们对教学的深刻反思！

四、教学反思与教学启示

（一）让学生明白：什么叫"化简"

怎样的运算叫整式的"化简"？这并没有在学生使用的数学教材中给出明确的解释.

容易误导人的是：人教版《数学·八年级（下册）》第十五章《分式》中，在第 140 页对 $\frac{1}{2p + 3q} + \frac{1}{2p - 3q}$ 的计算结果还做了这样的注释：结果可以是 $\frac{4p}{4p^2 - 9q^2}$，也可以是 $\frac{4p}{(2p + 3q)(2p - 3q)}$. 这两个结果的差别在于分母，前者的分母是多项式的形式，后者的分母是积的形式；按照"最简分式"的定义来说，这两种形式都是正确的，但对整式的运算则是一种误导.

所以，对于"化简"这种常见且内涵多变的运算，在各个学习阶段，我们都必须为学生进行合理的、明确的注释，不能让学生稀里糊涂地解题.

（二）强化整体思想，加强括号意识

在负数、分数、整式、分式和根式的加减乘除和乘方运算中（也包括整式的因式分解），对于什么时候不带括号也表示它是一个整体，什么时候必须带上括号才表示它是一个整体，我们必须在教学中有意识地让学生体会、分辨，并通过对比和讨论得出或给出相关的结论. 另外，我们还要在后续的教学和检测中给予强调，增强学生的整体思想和括号意识，培养和强化学生对整体部分添加括号的自觉性，使得学生在解题时不因漏掉括号而产生错误.

（三）增强对负号的敏感性

在小学阶段，学生没有接触负数的相关运算，在日常生活中，人们也很少对负数进行列式计算. 到了初中，从算术数扩充到有理数后，负号就频繁出现在初中数学中，有关负数的运算也在大量增加. 所以，我们要排除小学的习惯性的影响，增强对负号的敏感性，要做到：负数乘方时，必须添加括号；括号前是负号时，去括号后必须把括号内的每项都变号，以免造成解题错误.

（四）抓实主干核心知识的教学

整式的各种运算都是初中数学的主干核心知识，是中考必考的内容.

讲授时，我们必须抓实这些基础知识的教学. 在课堂教学中，老师不但要注意各种运算本身的教学，让学生深刻理解每种运算的意义，搞清各公式、法则的来龙去脉，做到融会贯通，而且还要注意它们之间的区别和联系. 随着知识的增加，还要使旧知识得到巩固，并在课堂练习、课外作业和单元检测等环节中，为提高学生的运算能力创造条件和机会.

中考总复习时，我们也不能认为这些内容简单而忽视对这些内容的复习巩固和训练，而必须让学生不断巩固知识，不断提升运算能力.

（五）放弃以练代讲、以考代练的"做题式"教学方法

时下很多学校都在追求所谓的"高效""大容量"，很多教师的导学案是一大堆题目，课堂又是一道题接一道题，练习、作业和复习更是题海战术，而很少在概念内涵、本质的思考上下功夫，在思想方法上缺少点拨和提升，以为学数学就是做题. 这些都是失败的数学教学方法.

（六）对待学困生，不放弃，不舍弃

对待学困生，我们要本着"不放弃，不舍弃"的信念，争取把"送分题"的分数送到每一个考生的手上，让他们在数学上得到应有的提高.

"图形与几何" 的教学建议

对于"图形与几何",如何在课堂教学和命题中实践新课标、实施新课程?下面用九个关键词来探讨这个问题.

一、到位·不变味

对于新课标,不仅要理解到位、掌握到位、应用到位,还要在应试的大环境下,让数学课堂不变味.

【反面的例子1】我以前听过这样的一节课:有一位老师在进行"4.1.1 几何图形"(第一课时)(人教版)的教学时,展示了各种各样的几何图形后,接着就讲解用斜二侧法画立体图形的平面直观图.

【评析】也许这位老师认为:新课标不是提倡灵活使用教材吗,当然也就可以增加一些内容,删除一些内容,调整一些内容.但是,把高中的知识目标放到七年级,我认为不妥.为什么呢?斜二侧画法只是在立体几何中的一种规范,在我们日常的生活、学习中,这些图形是多种多样的.对于同样一个图形,我们站在不同的角度来看,它的形状也是不一样的.我认为这样的课堂就变味了.

二、过程·结论

教学中要通过多种途径和方式(如创设情景)来强调"过程",给予学生时间和空间,让学生自己动手、动脑,而不是把结论"灌"给学生,要求学生记住知识性的"结论".

像刚才罗绵景老师展示的这堂课"4.1.1 几何图形"(人教版),我们看到他的板书,如果是其他老师上课的话,可能就很随意,10多分钟就可以把这个板书展示出来,但是罗绵景老师就不是这样.他以世界之窗的情景引入,大家应该都知道世界之窗浓缩了全世界的著名建筑.罗绵景老师还在后面设置了很多活动,每一个活动都让学生自己动手、动脑参与.这样的教学就体现了过程.

在我们平时的命题当中,也要把强调过程的理念体现出来.

【反面的例子2】正方体的平面展开图共有_____种.

【评析】这样命题的话，就只是要学生记住这个结论，这种考查是没有意义的. 我们还不如干脆改用选择题，提供几个展开图，有正确的也有不正确的，让学生选择哪个图形才是正方体的正确的展开图，或者让学生画出一种或几种正方体的展开图. 这样的考查就更有效果.

【反面的例子3】求证四边形的中点四边形是一个平行四边形.

【评析】讲了三角形中位线以后，就会出这样的题目：求证四边形的中点四边形是一个平行四边形.

这道题有什么缺点呢？这道题的思维起点就是四边形的中点四边形. 为了更好地考查学生，我们可以这样设计：先让学生画一个任意四边形，连接四边形四条边的中点得到一个四边形，我们称之为"中点四边形"，再让学生观察它的形状有什么特点并证明他的结论. 这样的话就让学生有了一个思考的过程.. 编题如下：

请画一个任意四边形，顺次联结这个四边形四边的中点后得到一个四边形，我们称之为"中点四边形". 请同学们观察这个四边形，你觉得它的形状有什么特点，并证明你的结论.

又如，关于考查多边形的外角和，我们不宜设问为"求证多边形的外角和为360°""多边形的外角和为多少度"，但可以这样设置问题：

（1）三角形的内角和是180°，外角和是多少度？四边形呢？多边形呢？

（2）求三角形、四边形、六边形的外角和，你有什么发现？请证明你的猜想.

这样就展示了学生思考的过程，而并不是仅要求学生记住多边形外角和的结论. 你也可以这样设置问题：求三角形、四边形、五边形、六边形的外角和，你有什么发现？编这样的开放题，让学生去找外角和的规律.

三、教具·学具·多媒体课件

"图形与几何"的教学不能纸上谈兵. 教具、学具和多媒体课件的制作（包括购买）和使用，有利于增强学生的感性认识，加深学生印象；有利于让数学变得直观形象、生动有趣；有利于培养学生的空间观念和几何直观.

【教具1】网格坐标黑板.

【评析】我在2008年做了一个教具（见图1），叫"网格坐标黑板"，用80cm×60cm优质三合板一块，套上2mm细铁丝作提手用，漆成黑板，在其中的一面用银色漆画上5cm×5cm的实线网格，另一面用银灰色漆画上4cm×4cm的虚线网格.

为什么要制作这个教具？我发现有 25.71% 的教学内容都要用到网格或者直角坐标系. 这个网格有什么作用呢？在这个网格坐标黑板上，选一个点作为原点，在网格线的末端加两个箭头就是直角坐标系，在讲授平移等内容时，可以起到很好的作用. 这个教具于 2008 年在市教具比赛中获了奖.

【**教具2**】多功能平行关系定位尺.

【**评析**】我在 2008 年还做了一个教具（见图 2），叫"多功能平行关系定位尺"，是用四根小木条，用螺丝把它们联成一个可以活动的平行四边形.

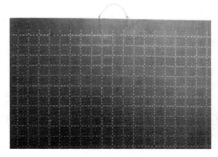

图 1   图 2

在平行四边形这一章的教学中，我发现很多老师画平行线比较随意，只是移动一下三角板. 用多功能平行关系定位尺可以确定平行关系，可以画出很标准的平行线，体现了用工具画图的严谨性.

这个多功能平行关系定位尺还有很多功能，比如它还可以画角度. 这个教具于 2008 年在市教具比赛中也获了奖.

【**多媒体课件**】长方体的三视图.

（本课件由上犹县徐小林老师友情提供）

【**评析**】我在这里给大家展示一种大家很少用到的软件——英壬画板.

在上三视图一课时，老师拿一个盒子，学生看到的侧面与老师看到的侧面是不同的，怎么解决这个问题呢？

用英壬画板. 英壬画板能够在三维几何教学环境中使用，凡能以几何语言或几何方程式描述的三维几何模型，都能方便地用它来制作、编辑和控制. 在英壬画板中，三维场景中的几何模型就像悬浮在空中的实物，我们可以通过任意视点、景深和透视度对其进行观察.

这个软件好在哪里？你按住鼠标就可以任意旋转，从任意角度都能看到，并且师生看到的效果是一样的（见图 3）. 所以把这个软件应用到立体图形中的教学是非常有用的.

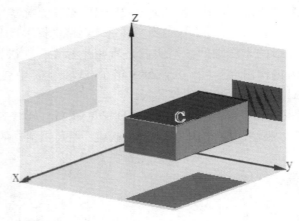

图 3

三视图的产生，严格来讲是一组平行光线．怎样才能够达到这个效果呢？我们先做几条辅助线，做好辅助线就更加直观了．这样老师讲的和学生看到的、老师看到的都是一样的．

【反面的例子4】 有一位老师在进行"4.3.1　角"（人教版）的教学时，只准备了一副圆规（用于表示角的形状），没有准备三角板、量角器……

【评析】 在进行"4.3.1　角"的教学时，其实应该要用到很多的工具，如三角板、量角器．在新教材中要把一个圆平分成360等份，如果能够放大这个图形就能达到直观的效果．

四、板书·板画

"图形与几何"的教学，文字语言、图形语言和符号语言必须有机结合．

【反面的例子5】 很多老师在讲评几何解答题时，就像读语文课文一样叙述答案，而不在图形上标注、比画，不板书文字语言和符号语言，甚至不画图．

【评析】 如果老师在讲评几何题时不画图，师生之间的思想就不能够同步．我们要在图形上标注、比画，以提高教学效果．

【例】 $\triangle ABC$ 中，高 AD，CE 相交于点 H．指出图4中的一组相似三角形．

【评析】 本题的解答如果用三个字母表示一个三角形的方式来表示其中的三角形，则很烦琐，但是，如果用图5至图8所示的阴影来表示，就很清楚了．

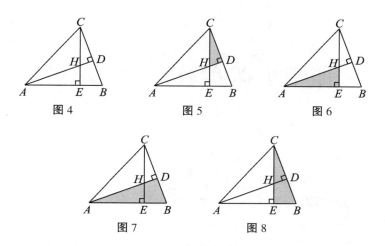

图 4   图 5   图 6

图 7   图 8

注：本文是 2012 年 7 月在全省义务教育课程标准（初中数学）研修班上所做的报告，由录音整理而成.

报告的课件下载网址为：https://pan.baidu.com/s/1u10TtBvqin2qrjhjXXQzaQ.

录音下载地址为：https://pan.baidu.com/s/1GZDRa3PUnkfkf9TVeuKQ_w.

图 9   刘鑫老师在全省培训会上介绍如何让数学课上得更生动

课堂上抓实教学的三项措施

在初中数学教学中，存在这样一种现象：有些学生在课堂上觉得自己都懂了，但做作业和考试时却错误百出.

造成这种现象的原因主要是老师讲得多，过分重视导和讲，忽略训练和巩固，而学生参与得太少，学生练得少.

学生的认知遵循"感知—理解—巩固—运用"的规律，数学教学中的"应用"主要就是进行练习. 练习可以诊断教和学两个方面的情况：一是检验学生对新知识的掌握情况；二是让学生能够有效巩固所学的新知识，形成一定的技能；三是反馈授课过程中的疏忽和遗漏；四是让学生实现对学习的体验和个人的发展. 学生在课堂上进行练习，可以得到老师的点拨，随时提出问题都可以得到老师的解答. 这样，学生的问题能及时得到解决，而老师根据反馈可以对教学进行相应的调整.

课堂上，老师要尽量少讲，把时间还给学生，体现学生的主体地位，练习时间的长短随教学的内容及其难易程度而定，一般为 20 分钟左右.

建议你通过实施以下"三项措施"及时发现和弥补数学教学中的问题.

一、及时练习

所谓及时练习，就是在教学中必须边讲边练，把练习穿插于新课教学过程之中，在不破坏教学整体性的前提下，学到哪儿就应练到哪儿.

及时练习不但可以避免学生学后迅速遗忘，让教学的内容得到及时巩固，还可以发现教与学中存在的问题，并采取相应的补救措施，从而顺利完成教学任务，实现教学目标. 特别是数学课，练习一定要及时，否则会影响下一个环节的教学.

根据教育心理学的研究，学生当堂练习，当堂校对，当堂订正，这种学习方式会使学生进步很快.

成功的教学模式、教学流派都很注重练习的及时性. 例如，洋思模式主张"当堂训练"，著名特级教师邱学华提倡"及时反馈，练习当堂订正".

当然，"及时练习"不仅是指课堂的练习要"及时"，也包括课后的及时练习、单元和章节的及时练习.

二、补充练习

学生的练习不能仅局限于教材上的习题. 因种种需要，我们必须补充练习. 补充练习是教师主导地位的体现. 练习的补充要有目的性、典型性、针对性、层次性、多样性和趣味性. 根据需要，我们可以补充基础性、创新性练习.

在下列情况下，我们要进行练习的补充：

（1）因教材的习题太少而补充.

（2）为突出重点，突破难点而补充.

例如，解一元一次方程时，去分母是一个难点，这时，可以补充这样一道练习题，以增强学生的辨析能力，消化难点，减少解题出现的错误：

方程 $2 - \dfrac{2x - 4}{3} = -\dfrac{x - 7}{6}$ 去分母得（　　　）.

（A）$2 - 2(2x - 4) = -(x - 7)$　　　　（B）$12 - 2(2x - 4) = -x - 7$

（C）$12 - 2(2x - 4) = -(x - 7)$　　　　（D）$12 - (2x - 4) = -(x - 7)$

（3）为培养学生能力而补充.

例如，学习绝对值后，可以补充这样一道练习题：

若 $|m| = 3$，$|n| = 7$，且 $m - n > 0$，则 $m + n$ 的值是（　　　）.

（A）10　　　（B）4　　　（C）–10 或 –4　　　（D）4 或 –4

本题不但可以深化对绝对值概念的理解，还可以培养和训练分类讨论思想.

（4）因学生的差异而补充.

在教学中，我们要根据实际情况，对学生的练习进行分层，尽可能做到使每个学生都有适合自己的练习，每个学生都能从练习中体验成功的乐趣.

为了做好练习补充，我们平时要注意资料的积累，如积累每年的全国中考真题汇编和中考试题分类汇编.

三、独立练习

所谓独立练习，就是老师对练习不做任何提示，让学生像考试一样进行练习. 这样可以培养学生独立思考的习惯. 学生独立练习时，老师必须进行巡视，对学生的练习进行检查，发现问题并采取相应的措施.

学生在老师的监督下独立完成练习，很多问题都会暴露出来.

采取上述三项措施，学生就不会出现"懂而不会"的现象了.

图1　刘鑫老师重视当堂检测

课堂巡视在数学课中的作用与应用

在诸多数学课堂的教师行为中，巡视尤为重要.

巡视就是巡行察看，目光来回扫视、向四下里看也称为巡视. 这里所指的课堂巡视是指老师上课时在教室里走动，但这绝不是"走马观花". 课堂巡视在数学课中有举足轻重的作用，恰当、巧妙地应用课堂巡视，不但能提高课堂效率，增强课堂效果，还有育人作用，是践行新课程理念的举措之一.

一、课堂巡视在数学课中的作用

（一）让学生做好上课准备，养成良好的备学习惯

数学与其他学科不同，例如：上语文课、政治课一般只要一本书和一支笔就可以了，但是上数学课，既要教材、练习册、课堂练习本和草稿纸，又要圆规、直尺、量角器和三角板，还要写字的水笔和画图的铅笔，另外，常常还要带计算器、小刀和剪刀等工具……如果不是老师课前严格的要求加上候课时辛勤的检查和督促，很少有学生能自觉备齐这一整套学习用品. 而这些东西是抓实数学课堂的必需品，如果没有这些东西，往往就会产生纸上谈兵、囫囵吞枣的结局，课堂的效果就会大打折扣.

（二）使课堂有序

少年儿童的注意力一般不能持续很久. 心理学家观察、研究后，得到了下面的统计数据——儿童注意力的稳定性持续时间为：5～6 岁儿童注意力集中时间约为 10～15 分钟，7～10 岁儿童注意力集中时间约为 15～20 分钟，10～12 岁儿童注意力集中时间约为 25～30 分钟，12 岁以上能超过 30 分钟.

所以，从某个角度来看，学生上课分心是正常的. 学生在分心的状态下做点别的事（如搞小动作、睡觉、看小说、走神、干扰其他同学等），是很合乎其心理特点的.

当发现学生思想开小差时，老师就要进行巡视，用身体逼近学生以示提醒，并督促其专心上课. 老师的课堂巡视，还能让学生的吵架、打架等恶性扰乱课堂的事件消灭在萌芽状态.

（三）反馈教学信息，调整教学节奏

老师讲课时，如果有学生发呆，老师就要进行巡视了. 学生自学看书时，

老师要进行巡视，掌握有关信息以确定讲课的重点和设计分解难点策略. 学生完成课堂作业时，老师要进行巡视，逐个检查，这样不但能了解到学生学习的薄弱环节，从而做出调整教学节奏的措施，还能了解种种一题多解的现象和学生的各类亮点，从而发现学生的闪光点. 如果老师在巡视中发现绝大部分学生对知识点都掌握得很好，则可以加快进度，增加教学容量.

（四）培优补差

在课堂教学中，"学困生"对教学内容接受较慢，难以消化，我们必须在课堂巡视时有针对性地关注他们，对他们的疑问在课堂中及时进行讲解和指导，使他们也能在课堂上掌握基本的内容，为以后的学习奠定基础.

而优秀的学生，可能在预习时就掌握了教学内容的 80%. 在数学课堂上，老师为了让他们"吃得饱"，必须提出较高的要求，例如，预习（自学）后面的教学内容，钻研奥赛试题，等等. 但是老师也必须进行对他们指导和辅导，这些工作也可以在课堂巡视时完成.

（五）个别指导，养成规范格式的书写习惯

在课堂上，老师常常苦口婆心地强调应该如何如何，而到最后，老师常常指责学生说："我不是讲过?!"出现这种结果的原因就是老师苦口婆心地强调时没有及时抓落实，例如，解答计算题不写"解"字、不写"原式"，写负数时漏掉括号，解一元一次方程去掉分母后漏掉括号……要改变这种情况，就得给学生独立练习的机会. 在学生独立练习时，老师要进行巡视，并对在巡视中对所发现的不足和不当之处及时指出并加以纠正.

（六）沟通师生感情

也许有的老师总认为，下课之后师生的接触才是师生之间的情感沟通. 其实，课堂更是师生感情交流的好场所. 老师经常巡视学生，会给学生一种平易近人的感觉，再加上老师对学生进行学习上的指导、辅导，更能建立亲密的师生关系. 又如，老师在学生回答问题时在旁边专注倾听，学生答不上时及时鼓励，学生回答正确时上前拍拍他们的肩膀、摸摸他们的头以表示欣赏，学生回答得精彩时伸出大拇指或给予掌声，学生有困难时给予耐心、热情的帮助……这些都有利于师生感情的沟通.

二、课堂巡视在数学课中的应用

1. 巡视讲解

巡视讲解，是指老师走到学生中间去进行讲解，这样才能充分引起学生的注意力，学生的思维更能与老师的思维合拍.

听学术报告时，老师一般坐在讲台上讲个不停；上音乐课、语文课、政治课和历史课时，老师可以站在讲台上完成一节课的教学．但是，上数学课时，老师绝对不能这样，而必须在教室里来回走动，边巡视边讲解，否则学生的注意力就不能持久，学生的听课效果就要打折扣！

（二）巡视指导

巡视指导，是指老师对学生的指导必须逐个进行，或者说深入学生中间主动进行指点及深入学生中间应邀进行指导．

对于数学学科来说，能用书面表述的内容，不一定能用语言表述，因为数学不但有文字、数字，还有式子，还有图形．如果不深入学生中间去看一看，学生和老师都难以用语言表达其意思，所以老师必须靠近学生进行巡视指导．

（三）巡视督促

巡视督促，是指老师不仅是用眼神督促学生，而且要走到学生中间去，靠近学生进行督促、检查．但巡视督促不是在教室里散步，而是有目的、带任务、怀爱心的多方位的课堂巡视．

（四）巡视过关

巡视过关，是指老师逐个对学生进行课堂达标过关测试，操作一般如下：老师布置适当的作业（或其他要求），全班学生各自独立完成，早完成早结束，晚完成晚结束，最终要使全体同学达到教学目标．

数学差生多，数学的及格率低……这其中重要的原因就是平时的课堂教学疏于抓落实（这是数学教学的大忌），等到批改作业时才发现种种问题，那时就只能亡羊补牢了．

三、课堂巡视的时机选择

（一）候课巡视

候课，就是老师提前几分钟到达教室等候上课．此时老师不应只是单纯站在教室门口等待上课的铃声，而应进行必要的巡视，与学生进行沟通．这有利于师生互相了解和建立良好的课堂秩序，营造融洽的学习氛围．老师候课时可以了解学生存在的问题，了解学生对以前课程的掌握程度，还可以检查学生的备学情况，例如，书、练习册、作业本有没有拿出来，草稿纸、圆规、直尺、三角板、量角器、各种笔等文具和计算器、小刀、剪刀等工具是否备好，等等．

（二）边讲边巡视

边讲边进行巡视，就是老师走下讲台，走到学生中间进行授课．这样不但全班学生都在老师的视线范围之内，而且老师在学生身边，会让学生产生一种亲切感，学生听讲会更认真、更专心，课堂也自然会井然有序. 老师即使停下来站着讲，也要站在教室的黄金分割点上（教室第一、二组的走廊与第二排的交点，以及教室第三、四组的走廊与第二排的交点）. 另外，边讲边巡视，师生之间可以更好地实现互动.

可想而知，如果老师总是站在讲台上讲课，这样的讲课效果肯定很差.

（三）学生自学和自主探究时巡视

课改后的数学课堂，往往都有自学和自主探究的教学环节，这是学生主体地位的体现. 在这些环节中，学生的学习活动并不能一帆风顺. 因此，作为学习活动的引导者、促进者的老师就要适时进行巡视. 发现问题时，老师要进行指导，也可以师生共同配合，一起动手，一起探索，一起研究，一起思考，帮学生走出困境.

（四）学生各自独立练习时巡视

根据少年儿童的心理特点，他们在学习中难免会犯各种错误，所以在学生各自独立练习时老师要进行巡视，捕捉错误信息，了解学生的思考过程后，对其进行纠正.

学生各自独立练习时老师进行巡视，还能发现其他教学资源和亮点. 老师发现后要进行表扬，让学生体会成功和创新的乐趣.

总之，课堂巡视必须贯穿整个数学课堂，有效的课堂巡视不仅能很好地沟通师生感情，指导学生学习，督促学生端正学习态度，还能培养学生良好的学习习惯. 同时，通过巡视，老师还能获得反馈信息，调整教学节奏，改变教学方法，有针对性地对学生进行指导，高效地进行讲解，提高课堂效率，培养学生良好的数学素养.

手上的工作，笔下的佳作

——读《教育教学研究成果的创新表达》有感

《教育教学研究成果的创新表达》是《江西教育（B版）》2009年第7期的一篇文章，作者为江西教育期刊社的副总编辑万明华. 文章阐述了认真开展研究是写好教育教学论文的前提，着重阐述了教育教学研究成果表达形式的创新问题，其中详细说明了教育日志、教育叙事、教育案例和教育反思等是教育教学研究成果的表达形式，并且日益受到老师的热棒. 2009年7月21日，万老师还在《江西教育》第二届全省通信员、作者培训会上围绕该主题进行了深入浅出的讲解. 作为一名读者和听众，笔者感受颇深，也深受启发.

感想：笔下的佳作来自手上的工作

作为一名教研员，笔者审阅论文的机会很多，但遗憾的是，每次都会发现大量存在抄袭的论文. 作为一名教育教学工作者，特别是一线教师，我几乎每天都从事着同样的事情：备课、上课、改作业……或许，有人认为这太平淡了，没什么可写的，其实，处处留心皆文章.

"对教育生活事件的定期记录""把真实的生活场景转化为文字、语言符号加以记载"就是教育日志；对"在日常生活、课堂教学、教改实践中曾经发生或正在发生的事件"加以记录就是教育叙事；"对面临的疑难问题提出解决方法，对已有的解决问题决策做出评价"就是好的教育案例；"教师以体会、感想、启示等形式对自身教育教学行为进行的批判性思考"就是教育反思……

可见，记录我们日常教学的所做、所思皆可成笔下佳作！

天底下的论文，哪个不是来源于自己的工作、学习和思考？哪篇不是作者专心种好自己的"一亩三分地"之后的欣喜回报？所以说"笔下的佳作来自手上的工作".

启示一：把难题当课题

教研研什么？把难题当课题！

为了避免眉毛胡子一把抓，日常的教研应相对有一个阶段性的中心和重点．这就要求我们要确立一个主题作为研究的课题，把难题当课题是最好的选择．这个课题因人而异，可以是专业的，也可以是班级管理的；可以是新课程实施中出现的新问题，也可以是培优扭差等老话题．这样就把日常教育教学工作与研究融为一体了．例如，笔者曾发现有理数加减运算的教与学是初中数学中一块难啃的硬骨头，于是进行反复、深入的研究，最后解决了这个难题，把研究成果写成了论文．该论文还获得了省级和国家级奖励．

启示二：新瓶装旧酒，旧瓶装新酒

大部分教育教学问题都被前人"咀嚼"得成了"渣"，但是我们不妨新瓶装旧酒，旧瓶装新酒，把成果进行"创新表达"．例如，笔者在 2003 年第 2 期《考试（中考版）》期刊上发表了《分母有理化的十种技巧》一文，而 2004 年第 1 期的《初中数学教与学》就刊登了内容极为相似、名为《二次根式"瘦身"十二法》的文章（作者为山东王艳芬）．又如，笔者在 2009 年第 1-2 期《中小学数学（初中版）》期刊上发表了《改一改，更精彩》一文，内容是讨论中考数学试题问题，而 2009 年第 5 期《中小学数学（小学版）》也刊登了名为《改一改，更精彩》一文（作者为河南鲁家宝），其内容是讨论小学数学课堂教学问题．两篇文章的名字完全相同，内容却完全不同．总之，我们到处可以看到成功进行"新瓶装旧酒，旧瓶装新酒"的例子．

最后，让"手上忙工作，笔下成佳作"成为我们每一位教育教学和教研工作者的生活习惯、生活方式和人生追求吧！

注：1. 本文于 2009 年 11 月发表在《江西教育（教学版）》期刊上．

2.《教育教学研究成果的创新表达》一文可通过查阅 2009 年《江西教育（B 版）》第 7 期得到．

有效的教学反思必须做到四个结合

一、结合学习来反思

孔子说："学而不思则罔，思而不学则殆."教学反思也应该与学习相结合，特别是新老师，他们没有"教"的经历，更谈不上经验，只有自己"学"的体会和感受，要想进行反思，必须结合学习，在学习中反思. 通过学习，我们可以把学习材料当作一面明镜，照出自己教学中的成败与得失，使自己的反思更全面、更深入、更到位.

学习的材料和方式很多，下面择要列举一些：

（1）教育教学专著. 有各学科通用的一些专著，如中国林业出版社出版、刘显国所著的《开讲艺术》《板书艺术》《语言艺术》等；有分学科的一些专著，如北京大学出版社出版、彭光明所著的《数学教学方法思考与探究》；等等.

（2）教育教学刊物. 教育教学刊物有《人民教育》《江西教育》等，还有分学科的刊物，如数学学科有《中学数学教学参考》《中小学数学》等.

（3）各学科的教学参考书和五花八门的教辅资料.

（4）通过网络学习. 通过上网查找，可获取自己所需的一些资料.

（5）听课.

二、结合交流来反思

（一）与老师交流

例如，课后与其他老师交流自己的教学设计、教材处理、教学机智等. 在交流中，谈谈自己的观点，聆听他人的意见；对照他人的做法，反思自己的教学. 特别是与听了自己的课的老师交流，不管是自评还是互评，都能使自己的反思更全面、更深刻，在交流中常常会茅塞顿开，有时还能激发自己的教学灵感.

（二）与学生交流

课后与不同层次的学生交流，可以发现自己对重点的把握是否准确、对难点的处理是否恰当、练习是否适量等，为反思提供更详细的信息. 我上课后，会要求学生写读后感，以获得更全面的反思.

（三）参与网络交流

利用网络平台如专题论坛等与他人进行交流.

三、结合写作来反思

写教学反思，可以写教学日志、教学案例、教学叙事、教后记等.

很多报刊都设有与日常教学联系密切的栏目，如"论教谈学""与教学同行""百家论坛""探讨与争鸣""教学赏析"等. 这些栏目为我们的反思写作提供了广阔的天地.

关于教学的观点、认识和做法可以向"论教谈学""与教学同行"投稿，关于热点问题的看法可以向"百家论坛"投稿，与别人商榷可以向"探讨与争鸣"投稿，对他人课堂的精彩点评可以向"教学赏析"投稿……写稿的过程就是反思的过程.

在投稿过程中，我们对投稿的成败也会进行反思，这种反思更能促进我们对教学的反思.

另外，也可以通过写教学博客来进行反思.

总之，处处留心皆文章. 通过写作，可以促进反思，使反思升华，提高反思的深度，体现反思的创造性.

四、结合实践来反思

教学实践活动是反思的对象，而反思的目的是改进教学行为. 反思最终还是为了指导教学实践，解决教学问题. 我们不能为完成"写反思"这项任务而反思.

著名语文特级教师于漪一课三备，可以说，教后备课是教学反思的典型，这也许是她成为教育家的原因！有些学校学习于漪老师，衍生出"一课三备二上""一课三备三上"等教学、教研模式，就是应用集体反思的成果来指导教学实践，并进入新的一轮反思. 只有结合教学实践，我们的教学反思才是真实的、有效的，才能实现课堂效益和教学质量的提升，教师才能在反思中不断成长.

中篇　课例篇

让学生对现成的结论做深刻的思辨

——以概念课"数轴"教学片段为例
（2017 年 9 月 8 日·会昌二中）

★前置研究★

请同学们找到人教版六年级（下）数学课本，复习第五页相关内容，并把课本带到课堂来.

★课堂实录★

环节一、课前互动

（略）

环节二、温习小学课本，画出心中的数轴，引出错误点

师："请同学们拿出六年级（下）数学课本，看到第五页. 第五页讲了什么？"

生（异口同声）："数轴."

师："再说一遍."

生："数轴！"

师："数轴？！仔细找一找，课本哪有'数轴'两个字？"

（同时板书课题"数轴"）

生："没有."

师："谁告诉你们这里讲的是数轴？"

生："老师."

师："小学数学老师，还是……"

生："小学数学老师."

师："说明你们的小学数学老师很优秀，说出了这一页讲的是数轴. 会不会画数轴？"

生："会！"

师："有信心吗?"

生："有!"

师："好，请把书合起来，拿出尺子、铅笔、纸，画一条你心目中的数轴. 请三位同学到黑板来画. ……掌声!"

（全班热烈鼓掌）

（全班同学在画数轴；老师在黑板上写"数轴长什么样?"，然后巡视；三位调板的学生所画的数轴各不相同，有的没有标箭头，有的刻度太密，如图1所示）

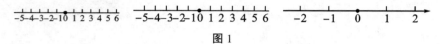

图1

【评析】这个环节的主要的目的是准确地找到教学的起点. 学生在小学就见过数轴，但是那时不要求掌握数轴的画法. 让学生画数轴，目的是引出错误点，为思辨提供素材.

环节三、问数轴外观，引出"箭头"和"刻度"

师："这三个图有什么差别?"

生："右边的数轴有箭头."

师："对，数轴长什么样? 从外观上看，有箭头."

（同时板书"外观""箭头"，板书如图2所示）

1. 数轴长什么样?
箭头
外观

图2

师："没有箭头跟有箭头有什么区别?"

生："没有箭头就不知道哪边是正方向."

师："说明箭头的功能是指示正方向，人们习惯取从左到右的方向为正."

（同时在"箭头"二字右侧板书"正方向"，板书如图3所示）

1. 数轴长什么样?
箭头（正方向）
外观

图3

师："没有画箭头的同学，要补全箭头."

（同时，老师将前面两位同学所画的数轴补上箭头，如图4所示）

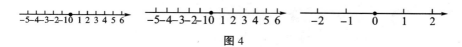

图 4

（部分学生在订正所画的数轴）

师："箭头怎么画？一根水平线，一条斜线，另一条斜线是它的'倒影'."

（老师一边讲解，一边板画，如图 5 所示）

图 5

（部分学生在检查自己所画的箭头是否美观并订正）

师："从外观上看，数轴还有什么？"

生："刻度."

师："刻度！"

（同时在"外观"的右侧板书"刻度"二字，板书如图 6 所示）

1. 数轴长什么样？

外观 { 箭头（正方向）

刻度

图 6

师："有没有哪个同学画的数轴没有刻度？"

（学生摇头）

师："没有刻度会出现什么问题？光溜溜的一条直线是什么意思？怎么表示数？"

（全班大笑）

【评析】通过追问逼问，让学生明白数轴的"正方向"这个要素.

环节四、问"哪个刻度最关键"，引出"原点"

师："数轴上是不是一定要画很多的刻度呢？"

生："不是！"

师："哪个刻度最关键？"

生："0 刻度！"

（同时，老师板书"0 刻度"三个字，板书如图 7 所示）

1. 数轴长什么样？

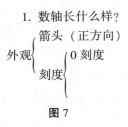

图 7

师："0 刻度？同意的请举手."

（众生举手）

师："0 刻度有什么作用？"

生："是分界点."

师："什么的分界点？"

生："是正、负数的分界点."

师："既然 0 刻度这么关键，我们给它取个名称吧，取什么名称？"

生："分界点."

师："正、负数的分界点，很本质，说明你们把数学学懂了. 但是，取名'分界点'的话太啰唆了，能不能简单一点？"

生："中点."

师："线段能找到中点，但直线的长度是量不出来的，要多长就有多长，没有中点."

生："起点."

师："起点？……'起点'有没有道理？"

生（七嘴八舌）："有……没有……"

师："负数的起点在这里，正数的起点也在这里，有道理哦！但是，跟数学家说的还有点差距. 数学家怎么说的呢？这个点叫作……'原点'."

生："哦."

师："'原点'，'原始'的'原'，我们不管去哪里，一般都把它作为参照点. 有道理吧？"

（同时，老师在数轴的原点旁边标注"原点"两个字，并用带箭头的曲线把这两个字指向 0 刻度处，板书、板画如图 8 所示）

生："有."

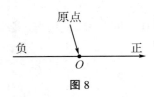

图 8

【评析】 通过追问逼问,让学生明白数轴的"原点"这个要素.

环节五、问"哪个是'母刻度'",引出"单位长度"

师:"有道理,0刻度很关键,但是,在光溜溜的一条线上只画一个0刻度,它还是光溜溜的,可不可以呢?"

生:"不可以."

师:"完整不完整?"

生:"不完整."

师:"还缺什么?"

生(七嘴八舌):"正数、负数,……刻度……"

师:"刻度?刻度!我们再来观察这些刻度.哪个刻度最关键?刚才有人说0刻度,只有0刻度吗?"

生:"所有刻度都很重要."

师:"所有刻度都很重要?有没有主次之分?这些刻度有没有'母子'关系?有没有'母刻度'?"

生:"有."

师:"哪个是'母刻度'?"

生:"1."

师:"对,有了'1'刻度,其他刻度就可以依次画出来了,是不是?"

(同时,老师板书"'1'刻度"三个字,板书如图9所示)

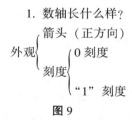

图9

生:"是."

师:"'1'刻度的位置,取决于'0'刻度到'1'刻度之间线段的长度.这说明该段线段很重要,我们也给它取个名称,好不好?取什么名称?"

生(沉默):"……"

师:"看到'1',你们会想到什么?……在工程问题中,'1'常常被称为……"

生:"单位'1'."

师:"对,'0'刻度到'1'刻度这段线段的长度,我们也称之为'单位长度',有道理吧?"

（同时，板书"单位长度"四个字，板书、板画如图 10 所示）

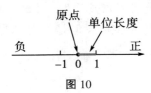

图 10

生："有！"

师："从外观上看，数轴有箭头、0 刻度、1 刻度。从数学的本质上看，它们分别是数轴的三要素：正方向、原点和单位长度。也可以这样说：数轴是有正方向、原点和单位长度的直线."

（同时在课题"数轴"两字的下面板书"——有原点、单位长度、正方向的直线"，板书如图 11 所示）

数轴
——有原点、单位长度、正方向的直线

图 11

【评析】通过追问逼问，让学生明白数轴的"单位长度"这个要素，从而得出数轴的概念.

环节六、问如何表示大数，体会数轴应用的灵活性

师："如果要在数轴上标出 100，怎么办？请两个同学到黑板来画."

（两位同学到黑板画数轴，如图 12 所示；其他同学在作业纸上画）

图 12

师："画得很好，同学们很聪明，如果总是用'1cm'表示'1'的话，纸都没有这么大；数轴的'单位长度'可以根据需要灵活选取，'1cm'可以表示 50，'1cm'可以表示 100，等等."

（后面的教学略）

★ **板书设计** ★

板书设计如图 13 所示.

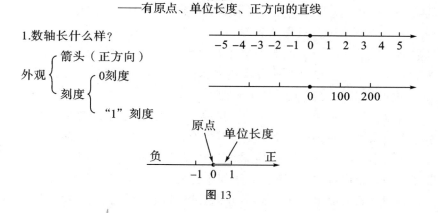

数轴
——有原点、单位长度、正方向的直线

图 13

★重点、难点与教学目标★

【重点】
理解数轴的概念，用数轴上的点表示有理数.

【难点】
在数轴上表示负数.

【教学目标】
理解数轴的概念，正确画出数轴，并用数轴上的点表示有理数.

★教师磨课、上课感言★

一、白纸黑字的现成结论，怎么教
数学课本上的知识都是人类几千年智慧的结晶，并且由教材编写者精心安排好了，就是例题也给出了完整的解答. 我们的教学不可能带学生回到几千年前去，对相关结论进行重新归纳. 我们也不应把现成知识很生硬地塞给学生，把学生当成装知识的一个容器. 我们要做的是设法让学生体验和认识知识的产生过程，理解它的存在性、必要性，搞清它们之间的关系和结构，让学生对现成的结论做深刻的思辨.

二、巧借错误资源，促进思辨
错误是难得的课堂资源，别错过！

在本节课的教学中，笔者首先要求学生把人教版（2014 年 10 月第 1 版）的小学六年级数学（下册）课本带到课堂来，先让学生温习小学课本，唤醒已有学习经验.

但是小学数学对数轴的要求是：初步感悟数轴的抽象过程及其简单应用，

即在已知的数轴上找到表示一些简单的数的点，写出数轴上给定的点所表示的数. 在小学，这些练习都不要求学生画数轴. 更为隐蔽的是，课本中并未出现"数轴"两个字，只称"数轴"为"直线". 所以笔者猜想，学生虽然见过数轴，但是在该知识点上必定还有盲点，如果让学生来画数轴，肯定有很多学生还不能完全知道数轴有哪些要素，而只有少数学生知道数轴应当有箭头、均匀的刻度，其中应当有 0 刻度.

所以，笔者在课堂上就直截了当地让学生画出心中的数轴. 结果，错误果然被引出来了——调板三个学生，其中有两个学生画的数轴都没有箭头！

面对学生的错误，我们应采取这样的态度——学生出错，教师不责怪，反而要用好错误资源，别错过. 正如布鲁纳所说"学生的错误是有价值的".

心理学家盖耶也说过：谁不考虑尝试错误，不允许学生犯错误，就将错过最富有成效的学习时刻.

如果要学的知识学生都会了，还要我们老师做什么？如果老师讲过的知识学生都能熟练掌握，那才不符合学生的心理规律！

在本节课中，基于学生的错误，数轴三要素的"出场"就充满了思辨性.

三、我们的教学就是要让学生对现成的结论做深刻的思辨

所有规定都是有理由的，不能强塞.

数学有很多"规定"，其实，所有的"规定"都是有理由的.

在本节课中，对于原点、正方向和单位长度这三要素，笔者都为它们找到了理由：原点——正、负数的分界点，是物体运动的参照点；正方向——"正数的方向"，上面的点所表示的数越来越大；单位长度——"1 刻度"与"0 刻度"之间线段的长度，用适当的长度作为单位长度，可以在有限的纸张上表示绝对值较大的数（当然，选取适当的单位长度，也可以清晰地描出绝对值较小的数）.

数轴三要素的"出场"，我们也可以"照本宣科"地这样介绍：画一条水平（或竖直）的直线，在直线上任取一点表示数 0，这个点叫作原点；在所画直线的右端（或上端）加上箭头，表示正方向；选取适当的长度作为长度单位，在直线上从原点向右（或向上），每隔一个长度单位取一个点，依次表示 1，2，3，…，从原点向左（或向下），每隔一个长度单位取一个点，依次表示-1，-2，-3，…

如果我们的数学教学总是把新知识强硬地"塞"给学生或轻描淡写地叙述一遍，而没有找到新知识与旧知识之间的联系，没有把它们放在已有的知识结构中，那么学生对新知识就没有足够的认同感. 这样，随着知识量的增加，学生就难以记住更多的知识（即使暂时记住了，也是知其然不知其所以

然，不会应用）.

四、学生的心智并非一张白纸，教学未必都从"零"开始

在这节课中，我并不是用温度计来引入数轴，也不是用马路上的建筑物或一条路上的人的位置来引入数轴，而是用小学的相关教学内容作为教学起点来引入数轴.

对于初中和小学数学中的那些知识，学生大都能从身边的生活中找到"影子"，甚至还在更低的年级时就感悟过、认识过、归纳并验证过. 对于这些知识的教学，我们要找准起点，找准最近发展区，有效地让学生经历知识发生、发展的过程，以便给学生留下更深的印象.

就人教版教材而言，对比初中数学教材与小学数学教材我们会发现，很多初中的知识都是在小学接触过的，只是在小学学习时对它们的要求很低，是"初步认识""认识""了解"等浅层次的水平，如三角形、四边形、平行四边形、特殊平行四边形、平移、旋转、轴对称、统计图表、负数等.

本节课所讲的是"数轴"也是一样的. 虽然"数轴"两个字没有在人教版小学六年级（下）数学课本第五页上出现，但是那里所讲的"直线"就是数轴. 我想，小学数学教师必定会在上课时适当拓展，把它称为"数轴"，并会在抽象过程中简单介绍数轴的三要素，但不要求学生完全掌握.

对于这样的知识，我们就完全没有必要从"零"开始开展教学. 这样能更好地、更有效地实现知识的迁移，达到更有效的教学效果.

五、好问题才能促进深刻的思辨

好问题成就好课堂.

苏格拉底说过：最有效的教育方法不是告诉人们答案，而是向他们提问.

为了让学生深刻理解数轴的三要素，笔者设计了三个层次的问题. 一是"数轴长什么样"？即"从外观上看，数轴有什么"？这是一个"总问题""大问题". 二是"哪个刻度最关键""哪个是'母刻度'". 这是第二层次的问题. 三是"没有箭头跟有箭头有什么区别""0刻度有什么作用""有了'1'刻度，其他刻度就可以依次画出来了，是不是". 这是第三层次的问题. 通过一系列的提问、追问和逼问，学生对数轴三要素的存在性和必要性的思考就十分深入了.

好问题成就好课堂. 好问题促进了学生的深度思考、深度学习，成就了课堂的精彩.

本节课，笔者巧妙地选取了学生在小学的认知作为教学起点，引出错误资源，再通过一系列的提问、追问和逼问，使学生深刻地思考数轴的三要素，教学效果极佳.

★学生课后感★

全昌县会昌二中七（11）班课后感——

李海东："也许，在很多学生的字典里，'老师'这个词的解释是严肃、严厉等，但刘鑫老师给我带来的感觉却完全不一样．他是一个脾气非常好的老师，会很有耐心地教学生．刘老师走进教室时，总是拿着几块三角板和一把米尺……刘鑫老师以特别的方式做自我介绍，让我们牢牢记住了他的名字．画数轴，我原以为是一件简单的小事，可没想到有那么多细节．经过刘老师的指点，我画出了一条完美的数轴．我还发现，在刘老师眼中，老师是学生的助手，而不是学生是老师的助手."

李南："听了刘鑫老师的课，我觉得刘老师教了我们很多知识，比如数轴有哪三要素——原点、正方向、单位长度．我觉得刘老师上课非常有趣，他的上课方式与其他老师不同——先让同学们预习，然后合上书叫同学到黑板去画数轴，再一步一步教我们．我刚见到刘老师时，感觉他特别严厉，但经过一段时间的相处后，我觉得他很和蔼."

吴瑞敏："记得那节难忘的课，是他——刘鑫老师，为我们上了一节有趣的新课——数轴．刚上课，刘老师并不像其他老师那样直入正题，而是让我们从他讲的故事中去了解、去发现．原本紧张、严肃的课堂，在他的故事和情绪的感染下，仿佛变成了一场轻松的游戏．刘老师总是用通俗易懂的语言给我们上课．他还不时提出一些问题．说来也怪，平日那些胆小如鼠的同学，个个的胆子都变大了，都纷纷举手发言．本是鸦雀无声的课堂，现在热闹起来了，大家争着抢着回答问题，台下人人都呐喊着'我来，我来'！瞧，真是个有趣的游戏课堂．当讲到数轴三要素时，刘老师也不免严肃起来．他写着，也画了几个小圈，表示那是重点．我们也配合着，认真地记着．刘老师会不时问'为什么'．遇到不懂的地方，刘老师也耐心地给我们讲，直到我们听懂为止．刘老师不断强调数轴的作用，还讲了几个幽默的笑话．时间眨眼间就过去了，虽然和刘老师的相处只有短短的45分钟，但他的身影却深深地印在我们脑海里."

李艳："刘老师不是一进教室就上课，而是先和我们说'你们可以随便问问题'．有一个同学问'老师叫什么名字'，刘老师就开始讲他名字的由来，讲完后，就开始讲课了……"

何文彬、傅明霞、曾红莲等："我认为刘老师在细节部分讲得很生动、具体，让我们充分认识到了数轴的形状和怎么样画数轴，以及数轴有什么用．数轴，我们小学六年级就知道了，但是听了他的课，我们对数轴的认识进入了一个新的阶段."

刘道辉、邹欣等："刘老师这个人很有意思,上课前问我们他为什么叫刘鑫. 他的课也很有意思,他说话清晰、大声、慢速,让我们能够听清他讲的每一个字. 刘老师的问题也很有意思,我们班里的同学上课都很有兴致. 他还会让我们把要记的知识在课内记好."

周涵、林峰等:"我觉得刘老师上课对学生很有耐心、很细心,和蔼可亲,讲解课文时风趣幽默,见解独到,讲得通俗易懂. 我应该向刘鑫老师学习!"

陈阳鑫:"刘老师上课很有精神,听他的课,我们总是听得神清气爽. 他的每一句话都讲得仔仔细细,分析得清清楚楚,给我留下了深刻的印象."

温和庆:"……刘鑫老师讲课虽慢,但是,这能让学生听得更清楚."

张亚苏:"听了刘老师的课,我感觉此前自己的见识太少. 我最深的感受就是对数学有了新的认识,喜欢上数学了……"

曾文涛:"刘鑫老师讲的这节课,给我留下了十分深刻的印象. 刘老师讲话十分幽默."

李微:"听了刘鑫老师的课,我学会了画数轴. 刘老师讲得很形象."

王威、巫正萍等:"刘老师上课幽默、有趣,给人一种放松、开心的感觉. 刘老师讲那些难点的时候,叫同学上去做,让同学们体验一下做出难题的快感,使我们更容易记住和掌握."

刘锦谕:"刘老师上课诙谐有趣,善于把控课堂,调节气氛,使人愉悦放松. 课中的内容经过他的讲述完美呈现给我们. 他讲课形象生动,通过点名提问的方式让人印象更加深刻."

黄媛媛:"我觉得刘老师上课十分幽默,在课堂上总是一副笑脸对着我们,使我们很轻松. 刘老师开始上课时并不是直接切入主题,而是先介绍自己. 我上完课后有很多感触."

宋博彦:"刘老师的自我介绍跟其他老师不一样,还有,刘老师会经常让同学们发言."

许佳怡、程美玲等:"我觉得刘老师上课氛围非常轻松愉快. 他在自我介绍时,不像其他老师一样,只是干巴巴地介绍自己姓什么,同学们可以怎么称呼自己. 刘老师是先让我们说,为什么他要取'刘鑫'这个名字,而后一一解答. 在他的课堂上,我们不会觉得无聊. 我个人觉得他上课的方式很幽默,一般来讲,大部分学生都很喜欢这种上课方式. 虽然我只听了他的一节课,但是,我能感觉得到,他是一位优秀的老师,希望他能再来我们班上课."

★视频观看、下载网址★

教学视频下载网址：https://pan.baidu.com/s/1XfkBkxfG_Tn5Og-80BYxcA.

教学视频观看网址：http://v.youku.com/v_show/id_XMzQzOTk1NjMyMA==.html？spm=a2h0k.8191407.0.0&from=s1.8-1-1.2；也可通过百度或在优酷网输入"数轴（会昌刘鑫）"搜索得到.

图14　刘鑫老师启发引导做错的学生

图15　刘鑫老师询问学生的意见

图16　刘鑫老师上课前与学生轻松互动

计算教学，要让学生深谙算理

——以整理课"整理两个有理数的加减"为例
（2017 年 1 月 5 日·会昌实验学校）

★前置研究★

"有理数加减整理课"前置研究内容如表 1 所示.

表 1

"有理数加减整理课"前置研究
（1）学了有理数之后，两个有理数相加减的计算，哪些计算是小学已经学过的？（首先在草稿纸上写出这些式子，再把这些式子分类，每类列 3 个）
（2）学了有理数之后，两个有理数相加减的计算，哪些计算是小学没有学过的？（首先在草稿纸上写出这些式子，再把这些式子分类，每类列 3 个）
（3）对于小学没学过的两个有理数相加减的计算，你有什么诀窍？

★课堂实录★

环节一、课前板书

课前，老师在黑板写好本堂课的标题和与前置研究相关的标题，板书如图 1 所示.

"两个数的加减"整理课

小学学过的　　　　　　　　　　　　　　　　小学没学的

图 1

【评析】老师课前板书，是为了上课后让学生把前置研究中的相关式子写到黑板上来，发挥先学的作用，同时也是为了分离出本课的教学重点和难点. 其中，小学学过的内容安排在黑板左侧，是为了擦掉它们后，用于板书本节课的其他主要教学内容.

环节二、请学生背诵有理数加法、减法法则

师："上课！"

生："老师好！"

师："同学们好！请坐！"

生："谢谢老师！"

师："这节课我们上比较特别的内容——有理数的加减. 这节课，我们整理一下两个数的有理数的加减. 有理数的加减有很多法则，哪个同学能够背出来？在你的印象中有哪些法则？"

（老师点身边的一位女同学，请她背有理数的加减法则）

生："两个数……"

师："背不出来没有关系，这节课我们就来复习有理数的加减，目的就是不背法则也能够很快、很准确地算出来."

师（老师走到另一学生旁边，问那个学生）："你背得出来吗？"

（学生摇头）

师："背不出来的举手."

（全班学生都举手，承认自己背不出来）

师："我保证这节课上完之后，背不出法则的同学一样能够得到满分，有没有信心？"

生："有！"

【评析】请学生背诵有理数的加法、减法法则，是为了让大家认为法则是很难背的，也让学生明白"背法则"与"灵活应用法则"是两回事，会做题的，也不一定能把法则一字不漏地背出来. 同时，也让学生思考：自己心中所归纳运算法则的本质是什么？沉淀在自己心中的运算规则究竟是怎样的？

环节三、请两组学生抄写计算式子，分离出重点教学内容

师："对于两个有理数的加减，我们这里只研究两个数，如果数多了的话，就依照从左到右的顺序或者应用其他的一些运算法则进行运算，包括小学学过的运算法则. 我们这节课，要消化、整理最基本的两个有理数的加减运算，有些是小学学过的，有些是小学没有学过的."

（老师一边指着黑板上的板书"小学学过的"和"小学没学的"，一边讲）

师："大家都做了前置研究，现在，每个小组再写几个，学过的写3~5个，没有学过的也写3~5个，等一下每个组派一个代表到黑板来写，要有代表性的."

（学生写式子）

师："我有一个建议，用到的数不要是分数，因为分数会干扰我们对符号的处理；数也不要太大，因为绝对值太大的数，我们心算起来也很麻烦. 最好是用绝对值是 20 以内的有理数作为例子."

（学生继续写式子）

师："写的时候可以把结果写出来，但是等下写在黑板上的时候，这个结果就不要写出来了."

（学生继续写式子）

师："好，小组内交流一下，比较一下哪个同学写的更有代表性，选几个有代表性的到黑板上来写."

（学生小组内交流）

师："下面，每个小组派两位代表上来，一个代表写学过的，写 3 个，另一个代表写没有学过的，也写 3 个."

（学生讨论）

师："好，抓紧时间，每个小组都要到黑板上来写，每个小组派两位代表，听懂了吧？其中一个写学过的，另一个写没有学过的，小学没有学过的."

（各组派同学在黑板上按老师的要求写式子，如图 2 所示）

图 2

（各组派同学在黑板上按老师的要求写式子，最后板书的式子如图 3 所示）

"两个数的加减"整理课

小学学过的								小学没学的	

```
小学学过的                                          小学没学的

6+6      1+1  1+1  2+3                              (−1)+1    −9−(−9)
7+8      1+2  2−1  5+7        5−8                   (−2)(−2)  9−(−9)
17−8     5−2  1+1  6+8       −5+9                   1−3       −9−9
                            −3−6
17+2  3+7    7+2  1+1                                        10−(−3)
20−9  8−1    7−3  3−1  −3−5  71−2  −3+2  (−3)−|−2|  7−11     −7−3
18−0  9+2    3+2  4+2  5−9   −8−7  −17−1  −1+5      −2+5     −8+5
4+0          8−5      −10+7  −6+7  2−8   |−1|−1     6−(−3)   −10+−(3)
```

图 3

师："好，各个小组都写了，这些学过的，大家都会算吧?"

生："会."

（老师一边指着左侧黑板上学生所写的、已学过的式子，一边讲）

师："能不能讲一下，这些有什么特点?"

（学生沉默）

师："能不能归纳一下这些学过的? 这个减法，这是更大的数……"

生："减更小的数."

师："就是我们小学所说的'有减''够减'. 这些相加的式子，要么是两个正数相加，要么是正数跟 0 相加，这些我们都已经很熟练了."

（老师接着把黑板左侧的小学学过的计算式子全部擦掉，留下的只是小学没学过的计算式子）

师："这些是没有学过的，小学没有学过的，大家来看一下，写出来的符不符合要求?"

（老师一边指着黑板右侧学生所写的、没学过的式子，一边讲）

（有的学生说"符合"，有的学生说"不符合"）

师（指着一位学生）："哪个不符合? 你来说一下，哪个不符合?"

生："2−8."

师："2−8，不符合? 小学学过? 是不是小学学过的? 小学没有学过吧?"

生："没有."

师："小学没有学过吧，符合吧?!"

生："符合."

师："你有没有发现?"

生："有."

师："请坐，刚才有个同学说哪个不符合?"

生："负2负2，（-2）（-2）."

师："负2负2，（-2）（-2），这是什么运算？"

生："乘法."

师："乘法，这个怎么理解啊？应当理解为（-2）×（-2），是吧？"

生："乘号省略了."

师："因为我们是手写的，不能随便省略符号. 如果一个是数字，一个是字母，这样-2a中的乘号可以……"

生："省略."

师："这个不符合题意，其他的都符合题意吧？"

生："符合."

（这一阶段的板书是：老师板书了-2a，同时擦掉了（-2）（-2））

师："这个是括号还是绝对值呀？"

（老师一边指着黑板上的式子｜-1｜-1，一边讲课）

生："绝对值."

师："这是综合运算，高水平的题目，但我们这节课是只搞单独知识点的. 那我们改一下，不要用绝对值，这节课我们不搞绝对值."

（老师一边讲，一边把式子｜-1｜-1改成 - 1 - 1）

生："还有绝对值."

师："哪里还有绝对值？"

生："-2的绝对值."

师："我们改一下，改为这个运算，（-3）-（-2），不搞综合运算. 我们就搞最简单的两个数的直接加减."

（老师一边讲，一边把式子（- 3）-｜-2｜改成（-3）-（-2））

（通过这一阶段的修改，黑板上的式子如图4所示）

小学没学的

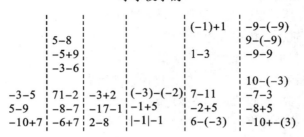

图4

【评析】请两组学生分别抄写小学学过的和未学过的计算式子，是为了分离出本节课的教学重点和难点——"小-大"和"负+正""负-正""负+负""负-负"等几种类型；至于含 0 的两个有理数的加减，对学生来说也是很简单的.

环节四、标出易错式子，分离出教学难点

师："在这些式子当中，哪些是我们当初新授的时候，最容易错的，自己心中先圈一下，我叫几个同学到黑板来圈一下."

师："刘婷，你来圈一下，就是当初学这些知识的时候，你认为哪些是最容易出错的，或者你身边的人最容易出错的."

师："画横线也好."

生："这个（-9-9）."

（刘婷选的式子是-9-9）

师："好，是这个吗？那你说说它难在哪里呀？"

生："把-9-9看成了 9 减 9."

师："她的意思是说，可能有些人会把式子看成 9-9，是不是呀？"

（老师在黑板上，一边用手掌把-9-9 最前面的负号遮住，一边讲解）

生："是."

师："有的时候是会这样出错，谢谢！"

师："还有哪些式子，是当初学的时候比较容易出错的？"

（老师走到一学生旁边，问那个学生）

师："好，你来圈一下，哪些是很难的？"

（一学生到黑板圈的是（-3）-（-2））

师："请你分析一下，当初你出错或你同学出错的时候，一般会错在哪里？"

生："很难理解的是，（-3）-（-2）里中间有一个减号'-'，然后又有一个负号，括号里面又有负号，以前没有学过这种."

师："哦，分析得有道理."

师："其他同学呢？"

师（指着另一学生）："好，你说，你上来圈."

（学生到黑板圈的是-17-1）

师："这个题容易错，会在哪里出错呢？"

生："-17-1，可能会把前面的负号省略，变成 17-1，得到 16."

师："这个式子（-17-1）跟这个式子（-9-9）……"

生："一样的."

师："有点像，但（-9-9）这两个数是绝对值相等的，这个（-17-1）的两个数是绝对值不等的. 有道理，这个很容易错."

师："还有哪些同学，或者你身边的同学曾经很容易出错的？"

（学生沉默）

师："没有了，是吧？"

【评析】根据我的教学经验，对于省略多重符号（主要是"+"和括号）后的式子，两个有理数加减的难点主要在于"小-大"和"负±数". 除了含 0 的式子外，计算式子只有两类——两数同号、两数异号. 明白这些后，有理数加减运算就不再是一团乱麻了. 让学生把易错的式子圈出来，就是为了教学更有针对性. 多重符号的化简是快速、准确进行计算的重要一环.

环节五、在小学与初中的衔接处，找到教学起点

师："在小学学过的运算，我们就不讲了. 我们小学没有学过的是哪一类的运算？"

生："负……"

（同时也有个别学生说"小数减大数"）

师："我觉得，最先不会算的，就是一个小的正数减去一个大的正数，这个是很难运算的，是不是啊？"

生："是."

师："现在我们能理解，如果一个小的正数减去一个更大的正数，结果有什么规律？"

生："等于负数."

师："等于一个负数，对了，这个结果一定是一个负数."

（老师板书"小-大=负"，板书如图 5 所示）

$$小-大=负$$

图 5

师："好，下面就请大家写三个式子，小减大的，怎么处理？"

（学生按要求写式子）

师："好，我叫一个同学说一说黑板上的这些式子，有哪些是小减大的？"

生（齐声）："2-8，7-12，5-9，7-11，1-3，…"

师："好，我们就来看这两个式子，2-8，7-12."

（同时老师把黑板右侧中的式子 2-8，7-12 抄在黑板左侧）

师："2-8，这里得到一个数，怎么去算呢？首先，肯定是得到一个负的结果，可这不够减嘛，不够减肯定得到负的结果，小学是没有学这个的，现在肯定是负的，那么后面这个数怎么算？"

生："8-2，两个数调一下."

师："调一下，差多少，2 与 8 相差多少?"

生："6."

师："不够减，相差 6，所以就得到-6."

师："这个（7-12）是一样的道理. 首先一定是得到负的，那么这个相差多少呢?"

生："相差 5."

师："相差 5，所以就得到-5. 这类情况都很类似. 这个（7-12）得到的是-5."

（这段时间的板书，如图 6 所示）

$$2 - 8 = - 6$$
$$7 - 12 = - 5$$

图 6

师："这个（7-12）得到-5."

师："这个（5-9）相差多少? 得到多少?"

生："-4."

师："相差 4，得-4."

师："还有 2-8 得到多少啊?"

生："-6."

师："还有这个 7-11 得到多少?"

生："负……"

师："不够减肯定是得到负数的，负多少呢?"

生："-4."

师："相差 4，结果是-4."

师："还有……"

生："1-3."

生："-2."

师："3 和 1 相差多少呢?"

生："2."

师："得到-2."

（这一段时间，老师与学生一起把黑板右侧中，刚才学生所写的那几个属于"小-大"的式子全部进行了计算，并用红色粉笔直接在上面写上答案，板书如图 7 所示）

$$7-12=-5，5-9=-4，2-8=-6，7-11=-4，1-3=-2$$

图7

师："这个规律是，小的数减大的数的时候，结果肯定是一个负数．我们首先把这个负号写好来，然后看一下它们相差多少．"

（老师一边指着黑板左侧上方的"小-大=负"，一边总结计算规律）

【评析】把"小-大"作为本课计算的第一个环节，是为了找到教学的最佳起点——小学所学的"不够减"．"小-大=负"这个规律，不管这个"小"数和"大"数是正数、负数，还是0，都是正确的．所以，我们首先要突破具有承前启后作用的"小-大"这个难点，因为它有举足轻重的作用．

环节六、算法多样，突破难点

（一）数形结合，完全突破"不够减"的难点

师："还有怎么解决'小减大'问题，怎么去减呢？到了初中之后，有一种'小减大'问题，是负数在前面．负数在前面时的'小减大'问题，这里有没有这样的？"

生："有．"

师："负数在前面的时候……这个（-3-5）属于这一类吧？负数在前面，小减大．"

生："是．"

师："这个（-8-7）属于吧？"

生："是．"

生："还有-17-1．"

师："这个（-17-1）也属于'小减大'问题．"

生："还有-7-3．"

师："对，这个（-7-3）也属于'小减大'问题．"

（这段时间，老师和学生一起把黑板右侧中，刚才学生所写的那几个负数开头的"小-大"的式子圈了起来．这几个式子如图8所示）

$$-3-5，-8-7，-17-1，-7-3$$

图8

师："'小减大'，如果是负数开头的话，还有一种理解．比如，-3-5怎么理解呢？我们把-3和5这两个数标在数轴上．如果要求它们的差，我们看一下它们之间的距离是多少？"

生："8．"

师："是多少呢？"

生："8."

师："8，这是'小减大'吧？那它肯定会得到一个负数，负多少呢？－8，好不好理解呢？"

生："好理解."

师："好，这是－3－5的计算."

（老师一边讲解，一边在黑板左侧上用彩色粉笔板书、板画. 板书、板画如图9所示）

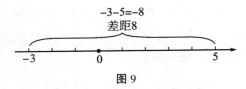

图9

师："这个（－8－7）怎么理解？画一个数轴，标上－8和7，它们之间的距离是多少？"

生："15."

师："结果是负的，相差多少？"

生："15."

师："所以得－15."

师："很好理解吧."

生："是."

（老师一边讲解，一边在左侧黑板上用彩色粉笔板书、板画. 板书、板画如图10所示）

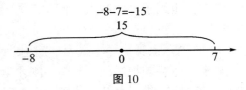

图10

师："这个（－17－1）……叫一个同学. 哪个同学来画一下，画一个数轴. 其他同学在草稿纸上画，用这种方法算这个（－17－1）."

（一学生调板，画数轴，找－17与1两个数在数轴上的距离）

师："数轴的正方向是朝哪边？"

生："右边."

师："是一条直线，但正方向是向右，距离相差18，所以这个结果应当等于……"

生："－18."

（老师一边协助学生板书、板画，一边讲解. 师生的板书、板画如图 11 所示）

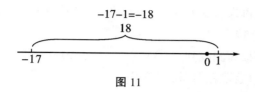

图 11

师："这个（–7–3）……叫一个同学. 哪一位同学来？"

（一学生举手）

师："好，请这位同学来."

（一学生调板，画数轴，找–7 与 3 两个数在数轴上的距离）

师："距离是多少？"

生："10."

师："那么这个结果等于……"

生："–10."

师："符号是负的，这个绝对值是 10，对不对呀？"

生："对."

（老师一边协助学生板书、板画，一边讲解. 师生的板书、板画如图 12 所示）

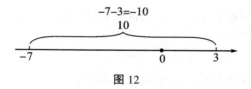

图 12

师："对于这种办法，我们怎样去理解？其实就是通过画数轴，找距离. 我们遇到'小减大'问题的时候可以这样做."

（老师一边讲解，一边在黑板左侧"小–大＝负"的下面板书，板书如图 13 所示）

小–大＝负

画数轴，找"距离"

图 13

【评析】为了使教学更流畅，我们在处理完"小–大"这种减法后，紧接着继续处理其他类型的减法，让学生完全突破减法类型的运算."画数轴，找距离"这种方法，利用了数形结合思想，完全突破了"不够减"这类难点，让学生看到减号连接的计算式子也不会再纠结了.

（二）化简多重符号，为了更好分辨式子和把式子归类

师："我们再来看这几个，$(-3)-(-2)$，$10-(-3)$，$-10+(-3)$. 这三个式子有什么特点？"

（老师在黑板右侧找到 $(-3)-(-2)$，$10-(-3)$，$-10+(-3)$ 三个式子，并用红色粉笔把它们圈起来）

生："有括号."

师："这些式子不但有加号、减号、正号、负号，还有括号，碰上这样的该怎么去处理呢？"

生："去括号."

师："怎么处理呀？"

生："去括号."

师："我们把这些式子写出来，$(-3)-(-2)$，$10-(-3)$，$-10+(-3)$，$6-(-3)$. 其他就不写了，这几个式子已经有代表性了."

（老师在黑板左侧上板书 $(-3)-(-2)$，$10-(-3)$，$-10+(-3)$，$6-(-3)$ 四个式子，板书如图 14 所示）

$$6-(-3)，(-3)-(-2)，10-(-3)，-10+(-3)$$

图14

师："碰上这样的情况，我们首先要进行化简，就是把这些多余的括号化简，现在会化简吗？"

生："会."

（学生调板化简括号，式子化简后如图 15 所示）

$$6-(-3)，\quad -10+(-3)，\quad (-3)-(-2)，\quad 10-(-3)$$
$$=6+3 \qquad =-10-3 \qquad =-3+2 \qquad =10+3$$

图15

师："$6-(-3)$，括号前是减号，减 -3 就变成加 3，好理解吧？负负得正. 还有，减去一个数等于加上它的相反数. 这是两种理解方式. $-10+(-3)$，省略加号和括号，则加 (-3) 变成了减 3，对吧？"

生："对."

师："这样就排除了一些干扰. 接下来就太好做了，$6+3$ 小学就会的，等于 9；$10+3$ 也是小学就会的，等于 13."

（老师一边讲解一边板书，板书如图 16 所示）

$$6-(-3), \quad -10+(-3), \quad (-3)-(-2), \quad 10-(-3)$$
$$=6+3 \qquad\qquad =-10-3 \qquad\quad =-3+2 \qquad\qquad =10+3$$
$$=9 \qquad\qquad\qquad\qquad\qquad\qquad\qquad\qquad\qquad =13$$

图 16

师："碰上这样的问题（-10-3），这里可以运用'小减大'计算方式. -10 和 3 相减，像这个减法可以怎么样去处理？小减大肯定是负的. 还有呢？可以画数轴."

（老师一边讲解一边在黑板原有板书"小-大=负"和"画数轴，找'距离'"的左侧加一个大括号，并板书"减法"二字，板书如图 17 所示）

$$减法\begin{cases} 小-大=负 \\ 画数轴，找"距离" \end{cases}$$

图 17

师："哪位同学来算一下？"

（一女生调板，板书、板画）

师："等于多少？"

生："-13."

（女生调板，板书、板画如图 18 所示）

$$6-(-3), \quad -10+(-3), \quad (-3)-(-2), \quad 10-(-3)$$
$$=6+3 \qquad\qquad =-10-3 \qquad\quad =-3+2 \qquad\qquad =10+3$$
$$=9 \qquad\qquad\qquad\qquad\qquad\qquad\qquad\qquad\qquad =13$$

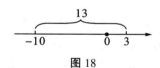

图 18

师："掌声……结果算出来了，相差 13 个格子，距离是 13. 小减大，不够减，得到负号，对了吧？!"

【评析】化简多重符号，是快速、准确进行有理数加减运算的重要步骤. 把多重符号化简后，学生对两数是同号还是异号的界定就有了新的认识，这时运算的处理就有了飞跃——"正号"和"加号"统一起来了，"负号"与"减号"统一起来了.

（三）交流想法，创新算法

师："还有其他的运算，像这个运算-3+2怎么处理啊？"

师："好，先让同学们说说你们的理解，碰到这个（-3+2），有经验的同学怎么处理?"

（一学生举手）

师："好，你来说一下."

生："-3+2，我可以把它变为与这个式子'相反'的式子 3-2 得到 1，1 的相反数就是-1."

师："哦，符号是负的，相差是 1，所以得到-1，对不对啊?"

生："对."

（又一学生举手）

师："你的理解呢?"

生："先在数轴上画出-3 的位置，然后向右移动 2 个单位长度，就得到了."

师："是多少?"

生："-1."

师："这个思想方法很好啊，思维很好."

（又一学生举手）

师："好，请……"

生："-3+2 可以变成 2-3，就变成了'小减大'问题，然后可以画数轴、找距离."

师（转向其他学生）："有没有听懂?"

生："听懂了."

师："-3 和 2 交换一下位置，是不是呀? 把-3 和 2 交换位置变成 2-3，就不够减了吧，不够减得到负的，所以得到-1."

师："你们喜欢哪种方法? 还有其他方法吗? 一个同学是在数轴上移动点的位置，另一个同学是交换两个数的位置."

师："交换位置就是-3+2 可以变成 2-3，得到多少?"

生："-1."

（老师一边讲，一边板书、板画. 板书、板画如图 19 所示）

$$(-3)-(-2) \quad =2-3=-1$$
$$=-3+2$$

图 19

【评析】 让学生自由表达各自的解法，并阐述其缘由，能起到交流思想的作用，也体现了一题多解的数学教学思想. 从学生表达的情况来看，对各种类型的有理数加减运算，每个学生都有自己的理解.

（四）析以个数，挖出算理

师："我有一种方法，就是这里可以把-3+2看成-3与2两个数相加. 我们知道，绝对值相等的时候，两个相反的数会抵消，那么这个-3可以分成一个-2和一个-1，-2与2会抵消，还剩下-1. 这个运算我们可以称它为'抵消'."

（老师一边讲，一边板书、板画. 板书、板画如图20所示）

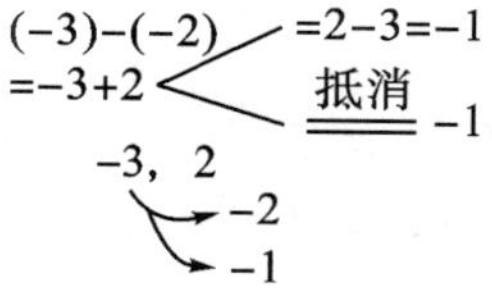

$$
\begin{array}{l}
(-3)-(-2) \\
=-3+2
\end{array}
\Bigg\langle
\begin{array}{l}
=2-3=-1 \\
\underline{抵消} \quad -1
\end{array}
$$

$$
-3,\ 2 \Bigg\langle
\begin{array}{l}
-2 \\
-1
\end{array}
$$

图20

师："可以用这种'抵消'的办法来做的，还有哪些运算?"

师："这个式子（-10+7）能不能用'抵消'的方法来理解呢?"

生："可以."

师："哪个被抵消了啊?"

生："……"

师："-10和+7哪个的个数更多?"

生："-10."

师："-10，负的个数更多，这里相当于有10个-1抵消了7个+1，然后还剩多少个-1呢?"

生："3个."

师："还有3个-1，结果是-3. 可以这样理解吧?"

师："这个（-6+7）呢?"

生："6个-1."

师："6个-1和7个+1抵消，抵消了之后，有没有负的了?"

生："没有."

师："正的量剩余多少?"

生："1."

师："负的都被抵消了，还有一个+1."

师："这个（-3+2）怎么理解?"

生："抵消了还有1个-1."

师："这个（-1+5）呢? 1个-1和5个+1相抵消，最后剩下的是什么数啊?"

生："4个+1."

师："剩下的是4个+1，得到4."

（这一段时间，老师一边讲，一边板书. 板书如图 21 所示）

$$-10+7, \quad -6+7, \quad -3+2, \quad -1+5$$
$$=-3 \qquad =1 \qquad =-1 \qquad =4$$

图 21

师："我们碰到两个符号相反的数的求和时，该怎么办呢？就用'抵消'这种办法理解它的运算."

（老师一边讲，一边在黑板左侧的左上方板书"符号相反——抵消". 黑板的左上方的概括性的板书如图 22 所示）

$$减法 \begin{cases} 小-大=负 \\ 画数轴，找"距离" \end{cases}$$
$$符号相反——抵消$$

图 22

师："这个式子（-1-1）该怎么办呢？-1 和-1 两个数合起来，有多少个-1？"

生："两个."

师："有两个-1，加起来就是-2，-1-1 得-2. 这个时候我们就用'合并'的思想."

师："同样地，这个-9 和-9，9 个-1 和 9 个-1，合并起来多少个-1 啊？"

生："18 个-1."

师："18 个-1，-9-9 得-18."

（这几分钟，老师一边讲，一边板书. 板书如图 23 所示）

$$合并$$
$$-1-1=-2, \quad -9-9=-18$$

图 23

师："我们碰到两个数都是同号并且符号相同的时候，该怎么办呢？这时我们就要用'合并'的思想去理解."

（老师一边讲，一边在黑板左侧的左上方板书"符号相同——合并". 黑板的左上方的概括性的板书如图 24 所示）

$$减法 \begin{cases} 小-大=负 \\ 画数轴，找"距离" \end{cases}$$
$$符号相反——抵消$$
$$符号相同——合并$$

图 24

师："这两个思想更'万能'，我们碰到的很多运算都可以用这种思想去处理. 像刚才画数轴的 −10−3，怎么理解？我们不画数轴，就是 3 个 −1，10 个 −1，加起来是多少个 −1？"

生："13 个 −1."

师："得 −13."

师："像这个（−3+2），3 个 −1 和 2 个 +1 抵消了，得到 1 个 −1，就可以这样去理解."

师："还有，这个（−1）+1 怎么理解？省略括号就是 −1+1，抵消了，等于……"

生："0."

师："这个（1−3）……"

生："小减大，不够减."

师："相差 2，得到 −2."

师："也可以理解为 3 个 −1 和 1 个 +1 抵消了 1 个 −1，还有 2 个 −1，得 −2."

师："这个（7−11）不够减，你还可以怎么理解？就是 11 个 −1 抵消了 7 个 +1……"

生："还有 4 个 −1."

师："这是用'抵消'的办法."

师："这个（−2+5）是 5 个 +1 抵消了 2 个 −1 之后，还有……"

生："3 个 +1."

师："这个 6−（−3），首先得化简为 6+3. 这是我们小学就会做的，合并得 9."

（这段时间，老师一边指着黑板上的式子，一边用"抵消"和"合并"的方法讲解黑板上相关式子的计算，所涉及的式子主要如图 25 所示）

$$-10-3, \quad -3+2, \quad 1-3, \quad 7-11, \quad -2+5, \quad 6-(-3)$$
$$=-13 \qquad =-1 \qquad =-2 \qquad =-4 \qquad =3 \qquad =6+3$$
$$=9$$

图 25

【评析】加减法的算理，都是"点个数". 挖出来这个算理，学生就会豁然开朗，与当初小学一年级通过"点手指头"来计算 10 以内的加减法的思想是一致的. 这样，有理数的加减就不必套用有理数的加法法则和减法法则了.

环节七、内化算理，创造算法，形成技能

师："昨天大家交上来的前置研究，好多同学都写得很好. 我们先让一位同学把它抄出来，大家再来算一下，看用哪种思想方法来理解更好?"

(学生调板，按要求写计算式子，所写的式子如图 26 所示)

$$-4-10, \quad -7-8, \quad -5-6, \quad -9+10, \quad -8+7, \quad -7+3$$

图 26

师："大家动手算一下这些式子，就用'抵消''合并'的方法. 如果是相减的话，也可以用'小–大＝负''画数轴、找距离'的方法."

(学生在独立计算上述式子)

师："组内交流一下，答案是否一样?"

(学生组内交流)

(老师请一学生调板，一学生在板演. 开始时，她计算 $-4-10$ 得 -6. 她疑惑地看着老师. 老师笑着问她怎么理解的，她没有回答，擦掉 -6，把它改为 -14)

师："你怎么理解的?"

生 (用左手挡住 $-4-10$ 中 4 前面的负号)："我把它看成了 $4-10$."

师："好，现在你改为了 -14 这个结果，你说一下 -14 这个结果你是怎么得到的?"

生："4 个 -1 和 10 个 -1 合并起来就是 14 个 -1."

师："对，就是 -4 和 -10 合并起来，负的和负的合并仍是负的，所以就得到 14 个 -1，这样子理解可以吧?"

生："嗯."

师："好，请回."

师："还有没有其他的理解? 还可以怎么理解?"

生："画数轴."

师："请你上来展示一下."

(学生用"画数轴、找距离"的方法做题，板书、板画如图 27 所示)

$$-4-10=-14$$

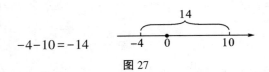

图 27

师："这个同学很认真，数轴三要素，时刻没有忘. 他理解得正确吧?"

生："正确."

师："$-4-10$ 可以理解成 -4 减 10，相差 14 个格子，距离是 14，不够减，符号是负的，做得很好啊，可以这样子理解!"

师："请大家来齐声回答这些的结果，-7-8，-5-6，-9+10，-8+7，-7+3."

生："-15，-11，1，-1，-4."

（学生齐声回答，老师一边复述，一边把答案写上去，主要板书如图 28 所示）

$$-4-10,\quad -7-8,\quad -5-6,\quad -9+10,\quad -8+7,\quad -7+3$$
$$=-14\qquad =-15\qquad =-11\qquad =1\qquad\quad =-1\qquad =-4$$

图 28

师："大家的结果都一样吧？"

生："一样."

【评析】为了强化加减法都是"点个数"这种认识，并使学生能够灵活运用各种方法，我们把一些学生在课前所写的式子拿来让大家练习，以便起到巩固的目的，同时也尊重了学生的劳动成果.

环节八、对比法则，小结提升

师："这节课，我们就学这些内容. 这些方法跟我们课本上的加法法则、减法法则比起来要简单得多吧？哪位同学朗读一下加法法则？"

（一学生举手）

师："请你来朗读一下课本的加法法则."

生："有理数加法法则，①同号两数相加，取其相同的符号，并把绝对值相加；②绝对值不相等的异号两数相加，取绝对值较大的加数的符号，并用较大的绝对值减去较小的绝对值，互为相反数的两个数相加得0；③一个数和0相加都得这个数."

师："好，请坐. 书上是这样说的吧，这个法则很啰唆是吧？因为它分了好多类. 现在我们从另一个角度去理解这些加法法则、减法法则."

师："同学们交上来的这些前置研究，好多同学都做得很好，像陈小安、张淳善、曾清、罗丽春. 王艳同学，把式子列得很整齐，还有她考虑得特别周全，分类特别完整."

师："如果式子中有0，那我们碰到有0的情况，该怎么办呢？会不会？有没有难倒你们？以前有没有错过啊？"

生："直接省略."

师："对，直接省略. 在加减运算当中，碰到0的话，直接省略，跟小学学习的道理是一样的. 好，这里我就不再展示了，好多同学都做得很好！"

师："我今天上这节课的目的，跟大家交流的目的就是：书上的东西，我们不用死记硬背，也一样能够学好数学，只要理解了它的实质，将书上的这些法则融会贯通就足够了．我是不赞成上课前全班齐声朗读数学的定理、定义、公式，没有必要，把这些定理、定义的实质理解了之后就可以，这也是以后学习数学的方法."

师："这节课就上到这里，下课!"

生："老师再见!"

师："同学们再见!"

【评析】上课伊始，老师让学生背有理数加法法则、减法法则，学生背不出来；下课时，老师再让学生朗读有理数加法法则．这都是为了让学生认识到："背法则"与"会计算"是两回事，死记硬背是学不好数学的．只有抓住其实质，能够融会贯通，学生才能学好数学.

★ 板书设计 ★

板书设计如图 29 所示.

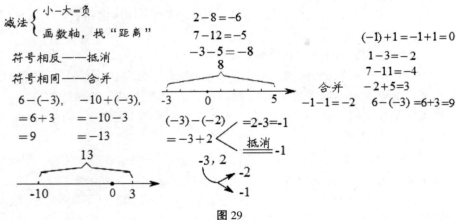

图 29

★ 重点、难点与教学目标 ★

【重点】

(1) 加深对负数的认识.

(2) 掌握"小−大=负""画数轴、找距离"等办法计算两个有理数的减法运算.

(3) 领会、理解有理数加减的算理也是"点个数".

(4) 领会、理解、应用"合并""抵消"的办法计算有理数的加减.

【难点】

创造、创新自己的算法.

【教学目标】

灵活应用各种方法计算有理数的加减.

★老师磨课、上课感言★

一、这节课，整理哪些教学内容

这节课，整理、梳理的内容有：有理数加减的重点、难点、要点和解题思路.

二、我为什么要上这节整理课

按照人教版教材的安排，学生在小学就接触过负数，但是负数概念的引入、与负数有关的加减计算是初中的入门课程. 人教版教材利用生活中的实例引入负数，这样的结果是没有把它放在运算的结构中认识负数. 但是，我以"小－大""不够减"的结果记为"负"值这种方式，让学生对负数的"性质"和负数的"量"有了更深刻的认识，并为有理数的加减奠定了深厚的基础.

我对有理数的加减运算的深入研究长达 20 年之久，一直想把沉淀在人们心中的那个有理数加减法则表述出来. 到现在为止，我得出的主要结论是——所有加减法就是"点个数"，同号"合并"，异号"抵消".

通过这节课的整理，目的是让学在生心中形成一套基于自己的理解的有理数的加减算法.

三、什么时候上这节课

老师按照教材教完有理数的加减运算之后，就可以上这节整理课了，也可以在上完"有理数"这章后，在复习时上这节整理课. 其中有些方法，也可以在新授时同步进行教学. 例如，完全可以用"小－大＝负"来引入负数，把它作为"有理数"这章内容的起始课.

四、课本的法则，讲还是不讲

课本的全部内容都要照常讲.

其实，人教版教材在归纳有理数加法法则时所用到的思想方法是很丰富的，必须让学生经历法则的归纳过程.

五、不懂法则的人是怎么计算有关有理数的加减运算的

在生活中，不懂法则的人，如文盲、学法则之前的学生等，他们也能进行具有相反意义的量之间的加减计算. 他们是这样进行有关有理数的加减运算的——没有对数进行符号化，而是用"数的性质+数的量"来描述一个数. 他

们的计算，也是把"数的性质""实施过程行为的关系""运算符号"综合起来考虑，参与计算的只是同性质的"量"之间的"合并"和不同符号的"量"之间的"抵消".

六、课标中有哪些相关的论述

《义务教育数学课程标准》（2011 年版）中要求我们，在基本技能的教学中，不仅要使学生掌握技能操作的程序和步骤，还要使学生理解程序和步骤的道理. 例如，对于整数乘法计算，学生不仅要掌握如何进行计算，而且要知道相应的算理；对于尺规作图，学生不仅要知道作图的步骤，而且要能知道实施这些步骤的理由.

所以，教学中老师除了对教材中有理数的加减法则进行传授外，还要挖掘、剖析有理数加减运算中的理算.

七、这节课还有哪些亮点

一是精细的预设和精彩的生成. 本节课的教学过程很流畅、要点很清晰，各个主要环节及各个环节的教学目标均经过精细的预设，但是各个环节的教学内容是在这个过程中生成的. 在轻松、积极的课堂氛围中，有很多精彩生成. 例如，在环节六的第三个步骤中，让学生说出他们对计算 $-3+2$ 的理解时，有一个学生利用了交换数的位置的办法，还有一个学生利用了"最原始"的移动点的位置的办法. 这些生成，说明了学生对有理数加减运算的本质已有深刻领会，能灵活运用各种方法计算不同类型的有理数的加减运算.

二是完全利用学生写出来的算式来教学. 课前，在"前置研究"中，老师设计了三个问题让学生思考，其中有两个问题是要求学生写出小学已经学过的和小学没有学过的计算式子. 在本节课中的教学中，所有例子全是选用学生写出来的式子. 也是对学生先学成果的肯定，也是对学生劳动成果的尊重，真正体现了"以生为本".

★学生课后感★

会昌县实验学校七（18）班学生课后感——

吴佳毅："对于刘鑫老师的这一节课，我有很深的感想，因为刘老师的这一节课让我明白了许多道理. 本来，刚开始学有理数的加减运算时，我怎么样想都觉得很难. 但是，经过刘老师这么一讲，我什么都懂了. 本来我以为有理数加减要死记硬背，但是，现在我明白了，没必要死记硬背有理数的加减法则，还有其他方法. 例如，可以用数轴或者用'抵消'和'合并'的方法. 总之，这节课帮我解决了不少烦恼."

陈小安、张淳善等："刘老师上的这节课，让我明白了之前一直没有搞懂的有理数的加减法，帮助我们解决了有理数加减这一章的疑惑，我很感谢刘老师！"

肖入烽："刘老师讲得很好，我原来不会的，现在都会了！"

江琳："今天的数学课上得很有趣。以前，我觉得数学课很枯燥、乏味，但自从听了刘老师上的课后，我突然对数学有了兴趣。刘老师和蔼可亲，我们一点都不怕他。刘老师教了我们很多计算的简便方法，让我们的计算又快又准确，连那些平时不认真听课的同学，在这节课也开始认真听课了，上黑板也都能做对。祝刘老师万事如意，事事顺心，同时也期待刘老师下次再给我们上课！"

佚名："刘老师讲课时，眉飞色舞，就连我们这样的'学渣'也开始认认真真地听课了。"

罗丽春："听刘老师上课，我学懂了很多。刘老师上课十分有趣。当然，刘老师上课也十分有方法。他让一些同学上黑板去写一些上课要用到的式子，然后对同学们写的那些式子一一进行讲评，再教我们一些更简单的计算方法，最后问同学们有没有更好的方法……这节课我们学到了很多。"

张益泽："刘老师的讲课，令我对数学产生了兴趣，刘老师讲课绘声绘色，一看就知道做足了准备。有理数的加减运算那么简单，刘老师却讲得非常详细，充分考虑了其他基础不太好的同学。我对这节课的印象十分深刻。我想说'I think it's useful'。"

张逸群："我们非常感谢刘老师来我们学校讲课，能听到他的课，我十分荣幸。这节课，我收获了很多，而且明白了一件事——原来，中学的知识也并不会很难，只要上课专心，掌握了方法，这些题目就会像小学学的那样简单。刘老师先让我们巩固小学的有理数的加减运算知识，再把中学的有理数知识融入进去，没想到，复杂的数学可以如此简单！"

郭鸣："在这节数学课上，刘老师经常和我们互动，让我们更好地融入课堂。在这堂课中，我感觉学到了很多知识，并决定在以后的学习中经常运用它。下课后，我找了一些关于有理数加减的试题，用刘老师教的方法去做，果然比以前简单了。这说明刘老师的授课方式特别好。"

刘会晶："刘老师上的这节数学课，让我觉得有理数的加减像小学的知识，不太像初中的知识。"

陈曦："刘老师的课，让我受益匪浅。刘老师用实际的例子，说明了有理数加减的规律，让我们可以更深刻地体会有理数的加减运算。刘老师经常让学生上黑板做题目，让同学们独立思考问题。这样可以让我们的思维更加开阔，有自己的想法。听完刘老师上的这节课，我收获很多，知道了学知识不能只靠死记硬背，而应该靠自己用心去理解."

陈怡欣："上完这节课，我发现自己比以前更明白有理数的加减运算了.刘老师还把我们容易做错的题目类型——列举出来，给我们一道一道地讲解，把我们带入课堂，让课堂活跃起来，让每一个人都享受学习数学的过程."

周鹏："课前，老师给我们每人印发了一张有理数加减的'前置研究'表，我认认真真地做了那张'前置研究'表.在听刘老师讲课的过程中，我不仅学到了知识，还发现了原来数学这么有趣!"

刘德、温玫等："这节课，让我学到了怎样才能更简便地计算有理数的加减.例如，当有括号时，我们可以先去括号.刘老师教了我们怎样去括号，就像5-（-7)，就可以变成5+7;求差时，就画一个数轴，然后找这两个数的距离;当被减数小于减数时，就用'小-大=负'的办法，不够减，结果一定是负的;他还教了我们两个负数相减的运算……"

李兴洲、刘星："刘老师为我们进行有理数加减的期末复习，给我们上了宝贵的一课.原来，我对有理数的加减运算比较生疏，听了刘老师的讲解，有理数的加减就生动起来了.那个'数轴法'和把一个有理数拆成几个数来计算的方法，通俗易懂.刘老师幽默风趣，和蔼可亲，这一节课让我学到了很多知识."

刘峥嵘、温宏彬、宋宇华等："刘老师把有理数的加减法讲得简单、易懂.我平时听数学课都会头昏、想睡觉，但是，听刘老师讲课，我觉得很轻松.刚上课，刘老师就说，不用记口诀、法则照样可以进行有理数的加减运算，一下子就让我没了走神的念头，听课听得很入神.我们感觉刘老师讲得很好!"

肖奉坤、池欣同、欧炜等："我觉得刘老师的课让我受益匪浅.他的课讲得太棒了、太好了!学完他教的方法后，我之前不太会的计算，一下子就知道了.总之，刘老师的课讲得太好了，下课后，我仍然回味无穷.刘老师的课，让我们觉得有趣!"

刘慧萍："学数学，在很多时候，我们的思路都会被绕住，此时我们最需要的无非是一个个简单易懂的解题方法.刘老师的课，正好为我们答疑解惑.刘老师这节课为我们传授的正是简单易懂的解题方法，而不是让我们的思路局限于死板的公式、法则.有理数，其中包括了正数、负数和0，因为有部分知识小学已经接触过，所以刘老师很明智地把这次讲课的内容定在小学没学过的内容上.对每一种情况，刘老师都准备了应对的方法，比那些法则好理解得多.上完这节课后，我感受颇深，也明白了解题不止一种方法.感谢刘老师，给我们上了这么宝贵的一课，我很钦佩刘老师的精神!"

　　王小燕："刘老师为我们指正了以前常犯的一些错误，通过刘老师的讲解，我对有理数的加减运算理解得更透了，还懂得了更简便的计算方法."

　　刘婷、王艳等："一开始，听说刘老师上的是有理数的加减，我们觉得可能很没趣，因为我们都学过了，没有什么可听的！可是，刘老师讲着讲着，我就入迷了，一直跟着刘老师的节奏走.刘老师讲得很有感染力.以前我计算有理数的加法总是靠背法则做的，现在，刘老师教了我们很多方法，不用死记硬背、不用刻意去记.例如，画数轴的方法，画出数的间隔……现在再学，起到了查缺补漏的作用."

　　杨萍英："听了刘老师上的这节课，我受益匪浅，不但复习了有理数的加减运算，还让我明白了原来有理数的加减也可以用其他方法来计算，更让我懂得了有理数加减应该注意什么，哪些地方法容易出错."

　　曾清："虽然刘老师讲的内容大家都熟悉，但刘老师讲的方法和思路与以前老师讲的不同.关于有理数的加减内容很多，但刘老师就挑最简单的来讲，一点一点地让我们明白其中的道理."

　　赖涯淇："刘老师讲的方法，简单又好记.这节课的知识虽然很简单，但是方法很有用.这真是一节令人回味无穷的数学课."

　　曾妮："听了刘老师的课后，我懂得了特别多，学到了一些很简单的方法，做有理数的加减运算更简便了，有些很难的题目也变得简单了.听刘老师上课，就连平时不认真的同学都变得认真了.同学调板上去做题目时，刘老师总是面带微笑.这节课也让我们觉得刘老师很幽默.总之，这节课让我们知道了有理数加减的更好的计算方法."

　　郭语珍："这节课，我们都听得很入迷.刘老师讲得太好了，非常精彩.听着听着，我就学会了.刘老师很温和、很细心，讲完一道题后会问我们会不会做了，听懂了没有."

　　文靓："……不知不觉中，我已经掌握了计算有理数加减的很多技巧，有很多计算方法我都学懂了.现在，做那些题目对我来说是轻而易举的了.这节课让我学会了怎样快速进行有理数的加减运算，怎样能确保不失误."

　　温小妹、郭文昌等："因为刘老师讲课十分认真，每一个细节都讲得十分清楚，我们一听就懂了.刘老师让我们回答问题，答错了也不会批评我们，而是耐心、细致地教我们.听完这节课，我有些感动，我还想刘老师再来给我们讲课."

　　肖悩天、欧丽丹、聂丽敏等："刘老师的课有趣、易懂.内容大致为——有理数的加减方法包括抵消法、合并法、数轴显示法.合并法和抵消法用起来很方便，我非常喜欢，而且这种方法正、负数都适用.画数轴的方法，形象地表现出了有理数的减法. 另外，刘老师讲课时幽默风趣，让很多学生都参与课堂，沉浸其中. 这节课帮助我复习了有理数的加减运算，让我对有理数的加减运算理解更加深刻了."

刘海燕："刘老师的课在我的脑海中留下了深刻的印象，让我受益匪浅. 这节课让我明白，其实学数学也不是很难，只要掌握了方法，就会觉得它很简单."

彭甜甜："上有理数的加减运算课，原本我是抱着不感兴趣的心态去的，但是，刘老师一上课就对我们说：对于有理数的加减，不要死记硬背有理数的加减法则，只要掌握了它的实质，照样也可以进行有理数的加减运算. 我一下就进入了状态. 听完这节课，我感到刘老师说得对，其实对于数学的那些定理，我们不能死记硬背，而要去理解，去领会，去感悟. 只有这样才算是真正学会了."

钟朕："刘老师这节课讲的是有理数加减的方法，包括合并、抵消、画数轴. 下课时，刘老师说，课本上的知识不能生搬硬套，而要融会贯通. 上了这节课，我收获的不仅仅是有理数加减运算的方法，更是学习之道."

★视频观看、下载网址★

教学视频下载网址：

https://pan.baidu.com/s/1kxwd9UkdhVbTfwmqVw8MVQ.

教学视频观看网址：

http://v.youku.com/v_show/id_XMzQzODczNTgwMA==.html? spm = a2h0k.8191407.0.0&from=s1.8-1-1.2；也可通过百度或在优酷网输入"整理两个有理数的加减（会昌刘鑫）"搜索得到.

图30　刘鑫老师上课的瞬间

数学教学要抓住根本、找准课眼

——以整合课"平方根、算术平方根"为例

★ 前置研究 ★

前置研究内容如表 1 所示.

表 1

<table>
<tr><td colspan="1">在"$3^2=9$"中,"3"与"9"是什么关系</td></tr>
</table>

1. 回想旧知识,回答下列问题:

（1）在"$2+3=5$"中,2,3 与 5 是什么关系?

（2）在"$4-1=3$"中,4,1 与 3 是什么关系?

（3）在"$2×3=6$"中,2,3 与 6 是什么关系?

（4）在"$6÷2=3$"中,6,2 与 3 是什么关系?

（5）"$x=1$"与方程"$3x-1=2$"是什么关系?

2. 联想旧知识,探讨新知识,试回答下列问题:

（1）在"$3^2=9$"中,你认为"3"与"9"是什么关系?请把你认为最恰当的叫法写出来,并说明理由.

"9"是"3"的＿＿＿＿＿＿＿＿＿＿＿＿;

理由:

"3"是"9"的＿＿＿＿＿＿＿＿＿＿＿＿.

理由:

（2）再举五个例子,套用上述名称,熟悉上述关系.

2016 年 12 月 17 日·龙南县龙翔学校
（在七年级上学期讲七年级下学期的内容）

★课堂实录★

环节一、由"3"与"9"的关系，引出"平方根"概念

（课前，老师自我介绍，与学生互动，略）

师："上课！"

生（鞠躬、齐声问好）："老师好！"

师："同学们好！"

师："我再问两声好，七（2）班的同学们好！龙翔学校七（2）班的同学们好！请坐！"

【评析】问这三声好的用意是体现"同学们好"前面加了两重修饰：一是"七（2）班"，二是"龙翔学校"．以此为铺垫，因为"算术平方根"的"根"字之前也有两重修饰：一是"算术"，二是"平方"．

师："我们首先从前置研究开始今天的课．我发现很多同学前面部分都完成得很好．下面，看到第一大题第 5 个问题，' $x=1$ '与方程' $3x-1=2$ '是什么关系？我发现有好多同学有不同的说法．但是，绝大部分同学回答的是，$x=1$ 是方程 $3x-1=2$ 的'解'，大家都同意这个观点吧？"

生："同意！"

（老师一边讲一边板书．板书内容如图 1 所示）

$$x=1 \text{ 是方程 } 3x-1=2 \text{ 的 } \underline{\text{解}}.$$

图 1

（老师发现学生的表现太拘谨，于是对同学们说："今天的课，可以与平时不一样，我们可以上得更轻松一点．今天还来了很多老师，我们主要是一起切磋怎么样学数学，大家欢迎不欢迎啊？"全体学生齐声回答"欢迎"！于是，老师组织同学们在课堂上做了个"相反"的游戏，过程略）

师："刚才大家都同意' $x=1$ 是方程 $3x-1=2$ 的解'，那它们之间的关系有没有其他的叫法？"

生："……"

师："我们小学就学过简单的方程，像刚刚就学了一元一次方程．我们知道，能够使方程左右两边相等的未知数的值就叫方程的解. 到了初三，我们还会有新的认识. 我把初三课本的内容截图了（见图 2）."

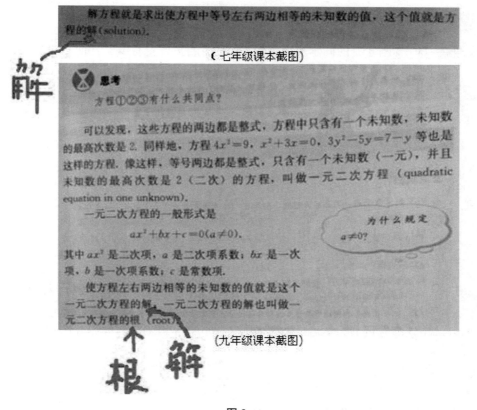

图 2

师："如果一个方程的未知数的值能够使这个方程左右两边相等，那么这个未知数的值也可以称为这个方程的'根'. 现在就有两种叫法了，即 $x=1$ 是方程 $3x-1=2$ 的'根'，$x=1$ 也是方程 $3x-1=2$ 的'解'."

（老师指着多媒体屏幕上的课本截图，一边讲解，一边板书. 板书内容如图 3 所示）

$$x=1 \text{ 是方程 } 3x-1=2 \text{ 的 } \underline{\quad 解 \quad}.$$

图 3

师："我们再回过来看，在 $3^2=9$ 中，9 是 3 的? 3 是 9 的?"

（老师一边讲一边板书. 板书内容如图 4 所示）

在 $3^2 = 9$ 中，

9 是 3 的 _____ ，

3 是 9 的 _____ .

图 4

师："刚才有的同学反应很快，9 是 3 的平方，有没有其他的叫法呢?"

生："9 是 3 的二次方."

师："对，还有没有其他的叫法呢?"

生："9 是 3 的二次幂."

师："对."

（老师一边与学生对话，一边板书. 板书内容如图 5 所示）

在 $3^2 = 9$ 中，

9 是 3 的 平方、二次方、二次幂 ，

3 是 9 的 _____ .

图 5

师："在第一章，我们学了 $a^n = N$. 这个 a 叫底数，这个 n 叫指数，这个大写的 N 是乘方的运算结果，也叫幂."

（老师先板书，然后一边指着板书一边讲. 板书内容如图 6 所示）

$$a^n = N$$

图 6

师："现在我们要倒过来，在 $3^2 = 9$ 中，3 是 9 的?"

生："……"

师："没有听说过吧? 我们来讨论一下怎样称它们之间的关系比较恰当."

师："我们再来分析这个式子 '$3x-1=2$'."

（老师一边指着刚才书写的方程 "$3x-1=2$"，一边讲）

师："3 乘……减 2 等于 1，这里，未知数的值 '1' 就是这个方程的 '解'，也叫作 '根'."

（老师一边板书、板画，一边讲. 板书、板画过程及内容如图 7 所示）

根（解）

$$3 \times (\quad) - 2 = 1 \implies 3 \times (1) - 2 = 1$$

图 7

师："那什么的平方等于9?"

（老师同时板书"（ ）^{2} = 9"）

生（齐声）："3."

（老师同时把"3"填入"（ ）^{2} = 9"的括号内. 板书过程、板书内容如图8所示）

$$(\quad)^2 = 9 \implies (3)^2 = 9$$

图 8

生（一个学生响亮地回答）："所以，3是9的'根'."

师："你说，请大声再说一下."

生："3是9的'根'."

（老师同时把"根"字填入"3是9的_____"中的横线上. 板书内容如图9所示）

在 $3^2 = 9$ 中，

9是3的 平方、二次方、二次幂 ，

3是9的_____根_____.

图 9

师："'3'是'9'的'根'，没有错. 它对应的方程是 $x^2 = 9$，这个方程是几次?"

（老师一边讲，一边板书，把"$x^2 = 9$"写在"（ ）^{2} = 9"的上方、"3是9的__根__"的下方）

生："是二次."

师："那怎样把这个'二次'融入这个叫法中?"

生："3是9的'平方根'."

（老师一边讲，一边板书，把"平方"二字填入"3是9的__根__"的"根"字前面. 前一阶段的板书如图10所示）

在 $3^2 = 9$ 中，

9是3的 平方、二次方、二次幂 ，

3是9的_____平方根_____.

$x^2 = 9$

（3）^{2} = 9

图 10

师："3 是 9 的'平方根'，有没有道理？"

生："有."

（老师同时在黑板左上方板书本节课的课题：平方根）

【评析】 这一环节，我们用丰富的材料让学生明白，理解"根"的含义就要联系方程，理解"平方"的含义就要联系方程的未知数的次数是二次.

环节二、为区分 9 的两个平方根，引出"算术平方根"概念

师："如果考试的话，( )^2 = 9，这个空里你会填什么？"

生："3 和 –3."

（老师同时在"( )^2 = 9"下方板书（– 3）^{2} = 9）

师："刚才说 3 是 9 的平方根，那 –3 是不是 9 的平方根？可不可以说'–3 也是 9 的平方根'？"

生："可以."

（老师一边讲，一边在"3 是 9 的平方根"的右侧板书"–3 也是 9 的平方根". 板书如图 11 所示）

3 是 9 的平方根，–3 也是 9 的平方根.

（3）^{2} = 9

（–3）^{2} = 9

图 11

师："+3 是 9 的平方根，–3 也是 9 的平方根，怎么来区分 3 和 –3 在其中不一样的'地位'？"

生："正平方根，负平方根."

师："这个命名大家接受不接受？"

生："接受."

师："有道理吧？"

生："有！"

（老师同时在原有板书的基础上分别插入"正""负"两个字. 这一段时间的板书如图 12 所示）

正 负
3 是 9 的平方根，–3 是 9 的平方根.

（ 3 ）^{2} = 9

（ –3 ）^{2} = 9

图 12

师："有道理，但是在 $a^2 = \underline{\quad ? \quad}$ 中，'?'这里可能是什么数？"

生："正数."

师："一定是正数吗？"

生："或者 0."

师："如果 a 是正数的话，我们可以称它的根为'正平方根''负平方根'；如果 a 是 0 的话，它的平方根是 0，我们怎么把'0'和'正平方根'统一起来？"

生："……"

师："现在的问题是方程 $x^2 = a$ 的根称为 a 的平方根，一个数的平方可能是正数，也可能是 0，所以它的根就可能会出现正的根、负的根，还有 0. 怎么样称正的根、负的根和 0 的根呢？"

（老师一边讲解，一边采用"留空式"板书，在"方程 $x^2 = a$ 的根"与"称为 a 的平方根"之间留有一段间隙，为下一步添加" $\pm\sqrt{a}$ "做准备. 老师把上述内容板书在黑板的左上方. 板书效果如图 13 所示）

方程 $x^2 = a$ 的根　　　称为 a 的平方根

图 13

师："生活中用的很多的、常见的一个数的平方等于某个数的有……"

生：" $3^2 = 9.$ "

师："是，生活中能不能找到这样的例子？"

生："魔方."

师："对，对，对，每一个面都是 3 乘 3 等于 9. 生活中有没有用到 $(-3)^2 = 9$ 的例子？菜市场买菜时有没有哪个人会算 $(-3)^2 = 9$ ？"

生："没有."

师："所以，我们就把'正平方根'和'0 平方根'合起来称之为'算术平方根'."

（老师一边讲解，一边采用"留空式"板书，在"方程 $x^2 = a$ 的根　称为 a 的平方根"下方，板书"其中，非负根　称为 a 的算术平方根"，在"其中，非负根"与"称为 a 的算术平方根"之间留有一段间隙，为下一步添加" $\sqrt{a}$ "做准备. 板书效果如图 14 所示）

方程 $x^2 = a$ 的根　　　称为 a 的平方根
其中，非负根　　　称为 a 的算术平方根

图 14

师："大家能不能理解？就是把 0 和正数称为'算术数'，大家对'算

术'这种叫法，有没有印象？在哪里见过？"

生："……"

师："大家有没有在哪里见过这样的课本？"

（老师在多媒体屏幕上展示三本书名为"算术"的数学课本，如图15所示，其中一本是1949年以前师范生用的数学课本，另外两本是我国20世纪50年代和20世纪60年代小学生用的数学课本）

图15

（学生摇头）

师："我们读小学的时候用的数学课本书名就是'算术'. 这里展示的三本数学课本的书名都是'算术'. 一本是1949年以前，读师范的学生用的数学课本，一本是20世纪50年代期间的小学数学课本，还有一本是'文化大革命'期间的小学数学课本. 为什么那时的数学课本的书名都是'算术'呢？我的理解是，那时候的小学数学主要研究的数都是正数和0，即非负数的四则运算. 这样理解'算术'两个字，就好理解了吧？"

生："是."

【评析】为了让学生理解"算术"二字，我从网上搜索得到几本旧《算术》课本的图片，并联系生活进行解释，而不是照本宣科地抄在黑板上完事.

师："我们对平方运算、乘方运算都很熟练吧？"

生："是."

师："好，我们来口算，什么的平方什么，写几个出来，等下叫几个同学来说，看看哪个同学不写就能说得很流利？"

（老师一边讲，一边板书. 板书如图16所示）

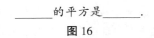
_____的平方是_____.

图16

生："15的平方是225，25的平方是625，35的平方是1 225，45的平方2 025……"

师："佩服不佩服?"

生（众）："佩服!"

师："他对数学很有研究，15，25，35，45 的平方都能这么流利地说出来，里面也有诀窍，大家知不知道? 课后去向他讨教."

师："再请一位同学说一组数，数字不要太大，例如，1 的平方……，2 的平方……，3 的平方……，4 的平方……，要说快一点."

生："1 的平方是 1，2 的平方是 4，3 的平方是 9，4 的平方是 16……"

师："好，好，好，像他这个水平，大家都能做到吧?"

生（众）："能!"

师："大家的水平都很高!"

师："现在我们反过来说，什么是什么的平方."

（老师一边讲，一边板书，板书如图 17 所示）

_____是_____的平方.

图 17

师："这里有变化，要先说幂，然后再说底数，大家在纸上先写几组数."

师："哪位同学不写就能说得很流利?"

生："1 是 1 的平方，4 是 2 的平方，9 是 3 的平方，16 是 4 的平方，25 是 5 的平方，36 是 6 的平方，49 是 7 的平方……"

师："好，说得很流利吧? 问问自己，能不能达到这个水平?"

生（众）："能!"

师："大家的水平都很高!"

【评析】让学生反复练习乘方运算，有三个目的：一是为让学生明白"开方是乘方的逆运算"做铺垫；二是让学生明白本节课的知识起点是平方运算；三是为开方运算热身.

环节三、为表示 2 的算术平方根，引出根号"$\sqrt{}$"和"被开方数"概念

师："现在，我们有了这两个概念，一个是'平方根'，一个是'算术平方根'，'平方根'在生活中用得比较少，'算术平方根'在生活中用得比较多，所以，我们这节课重点讲'算术平方根'."

（老师同时在黑板左上方的"平方根"的右侧，板书"算术平方根"）

师："刚才我们知道，3 是 9 的什么? 怎么称呼更恰当?"

生："3 是 9 的算术平方根."

（学生说的时候，老师同时板书"3 是 9 的算术平方根"）

师："把这句话倒过来念，9 的算术平方根是 3，对不对？"

生："对."

（老师同时在"3 是 9 的算术平方根"下方板书"9 的算术平方根是 3"）

师："好，那我们来造句'什么的算术平方根是什么'. 大家写三至五个."

（老师同时在"9 的算术平方根是 3"的下面板书"＿＿ 的算术平方根是 ＿＿". 板书如图 18 所示）

3 是 9 的算术平方根.

9 的算术平方根是 3.

＿＿的算术平方根是＿＿.

图 18

师："哪位同学能像刚才一样说得这么流利？"

生："0 的算术平方根是 0，1 的算术平方根是 1，4 的算术平方根是 2，9 的算术平方根是 3，16 的算术平方根是 4，25 的算术平方根是 5……"

师："对不对？"

生："对！"

师："听了他的回答后，我有个问题，2 的算术平方根是什么？"

（老师同时把"2"填入"＿＿ 的算术平方根是 ＿＿"中左侧的空格上，板书如图 19 所示）

3 是 9 的算术平方根.

9 的算术平方根是 3.

＿2 的算术平方根是＿＿.

图 19

生："不知道."

师："先独立思考一下，看能不能算出来？"

生："……"

师："怎么样得到 2 的算术平方根？我提示一下，刚才讲'在 $3^2 = 9$ 中，3 是 9 的算术平方根'，是怎么得到的呢？某个正数的平方等于 9，$(\quad)^2 = 9$，即对应方程 $x^2 = 9$. 因为 $(\quad)^2 = 9$ 中的括号内可以填正 3，所以 3 是方程 $x^2 = 9$ 的根，又因为 3 是正的根，并且又有平方，所以说 3 是 9 的算术平方根. 它是通过方程 $x^2 = 9$ 得到的."

（老师一边讲解，一边同步板书. 板书内容如图 20 所示）

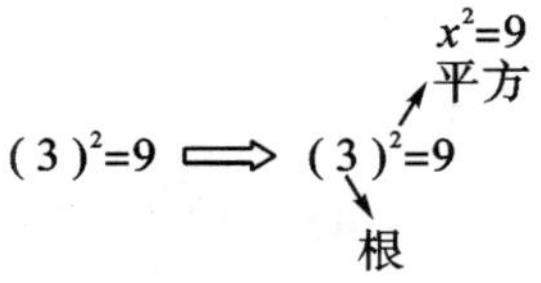

$$x^2 = 9$$

$$(3\ )^2 = 9 \implies (3\ )^2 = 9$$

平方

根

图 20

师："现在要找 2 的算术平方根，联想哪个方程？联想哪个空格？"

生："$x^2 = 2.$"

师："对不对？"

生："对！"

师："什么数的平方等于 2？"

（老师一边讲解，一边同步板书．板书内容如图 21 所示）

$$x^2 = 2$$

$$(\quad)^2 = 2$$

图 21

师："都带了计算器吧？"

生："带了．"

师："大家用计算器算一下，什么的平方等于 2？我们只研究算术平方根，哪个正数的平方等于 2？同桌之间可以合作一下，看哪个同学找得最准，找到了请写出来．"

（全班同学都在用计算器算什么的平方等于 2）

师："1.414 3……这位同学已经精确到了四位小数，有没有精确到了五位小数的？"

（老师在巡视中发现一个学生的计算结果后，问其他学生）

师："请把你的结果抄出来，到黑板这边，把你的结果写出来．"

（一位学生到黑板板书，板书内容如图 22 所示）

$$(1.414\ 213\ 562)^2 = 2$$

图 22

师："有没有找到小数位数更多的同学？"

生："没有．"

师："计算器只能显示这么多位数，是吧？"

生："是．"

师（指着刚才那位同学的板书）："是不是相等？请大家乘一下，是不是等于 2？"

（老师同时在原来学生所写的式子 $(1.414\ 213\ 562)^2 = 2$ 中的等号上加了一个"?"，板书如图 23 所示）

$$(1.414213562)^2 \overset{?}{=} 2$$

图 23

生："……"

师："应当写……"

生："约等于."

（老师同时进行改正，在等号的下面写了一个红色的约等于号"≈"，板书如图 24 所示）

$$(1.414213562)^2 \overset{?}{\underset{\approx}{=}} 2$$

图 24

师："我们受条件的限制，这里不再找下去."

师："怎么找呢？有两种办法，其中一种办法是边试边找，1.4 太小，1.5 太大，再试 1.41，1.42，……过程如表 2 所示（同时在多媒体屏幕上以表格形式显示 x 与 x^2 的对应值，如表 2、表 3 所示）."

表 2

输入数 x	输出数 x^2
1.4	1.96
1.5	2.25
1.41	1.988 1
1.42	2.016 4
1.411	1.990 921
1.412	1.993 744
1.414	1.999 396
1.415	2.002 225
1.414 1	1.999 678 81
1.414 2	1.999 961 64
1.414 3	2.000 244 49
……	……

表3

$1 < a < 2$	$1 < a^2 < 4$
$1.4 < a < 1.5$	$1.96 < a^2 < 2.25$
$1.41 < a < 1.42$	$1.988\ 1 < a^2 < 2.016\ 4$
$1.414 < a < 1.415$	$1.999\ 396 < a^2 < 2.002\ 25$
$1.414\ 2 < a < 1.414\ 3$	$1.999\ 961\ 64 < a^2 < 2.000\ 244\ 49$

师:"另一种办法就是'夹逼法',$1^2 < 2$,$2^2 > 2$,那么就在1与2之间找一个数,如1.5;$1.5^2 > 2$,再在1与1.5之间找一个数,刚才我们找到了$1.4^2 < 2$;再在1.4与1.5之间找一个数,如1.45;$1.45^2 > 2$,$1.4^2 < 2$,再在1.4与1.45之间找一个数……就这样,总是在更大与更小的两个数的中间再找一个数,一直找下去,数的区间就越来越窄,精确度就越来越高.这种'夹逼法'在以后求方程的近似解时还会用到."

(同时,老师一边讲解,一边板书、板画.板书、板画如图25所示)

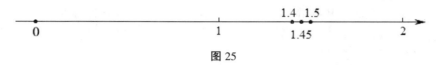

图25

师:"什么数的平方等于2?可以一直找下去,已经找出了这么多,后面还是用省略号表示,大家请看……"

(老师同时在多媒体屏幕上显示一组近似数,如图26所示)

$x = 1.41421356237309504880168872420969807856967187537694807317667973799073247846210703885038753432764157273501384623091229702492483605585073721264412149709993583141322266592705592755799950501152782060571470109559971605970274534596862014728517418640889198609552329230484308714321450839762603627995251407989687253396546331808829640620615258352395054745750287759961729835575220337531857011354374603408498847160386899970699004815030544027790316454247823068492936918621580578463111596668713013015618568987237235288509264861244949771542183342042856860601468247207714358548741556570696776537202264854470158588016207584749226572260020855844665214583988939443709265918003113882464681570826301005945870400318648034219489727829064104507263688131373985525611732204024509122770022694112757362728049573810896750401836986836845072579936472906076299694138047565482372899718032680247442062 9 26912\cdots$

图26

（这份资料由江西省赣州市赣县黄新杰老师友情提供）

生（惊奇）："哇……"

师："所以说，什么数的平方等于2，这个结果好不好写？怎么写？"

（老师同时在原有板书（　　）^{2} = 2 的括号内加了个"？"）

生："写不出来……"

师："再长、再宽的纸，都写不完，因为它可以一直精确下去．那么，对于2的算术平方根，是不是把一串数都写在这里？"

（老师一边讲，一边指着原有的板书"2的算术平方根是＿＿＿＿＿"中的空格问）

生（全班学生一边笑一边说）："不是！"

师："那怎么办呢？你怎么写……"

生（赖锦东）："根2！"

师："你说什么，请站起来说，说大声点．"

赖锦东："根2！！"

（这时全场一片安静，全班的同学和在场听课的老师都很惊奇）

师（装傻）："我听不清．"

赖锦东："根2！！！"

师（装傻）："请你上来写．"

（在老师的要求下，赖锦东同学在黑板原有的板书"2的算术平方根是＿＿＿＿＿"中的空格上写上"根2"两个字，板书如图27所示）

2 的算术平方根是　根2　.

图 27

师："好，请坐，你怎么知道这里要用'根2'？"

（在场的众多师生在笑）

赖锦东："我也说不出．"

师："你也说不出来，那就是从娘肚子里出来时就知道这个叫'根2'，是不是？"

赖锦东："不是．"

师："记不起来，是吧？你大概是从哪里获得的信息？想一下，说一下，跟大家分享一下．"

赖锦东："以前就想过．"

师："以前你就想过，有数学家探究的天赋，将来一定能够成为一个大数学家．"

赖锦东："然后在我妈那里，在高中的课本上看到过．"

师："哦，你妈是教数学的?"

赖锦东："是的."

师："那你是预习到了高中的知识，哪怕是看一眼也是预习. 很好! 我们掌声鼓励他."

(全班鼓掌)

师："未来的数学家就在我们班里."

师："对于'根2'，这里有个问题，外国人以及不认识汉字的人听得懂吗? 怎么办?"

生："用符号表示."

师："用符号表示……他的办法好不好啊?"

(在场的众多师生都发出了赞赏的笑声)

生："好."

师："你说说用什么符号?"

生："用根号."

师："用根号. 在你心里，这个'根号'是怎么写的?"

(学生在"根2"的正下方写上"$\sqrt{2}$"，板书如图28所示)

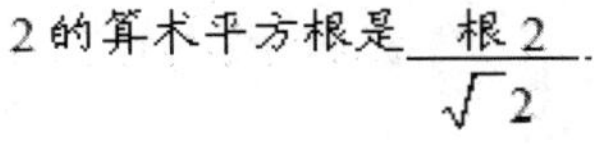

$$2\text{的算术平方根是}\underline{\quad\frac{\text{根}2}{\sqrt{2}}\quad}.$$

图 28

师："他这个写法大家赞同不赞同?"

生："赞同."

师："如果用符号表示的话，那么全世界的人都看得懂了. 因为如果用'根2'的话，中国人看得懂，说不定日本人也看得懂，但是，欧洲、非洲、拉丁美洲那些不认识汉字的人就可能看不懂了."

师："究竟怎么解决这个问题? 这个根号'$\sqrt{}$'是怎么来的? 这里有个小视频，大家看一看."

(老师播放微课"根号的历史")

微课"根号的历史"内容如下：

表示平方根和算术平方根的符号是怎么来的呢? 下面让我来介绍根号的历史.

在古埃及，人们就用像直角一样的符号来表示根号. 7 世纪，印度就用根号的首字母 c 来表示根号；12 世纪，有数学家用表示"根"的拉丁文首字母

l 来表示根号；13 世纪，很多数学家用表示平方根的拉丁文的首字母，大写的 R 来表示根号；到了 15 世纪，有数学家用阿拉伯文表示根号意思的首字母 j 来表示根号；16 世纪初，德国有些数学家用小圆点来表示根号，同时，德国还有数学家用小蝌蚪形状的符号来表示根号；1525 年，德国数学家路多尔夫在他的著作中用一个勾来表示根号，为什么用一个勾来表示根号呢？人们猜想那是表示平方根的拉丁文的首字母 r 的简写；1637 年，法国数学家笛卡儿在他的《几何学》中，在勾上面画一条横线来表示根号，这条横线相当于括号的意思，横线下面的数或式子是被开方数；1676 年，英国物理学家、数学家牛顿把指数写成 $\frac{1}{2}$ 来表示平方根.

根号怎么写呢？

根号的写法与字母 r 的写法是一样的.

根号的历史就介绍到这里.

（微课视频中关键的内容如图 29 所示）

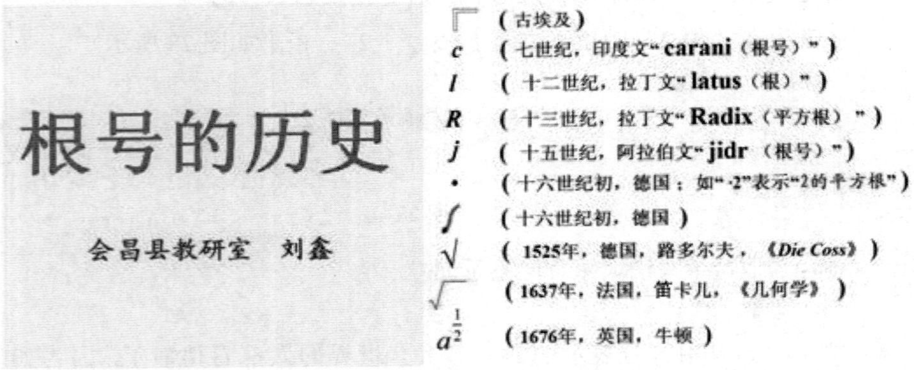

图 29

师："刚才，我们通过微课，知道了根号是怎么来的. 根号经过了很长时间，才在世界上统一起来的. 怎么理解呢？其实它就是英文'radix'的首字母，小写的'r'. 下面，请大家写一写根号'$\sqrt{\ }$'."

（全班同学在练习书写根号"$\sqrt{\ }$"）

师："我们班里已经有两位数学大师冒出来了，一个是知道用'根 2'来表示 2 的算术平方根，另一个是知道用根号'$\sqrt{\ }$'表示平方根."

（听到老师的表扬，全班同学和在场听课的老师都发出了赞赏的笑声）

师："请你再来写'根号 2'."

（老师示意刚才写了"$\sqrt{2}$"的同学再到黑板去写）

（学生还是把$\sqrt{2}$写成"$\sqrt{\ }2$"，板书如图 30 所示）

$$\sqrt{\ }2$$
图 30

师："同不同意?"

生："同意."

师："同意的举起手来?"

（没人举手，并且有人发出怀疑的笑声）

师："这就出现了一个问题，例如，写'根号 32'，还有写'根号 3 乘以 2'，哪个写法表达的意思是准确的?"

（老师一边讲，一边写，板书如图 31 所示）

$$\sqrt{3}2$$

$$\sqrt{3}\times 2$$
图 31

生："……"

师："他这个写法有什么特点?"

（老师同时用手指着刚才那位同学书写的"$\sqrt{\ }2$"）

生（赖锦东）："数字'2'没有放在根号'$\sqrt{\ }$'里面."

师："对，他没有把数字'2'放在根号'$\sqrt{\ }$'里面，我们应当把这个'2'放在根号'$\sqrt{\ }$'里面."

（老师同时在刚才那位同学板书的下方写上正确的写法"$\sqrt{2}$"，如图 32 所示）

$$\sqrt{\ }2$$

$$\sqrt{2}$$
图 32

师："为了解决这个问题，我们也有一个叫法……根号'$\sqrt{\ }$'的横线相当于括号，它下面盖住的数 a 有个称呼，叫'被开方数'."

（老师一边讲，一边写，板书如图 33 所示）

被开方数

图 33

师："现在又多了一个名称'开方'，怎么理解？$3^2 = 9$，从'3'得到'9'，叫什么运算？"

生："乘方."

师："现在倒过来，从 9 得到 3，加根号'$\sqrt{\ }$'、等号'$=$'，这个运算就叫'开方'，这个'9'就叫'被开方数'，这个'3'就是'9'开方之后的结果，9 开平方就得到 3."

（老师一边讲，一边板书，同时有几个学生不由自主地"抢"着老师的"先"，争着叙述老师要讲的内容，课堂气氛相当好. 老师的板书"流程"如图 34 所示）

$$\xrightarrow{\text{乘方}} \quad \Rightarrow \quad \xrightarrow{\text{乘方}} \quad \Rightarrow \quad \xrightarrow{\text{乘方}} \quad \Rightarrow \quad \xrightarrow{\text{乘方}}$$

图 34

师："所以，'2 的算术平方根'怎么写呢？这个也很可贵，我们就不要擦掉了，这个太可贵了，未来数学家写的……"

（这时，全班同学和在场听课的老师发出了赞赏的大笑）

（老师想在"2 的算术平方根_____"的空格上正确书写"根号 2"的写法"$\sqrt{2}$"，但又不忍心擦掉刚才调板的两位学生写的"根 2"和"$\sqrt{\ }2$". 最后老师只好在"根 2"的下方把不够正确的"$\sqrt{\ }2$"擦掉，写上"$\sqrt{2}$"，板书的过程如图 35 所示）

2 的算术平方根是　$\dfrac{\text{根 2}}{\sqrt{\ }2}$　$\Rightarrow$　2 的算术平方根是　$\dfrac{\text{根 2}}{\sqrt{2}}$

图 35

师："2 的算术平方根是 $\sqrt{2}$，就是要把这个被开方数写在根号下面，如果写在外面，意义就不一样了，像'根号 32'若写成'$\sqrt{3}2$'，会被误认为是相乘的运算 $\sqrt{3} \times 2$，所以，要注意，要把被开方数完全地写在根号下面."

（老师一边指着刚才的板书"$\sqrt{3}2$"和"$\sqrt{3} \times 2$"，一边讲解）

师："在这种约定下，对于二次方程 $x^2=a$，x 是 a 的平方根，那么它的根 x 可以怎么表示？"

（学生沉默）

师："就是什么数的平方等于 a，即（　）$^2=a$."

生："$\pm\sqrt{a}.$"

师："对，方程 $x^2=a$ 的根就可以写成 $\pm\sqrt{a}$，它的算术平方根就可以写成 $\sqrt{a}.$"

（老师一边讲，一边用红色粉笔写，完成黑板左上角的留空式板书. 板书如图 36 所示）

二次方程 $x^2=a$ 的根 $\pm\sqrt{a}$，称为 a 的平方根

其中，非负根 $\sqrt{a}$，称为 a 的算术平方根

图 36

【评析】 对于算术平方根的记法和读法，人教版教材是这样介绍的：a 的算术平方根记为 $\sqrt{a}$，读作"根号 a"，a 叫作被开方数. 为了让学生知其然也知其所以然，我设置了记法的困境，并且用微课详细介绍全世界统一根号使用的过程.

环节四、由同数异形，引出开方运算

师："9 的算术平方根是 $\sqrt{9}$，刚才我们知道 9 的算术平方根是 3，所以 $\sqrt{9}=3$，这样就从另外一个角度理解了 $\sqrt{9}=3$."

（老师一边讲，一边在 3 的上方板书 $\sqrt{9}$. 板书如图 37 所示）

$$\sqrt{9}=3$$
$$\sqrt{9}.$$
9 的算术平方根是 3.

图 37

师："下面就请大家编几个练习，像 $\sqrt{9}=3$ 一样，编几道题，格式是'根号几等于多少，即 $\sqrt{}=\underline{}$'."

（老师一边讲，一边板书. 板书如 38 所示）

$$\sqrt{}=\underline{}$$
图 38

师："请同学到黑板来写几个."

（一个学生调板，板书如图 39 所示）

$$\sqrt{12} = \underline{\qquad}$$

$$\sqrt{4} = \underline{\qquad}$$

$$\sqrt{8} = \underline{\qquad}$$

图 39

师："$\sqrt{12}$ 开方开不出来，要到初二（下）才能对它进行化简；$\sqrt{4} = 2$；$\sqrt{8}$ 开方开不出来，要到初二（下）再来学. 今天，请大家再写几个，要写开方开得出来的."

（老师巡视，然后叫了一位女生到黑板去写）

（一个学生调板，出题、板书如图 40 所示）

$$\sqrt{16} = \underline{\qquad}$$

$$\sqrt{25} = \underline{\qquad}$$

$$\sqrt{64} = \underline{\qquad}$$

$$\sqrt{49} = \underline{\qquad}$$

图 40

师："请你推荐一位同学来做."

（另一个学生调板，做题、板书如图 41 所示）

$$\sqrt{16} = \underline{\quad 4 \quad}$$

$$\sqrt{25} = \underline{\quad 5 \quad}$$

$$\sqrt{64} = \underline{\quad 8 \quad}$$

$$\sqrt{49} = \underline{\quad 7 \quad}$$

图 41

师："对不对？"

生（齐声）："对！"

师："$\sqrt{16} = 4$，也可以用文字来叙述，如 16 开平方等于 4，或 16 的算术平方根是 4……"

（有几个学生听完老师的讲解，把其他等式也改用文字来表述）

师："接下来，我来说题目，请一个同学到黑板来写."

师："$\dfrac{4}{9}$ 开平方，或者说 $\dfrac{4}{9}$ 的算术平方根是多少？"

（一个学生调板、板书，并计算出了结果，$\sqrt{\dfrac{4}{9}} = \dfrac{2}{3}$）

师："如果写成 $\dfrac{\sqrt{4}}{9}$，意义是不是一样?"

（老师一边讲一边写"$\dfrac{\sqrt{4}}{9}$"）

生（齐声）："不一样."

师："为什么?"

生："上面的那个'$\sqrt{\dfrac{4}{9}}$'表示的意思是'$\dfrac{4}{9}$ 开平方'，下面的那个

'$\dfrac{\sqrt{4}}{9}$'表示的是 4 开平方除以 9，分子 $\sqrt{4}$ 等于 2，分母 9 照抄，结果等于 $\dfrac{2}{9}$."

（这一阶段的板书如图 42 所示）

$$\dfrac{\sqrt{4}}{9} = \dfrac{2}{9}$$

$$\sqrt{\dfrac{4}{9}} = \dfrac{2}{3}$$

图 42

师："七（2）班同学的数学水平都很高，以后我们写分数的算术平方根时，就要注意这个问题."

【评析】按照人教版教材上算术平方根的定义和例题来讲解开方运算，学生是很难理解凭什么去掉根号符号的（学生只有学到八年级（下）第十六章"二次根式"中的公式 $\sqrt{a^2} = a$（$a \geq 0$）后，才会"开方"），那么怎么让学生深刻理解开方运算呢? 我认为在七年级（上）要让学生理解开方运算的最好方式是让他们知道"同数异形"这种办法.

环节五、通过拓展应用，凸显本课的根本和课眼之功

师："下面进行拓展训练，检验一下这堂课大家学得怎样? 先独立思考，等一下叫一个同学到黑板来写."

（同时，多媒体屏幕上显示了如图 43 所示的两个问题）

1. 求"8 的立方根"时，联系哪个方程?
2. 试用式子表示"8 的立方根".

图 43

（全班学生在独立思考，完成上面的两个问题）

师："写好了的同学请举手."

（一个学生举手）

师："请!"

（举手的那个学生到黑板回答问题. 板书内容如图 44 所示）

$$x^3 = 8$$
$$x = 2$$
$$2^3 = 8$$

图 44

师："同不同意?"

生（众）："同意!"

师："这位同学正确地回答了第一个问题（老师同时在学生板书处打了一个大勾'√'），大家鼓掌!"

（全班鼓掌）

师："第二个问题是什么意思呢? 就像用' $\sqrt{2}$ '表示'2 的平方根'一样，怎么用式子表示'8 的立方根'? 明白了吧? 用什么符号表示'立方根'?"

师（微笑）："用'根 8'可不可以?"

生（赖锦东）："不行，那是平方根."

（老师巡视，检查、寻找其他学生的完成情况，发现一个女生完成了，于是请她到黑板去写. 该女生板书如图 45 所示）

$$\sqrt[3]{8}$$

图 45

师："同不同意?"

生（赖锦东）："不太同意."

师："那你认为要怎么改进?"

生（赖锦东双手搔头）："我也不知道……"

师："哪个同学知道?"

生：" ……"

师："根号 2 写成' $\sqrt{2}$ '，很好."

（老师一边指着黑板上的" $\sqrt{2}$ "，一边讲）

师："她的意思是'立方根'用' $\sqrt[3]{}$ '这个符号来表示，大家说，用这个符号表示'立方根',要不要改进?怎么改进更好,能让全世界的人都看得懂?"

(老师一边讲,一边板书. 板书内容如图46所示)

$$\sqrt[3]{}$$

立方根

图46

师:"要不要改进?"

生(意见不一致):"要……不要……"

师:"讲不要改进的举一下手?"

(学生沉默)

师:"讲要改进的举一下手."

生(赖锦东):"要."

(这时,全场听课的教师都笑了起来)

师:"你讲怎么改进?它的缺陷在哪里?"

生(赖锦东,很坚定地):"'$\sqrt{}$'原本没有数字'3',表示的是'平方根',加了'3'之后,我不知道它表示的是根号的3次方,还是根号乘以3."

师:"我听懂了他的意思,他的意思是说,'$\sqrt{}$'是表示'平方根'的符号,而'$\sqrt[3]{}$',是表示'立方根'的符号,三次根号'$\sqrt[3]{}$',与'3乘以根号'(3×$\sqrt{}$)容易混淆."

(老师一边讲,一边在"$\sqrt[3]{}$"的旁边继续板书. 板书如图47所示)

$$\sqrt[3]{} \qquad$$
$$3 \times \sqrt{}$$
$$\sqrt[3]{} \qquad \sqrt{}$$

立方根　　平方根

图47

师:"我们班的'数学家'很厉害了,在数学的发展过程中人们肯定碰到过这样的问题."

师:"那怎么样约定,才不会让这两个符号混淆呢?我们画个'田字格',当'3'写在勾'$\sqrt{}$'的上方时,'$\sqrt[3]{}$'就表示'三次根号',写在勾'$\sqrt{}$'的前面再加上一个乘号'×'或者加上一个表示'乘号'的点'·'时,'$\sqrt{}$'就仍然表示平方根,这样可以吧?!"

（老师开始板书，然后一边指着板书一边讲．板书如图 48 所示）

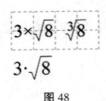

图 48

师："数学家们就是这样约定的，' $\sqrt[3]{}$ ' 就是最完美的三次方根的符号."

（老师一边指着刚才用红色粉笔板书的符号" $\sqrt[3]{}$ "，一边讲解）

师："大家鼓掌表示鼓励."

（全班鼓掌）

师："第三位数学又冒出来了（老师微笑着说），'立方根'就是这样用' $\sqrt[3]{}$ '来表示的."

（全班同学和在场的听课老师都发出赞赏的笑声）

师："那为什么'平方根'的符号' $\sqrt{}$ '我们看不到表示'平方'的'2'呢？猜想一下，什么原因？"

生："……"

师："因为平方根的符号' $\sqrt[2]{}$ '中的'2'被省略了．当然，你也可以带上'2'来写平方根的符号."

（老师一边板书，一边讲解．板书如图 49 所示）

图 49

师："这个' $\sqrt[3]{8}$ '的结果等于多少？"

生（齐声）："2."

师："对，因为 2 的立方等于 8."

（老师指着刚才的板书" $2^3 = 8$ "，并在" $\sqrt[3]{8}$ "的右边板书等号"＝"和"2"．板书如图 50 所示）

$$\sqrt[3]{8} = 2$$

图 50

【评析】在学生手上没有教材的情况下，我们可以设置体验"数学家式的思考方式"的情境. 在本课中, 有多处概念的引出、运算的开展, 都可以让学生进行深入的思考. 把立方根作为拓展材料, 有一定的挑战性, 但是, 这样更能激发学生的创新思想.

师: "好了, 这节课就学习到这里. 大家想一下, 这堂课学到了什么?"

生: "平方根, 算术平方根, 还有根号, 立方根……"

师: "对了, 我们是学了这些知识, 但是我们在学习知识的过程中, 学到了哪些知识之外的东西? 哪位同学来总结一下, 或者这节课有什么感受也可以说一说."

生: "……"

师: "这堂课, 我认为一个最基本的的感受就是, 一个知识怎样来的, 有它的原因, 如果我们搞清楚了的话, 还需不需要记忆啊? 是不是就不需要了. 学数学不一定要记忆, 我们懂得它的来龙去脉之后, 数学是不是很简单了?"

生 (众): "是."

师: "好, 这节课就讲到这里, 同学们再见! 下课!"

生 (鞠躬、齐声道别): 谢谢老师! 老师再见!

【评析】这个小结, 既总结知识方面的收获, 又总结学习方法上的收获, 目的是让学生思考、领悟和总结数学的学习方法, 并把这种方法用于今后的学习.

★重点、难点与教学目标★

【重点】
(1) 了解平方根、算术平方根的概念.
(2) 理解并进行一些较小的完全平方数的开方运算.
(3) 理解平方根、算术平方根的"根"就是二次方程 $x^2 = a$ 的"根".

【难点】
开方运算.

【教学目标】
(1) 会用根号表示一个数的算术平方根.
(2) 会进行一些较小的完全平方数的开方运算.

★教师磨课、上课感言★

一、背景资料

(一) 为什么会在龙南县上这节课

2016 年秋, 赣州市教育局组织了全市中小学优秀教师义务讲师团送教活动．在这次活动中，应宁都县教研室和龙南县教研室之邀，我送教到宁都县和龙南县．

这次送教内容包括上课、做讲座，其中，上课的内容是人教版《数学·七年级（下册）》第六章中的"6.1 平方根"一课．

在宁都县，上课时间是 2016 年 10 月 30 日，上课地点是宁都二中的报告厅．那里没有现成的录像系统，我是用自己携带的照相机为自己的课堂进行录像的，非常感谢宁都县黄秋燕老师用手拿着照相机录了一个多小时．

在龙南县，上课时间是 2016 年 12 月 17 日，上课地点是龙南县龙翔学校的录播教室．那里有现成的录像系统，龙翔学校的工作人员对我的课进行了全程录像，还把它拷在一张光盘上送给我，非常感激！

相比之下，我在龙南上课的录像效果更好，画面更平稳，所以把它作为研究的主要材料．

来上课的学生是龙南县龙翔学校七（2）班的学生，当时他们还在上七年级上学期的课，手上没有七年级下学期的数学教材．课前我也没有要求他们准备七年级（下）的数学教材．我发给他们的资料就是本课例文首中的"前置研究"．其标题是：在"$3^2=9$"中，"3"与"9"是什么关系．上面并没有出现"平方根"和"算术平方根"．并且我要求老师提前两天印发给上课学生，让学生独立、认真地完成，并叮嘱老师千万不能提示．从学生的完成情况来看，课前没有一个学生准确回答了"'3'是'9'的_____"这个问题．这说明课前老师没有提示学生，学生也没有有目的地预习或研究相关的教学内容．

这节课上了一个小时左右，课堂气氛很轻松，学生也很投入、很放松．我充分让学生独立思考，大胆表达，与学生进行了深入的对话，课堂效果很好．

（二）为什么我要对"平方根"和"算术平方根"的教学进行如此深入的研究？

很久以前，我就是这样理解"平方根"的——"平方根"的"根"，就是"方程"的"根"中的那个"根"，是二次方程 $x^2=a$ 的根．

2016 年 3 月 14 日，会昌县的初中数学课改中心组在会昌四中举行教研活动，有一位课改中心组成员按照人教版教材《数学·七年级（下册）》上了第六章中的"6.1 平方根"这节课，教学内容是第一课时的"算术平方根"．

课后，大家坐在一起评课、研讨，当时就有好几位老师说出了平方根和算术平方根教学中的难处：

（1）新授时，平方根和算术平方根这部分内容，很不好上，在概念上打转，自己都会转晕；老师上过几次课后，还感觉不会上、上不好；多次讲这块内容时，还感觉很陌生，甚至越上越模糊，总觉得自己理解不透、讲不深刻；对于如何让学生领悟、理解开方这种运算，没招，找不到突破口，不知道如何设置台阶才能让学生拾级而上.

（2）如果不先讲授"平方根"，学生很难理解"算术平方根".

（3）很多学生在初一下学期学习了算术平方根和平方根后，初二就忘了，更分不清算术平方根和平方根的联系和区别. 等到初三中考复习时，学生对平方根和算术平方根的定义全忘记了，没有一点印象. 这是中考复习的一个盲点.

听了老师们的这些反映，我就决定按照我自己对教材的理解来上这节课，让大家看看.

二、"平方根"和"算术平方根"，为什么难教

首先，"平方根"和"算术平方根"难教的原因在于"乘方"和"开方"运算在百姓生活中应用很少，不像加、减、乘、除、和、差、积、商、分数、百分数等运算和概念，与生活联系紧密.

其次，教材画"龙"未点"睛". 定义"平方根"和"算术平方根"的点睛之笔应当是"二次"和"方程".

最后，大部分老师只是照搬教材的例题，向学生介绍求平方根和算术平方根的"算法"，让学生依葫芦画瓢，没有把"算理"讲明白. 求平方根和算术平方根的"算理"应当是——平方根和算术平方根的"根"，就是方程 $x^2 = a$ 的"根". 遗憾的是教材就是没有强调这一点.

三、各版本的教材在处理平方根、算术平方根的教学时有什么不同

人教版教材是在七年级下册第六章"实数"的第一节介绍平方根和算术平方根的，先介绍算术平方根，后介绍平方根.（"二次根式"和"勾股定理"分别安排在八年级下册的第十六章和第十七章）

北师大版教材是在八年级上册安排学习平方根和算术平方根的. 八年级上册第一章是"勾股定理"，第二章才是"实数"."实数"的第一节是认识无理数，第二节才学习算术平方根和平方根（先介绍算术平方根，后介绍平方根）. 在此之前，在七年级上册的"一元一次方程"中，在教材的页脚中介绍过"一元方程的解也叫根".

苏教版也是在八年级上册安排学习平方根和算术平方根的. 八年级上册第三章是"勾股定理"，第四章是"实数". 在"实数"这一章的第一节中先学习平方根，再学习算术平方根.

沪科版是在七年级下册第十二章"实数"中安排学习平方根和算术平方根的，第一节介绍无理数和实数，第二节先介绍平方根，后介绍正平方根（又叫算术平方根）.

由此可以看出，在安排平方根、算术平方根的教学时，国内主要的几种教材有各自不同的观点，没有统一的意见．

四、我在本节课的教学中有哪些突破与创新

在这节课中，我们到处可以看到新理念在课堂中出现．

（一）科学地处理了三个"顺序"的关系——教材内容的呈现顺序、知识之间的逻辑顺序、学生认知发展的心理顺序

人教版《数学·七年级（下册）》第六章"6.1 平方根"，分3课时，第1课时介绍"算术平方根"，第3课时才介绍"平方根（二次方根）"，第2课时是探究 $\sqrt{2}$ 的大小和如何使用计算器计算算术平方根．

对于一个有"算术"和"平方"两重修饰的"算术平方根"概念，它的核心词是"根"．如果没有帮学生把它的核心词"根"理解透，那怎么能理解完整的"算术平方根"概念呢？

人教版教材是什么时候介绍"根"和"二次方程"的呢？是在九年级（上）的"21.1 一元二次方程"中．

所以，照本宣科地讲授"平方根"和"算术平方根"概念，学生是难以完全理解它们的本质的．

当然，教材的编写有其特有的原则和体系，不可能在七年级就穿插九年级的"一元二次方程"．

人教版教材是这样引入算术平方根概念的：要裁一个面积为 25 dm^2 的正方形画布，它的边长取多少．这个情境对理解开方与乘方是互逆运算是很好的．但是，为了解决这个问题，教材没有直白地应用方程思想，像解传统应用题一样，设边长为 x、列方程得 $x^2 = 25$．如果这样的话，它就捅破了包裹在算术平方根定义上的那一层纸．（还是这个理由——教材的编写有其特有的原则和体系，不可能在七年级就穿插九年级的"一元二次方程"．）

当然，人教版相应的教师用书也有点遗憾，没有讨论或直接告诉老师应该怎样捅破包裹在算术平方根定义上的那一层纸．

这就要求我们教师，在课堂上要充分掌握知识之间的逻辑顺序，介绍"根"的含义，并进行其他相关材料的补充，以遵循学生的认知发展的心理顺序，让学生了解其中的"道理"，不能让学生觉得这些概念只是生硬的"规定"．

另外，对"算术"一词也要做出必要的解释．现在的小学数学课本不再叫"算术"了，"算术"一词离我们的生活和教学更远了．

众所周知的"算术"应当是研究自然数或正整数的数学理论，也可以说是研究自然数或正整数、正分数的加减乘除四则运算的一门学科．在本课中的

"算术平方根","算术"之意应当是取其"非负值"之意.

但是,现在七年级学生对"算术"一词都有各自的理解——我对10所学校的600多名七年级(上)的学生做过书面调查统计,几乎全部学生在小学都见过"算术"一词. 他们认为"算术"一词的意思主要有:"口算""计算""计算方法""计算题""数的式子""加减乘除运算"等. 没有一个学生会往"正""非负"方面去理解.

所以,对"算术"一词进行解释,让学生深谙其"非负值"之意是很有必要的.

为此,在本节课中,我对教学内容进行了整合,同时,在课前的问好中做了必要的铺垫(从宁都二中收回来的课后感中,我发现有学生理解了老师问三声好的用意),并在讲授过程中揭示了概念的本质. 教学设计的用意如图51所示.

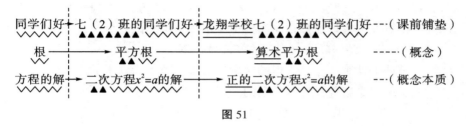

图 51

(二)先学内容的分割、隐藏,科学合理

在先学材料"前置研究"中,我们没有提及平方根和算术平方根,只是从理解互逆运算的角度尝试让学生说出"3"与"9"的关系,并且是从加、减、乘、除等学生相当熟悉的运算入手的. 这样做,学生根本感觉不到学习新知识的压力和用意.

苏霍姆林斯基《给教师的建议》中的"最后一条建议——保密……"中说道:把自己的教育意图隐蔽起来,是教育艺术中十分重要的因素之一. 虽然其本意是用来教育人的,但是,把它用于数学的知识教学,同样也能起到"润物细无声"的效果.

另外,在探究"什么的平方等于2"时,我们也没有过分纠结准确、严谨的表述,没有及时介绍"无限不循环小数"等内容.

(三)找准了教学的起点——乘方

不管出于什么目的学习"平方根""算术平方根"和"立方根",其根本目标是理解"乘方"与"开方"的互逆运算,所以,我们必须以"乘方"作为教学的起点知识.

"乘方"运算,特别是平方运算,就像一粒种子——长出了二次根式、平方根、算术平方根这棵大树，最适合拿来种在学生心田的那一粒，就是"$3^2 = 9$".

我在让学生造句"__ 的算术平方根是____"之前，做了三重"乘方"的铺垫：

一是让学口算"__ 的平方是____".

二是让学生口算"__ 是 __ 的平方".

三是让学生造句"__ 是 __ 的算术平方根".

最后才让学生造句"__ 的算术平方根是 __".

我做这些铺垫的目的是让学生充分熟悉乘方运算和乘方结果，并理解"算术平方根"是"平方""倒过来"的运算和结果.

（四）抓住了根本，使得学生对新知识的理解更牢固

这节课的根本是：搞清楚"平方根""算术平方根"中的"根"的含义是方程的"解". 理解了这一点，学生就能把"平方根""算术平方根"这些新知识镶嵌在方程这棵知识的大树中，永久不会忘记.

（五）找准了课眼，起到了画龙点睛之效

这节课的课眼是：平方根的"根"就是二次方程 $x^2 = a$ 的"根".

教材的定义就像没有画眼睛的"龙"——

"一般地，如果一个正数 x 的平方等于 a，即 $x^2 = a$，那么这个正数 x 叫作 a 的算术平方根. 规定 0 的算术平方根是 0."

"一般地，如果一个数的平方等于 a，那么这个数叫作 a 的平方根或二次方根. 这就是说，如果 $x^2 = a$，那么 x 叫作 a 的平方根."

我在处理这两个概念时，做了整合，把这两个有"母子"关系的概念一并给出——（二次）方程 $x^2 = a$ 的根 $\pm\sqrt{a}$，称为 a 的平方根，其中的非负根 $\sqrt{a}$ 称为算术平方根（没有单独"规定"0 的算术平方根，以减轻学生对概念及相关性质的"记忆"负担）. 并且我分两行板书，如图 52 所示.

$$\text{方程 } x^2 = a \text{ 的根} \pm\sqrt{a}\text{，称为 } a \text{ 的平方根，}$$
$$\text{其中，非负根 } \sqrt{a}\text{，称为 } a \text{ 的算术平方根.}$$

图 52

在讲解过程中，为了让学生对知识本质的理解更通透，我还结合板书，对"平方"和"根"两个词进行点对点的标注，在学生的心中画了一幅"图"，如图 53 所示.

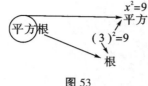

图 53

（六）巧设困境，营造愤悱的学习状态

孔子说："不愤不启，不悱不发.""愤"是指心里想求通而又未通的心理状态，"悱"是指想说又不知道怎么说的状态.实践证明，当学生进入"愤悱"状态时，学习动机明显增强，学习热情明显高涨.

在本节课中，我的启发、讲解，都是让学生处于愤悱的学习状态下进行的.为了营造愤悱的学习状态，我设置了五处认知冲突：

（1）巧设 3 与 9 关系的叫法之困，引出"平方根"概念.

（2）巧借 9 有两个平方根之困，引出"算术平方根"概念.

（3）巧设 2 的算术平方根的表示之困，引出根号"$\sqrt{}$".

（4）巧借 $\sqrt{9}$ 与 3 的"同数异形"之困，引出开方运算.

（5）巧练表示 8 的立方根之困，突显"课眼"之功.

（七）给足时间和空间——教法上细研慢磨，学法上细嚼慢咽

这节课，学生的学习是真实有效的，表现在三个方面：思考独立、表达自由、互动深入.

在老师的引导下，每一个环节、每一个新知识的引出，学生都处于主动的认知状态.老师细研慢磨地教，巧妙地引导学生进入质疑与思辨状态，让学生细嚼慢咽地学习新知识，没有一点被动灌输、填鸭的现象.

这样的课堂是有营养的课堂.

（八）环环相扣，过渡自然

我对这节课进行了精细的设计，以知识的发生、发展为主线，环环相扣，过渡巧妙、自然，新知识的引入水到渠成.

（九）板书科学化

在本节课的教学过程中，我在传统的黑板上，采用了捆绑式板书、添注式板书、注释式板书、穿插式板书等科学有效的板书方式，充分体现了知识之间的联系、关系，有效地促进了学生的理解.

但是，在这节课的打磨过程中，第一次试教的教室是一个以白板为主体板书的班级，不能体现我精细的板书设计，字与字的间距、行与行的间距很大，不便进行穿插板书、添注板书，让人觉得顾此失彼，丢三落四，那节课的板书让我觉得很不满意（见图 54）.

图 54

由此可见，传统的黑板和彩色粉笔，仍然是数学教学的"宝".

（十）微课应用于教学之中

本节课，利用微课介绍了根号的历史和写法，短短的 2 分 25 秒钟，把根号 1 000 多年的演变过程介绍得淋漓尽致，直观形象地示范了根号的写法. 这节微课，不但有效，而且高效. 如果用传统的方式介绍这些历史知识，不仅费时、费力，而且效果肯定也要大打折扣.

这说明，信息技术与学科教学的融合，有神奇的效果.

（十一）生本

课前，我印发了"前置研究". 课中，我总是以学生为主体，能让学生做的事都让学生去做，为了学生的发展，老师总是在"往后退"，充分体现老师的生本理念.

例如，学生说 2 的算术平方根是"根 2"时，老师不写，故意示弱与装傻，让学生到黑板上来写. 在书写" $\frac{4}{9}$ 的算术平方根"时，老师故意出错，写成 $\sqrt{\frac{4}{9}}$ ，让学生充分理解被开方数是分数时，要注意根式的书写.

（十二）经历过程，让学生体验数学家式的思考

在这节课中，学生像数学家一样，经历了很多思考的过程，体验了知识的发生、发展过程. 例如：

（1）经历了"无限不循环小数"的探究过程.

（2）经历了平方根、算术平方根命名的过程——这是一个概念创造和创新的过程.

（3）认识了统一根号使用的过程.

（4）经历了开方化简的运算过程.

（5）经历了立方根符号约定的过程.

（十三）启发有效，课堂出彩

在老师的有效启发下，本节课有四个特别精彩的时刻：

第一是从学生口中首次说出"平方根"概念.

第二是赖锦东同学说"2 的算术平方根是'根 2'".

第三是有一位学生说"用'符号'表示 2 的算术平方根".

第四是对立方根符号的思辨——立方根符号" $\sqrt[3]{}$ "中表示"立方"的"3"放在哪里. 当时，全场听课的老师都为课堂的精彩乐得哈哈大笑，有的甚至笑得前仰后翻！视频截图如图 55、图 56 所示.

图 55

图 56

★学生课后感★

龙南县龙翔学校七（2）班学生课后感——

廖宇淮、叶焙安、蔡怀君等："我们受益匪浅，感谢刘鑫老师的细心教导. 刘鑫老师上的课给我们的感觉是：很轻松，不会让人紧张；刘老师上课很幽默；很自主，让我们有很大的思考空间；十分有趣，让我们在不知不觉中就学会了许多知识. 我们的收获还有：一是我学到了从不同角度思考问题；二是我们知道了数学其实也可以很简单."

廖黎莎："刘鑫老师上课很生动，丝毫没有那种从课本里直接把知识搬出来的沉闷的感觉."

张靖婵："上完这堂课后，仿佛课堂上的知识都被我吸收了……以前我觉得学习数学似乎是一项十分艰巨的任务，可是，我现在知道了，学习也能这么轻松."

赖萌、王洋彬等："我们觉得刘鑫老师上课十分生动、有趣. 刘老师有点儿幽默，讲的知识对我们以后的学习也很有用."

张益仁："听了刘鑫老师的课后，我觉得刘鑫老师很幽默，知识很渊博. 我还感到，只要一个人心里想学习，而且他会努力地学习，就一定可以考好."

曾颖慧："刚开始大家都很紧张，但是刘鑫老师和我们做了一个游戏后，同学们就渐渐放松下来了. 讲到平方根时，刘老师提出了一个问题——怎么叫它呢？大家都苦思冥想，后来有一个思维活跃的同学提出'根2'，刘老师赞扬了他一番，称他是未来的数学家……在这节课上，我明白了任何事情都需要一个过程. 我希望刘老师多来我们学校讲课！"

廖谨蕾、叶桑桑等："刘鑫老师上的课很有趣. 为了让我们上课时不紧张，刘老师还和我们做了一个游戏. 游戏做完后，我们都热血沸腾. 在那堂课里，我们学到了很多宝贵的知识，这让我们很开心. 刘老师上课生动有趣，并不像其他老师上课那样呆板、无趣."

李芷欣："这节课令我感触非常深. 有几个同学回答问题答得好，刘老师就夸他们是未来的数学家. 我喜欢这样的老师. 这节课让我学到了很多知识."

黄馨瑶："这节课，让我深切地体会到'数学真是思维的体操、智慧的火花'，让我受益匪浅."

王思颖："刘鑫老师用幽默的教学方法让我们在课堂上很放松. 这节课让我受益匪浅！"

黄慧欣："在上课之前，我们还做了一些有趣的小游戏. 这堂课告诉了我该如何学习数学，并且在学习数学时，我们应该多发表自己的见解，应该积极发问，有坚持不懈的精神."

李洋："刘鑫老师和蔼可亲，还说我们班里有未来的数学家，哈哈.感谢刘鑫老师来给我们上课."

赖小兵："这节课的内容是算术平方根，虽说有点难，但是听懂了就会发现它其实很简单，顿时又让我对数学产生了极大的兴趣."

赖伟胜："听了这一节课，我获益良多.这些知识为我以后的学习奠定了基础，令我受益终生."

赖锦东："刘老师教了我们很多未知的东西，我很感激，希望您教的学生都像您说的一样——都是未来的科（数）学家！"

徐崧峰："刘鑫老师，您好！您知道吗，其实我非常喜欢听您的课.自从听了您上的课，我久久不能忘记.我希望您再来上一次课，谢谢！"

★视频观看、下载网址★

教学视频下载网址：https://pan.baidu.com/s/1_OlSDbzAgfa8L5ISUHcciA.

教学视频观看网址：

http://v.youku.com/v_show/id_XMzQOMDA5NjM3Ng==.html？spm=a2h0k.8191407.0.0&from=s1.8-1-1.2；也可通过百度或在优酷网输入"平方根，算术平方根（龙南）"搜索得到.

图57　刘鑫老师与学生轻松愉快地互动

2017 年 3 月 8 日·会昌县会昌二中

（按正常教学进度进行的同步新授）

★前置研究★

前置研究内容如表 3 所示.

表 3

在 "$3^2=9$" 中，"3" 与 "9" 是什么关系

1. 回想旧知识，回答下列问题：

（1）在 "$2+3=5$" 中，2，3 与 5 是什么关系？

（2）在 "$4-1=3$" 中，4，1 与 3 是什么关系？

（3）在 "$2\times3=6$" 中，2，3 与 6 是什么关系？

（4）在 "$6\div2=3$" 中，6，2 与 3 是什么关系？

（5）"$x=1$" 与方程 "$3x-1=2$" 是什么关系？

2. 联想旧知识，探讨新知识，试回答下列问题：

（1）在 "$3^2=9$" 中，你认为 "3" 与 "9" 是什么关系？请把你认为最恰当的叫法写出来，并说明理由.

"9" 是 "3" 的 _____ ；

理由：

"3" 是 "9" 的 _____ .

理由：

（2）再举五个例子，套用上述名称，熟悉上述关系.

★课堂实录★

环节一、课前板书

课前，老师利用课间时间把 "前置研究" 中的后几道题抄在黑板上. 板书内容如图 57 所示.

① $x=1$ 是方程 $3x-1=2$ 的 _____.

② 在 $3^2=9$ 中，

　　9 是 3 的 _____ ；

　　3 是 9 的 _____ .

图 57

环节二、课前老师与学生互动

师："同学们，今天我又再次来到七（7）班. 上次上了一节课之后，七（7）班给我留下的印象很深刻. 我看到七（7）班的同学就非常开心. 上了一节课之后，我感觉到大家字写得漂亮，女生长得漂亮，男生长得帅气. 今天我再次来跟大家交流怎么样学数学. 请大家拿出'前置研究'."

环节三、由"3"与"9"的关系，引出"平方根"和"算术平方根"概念及其初步定义

师："上课!"

生："老师好!"

师："我要向同学们问三声好，表示对同学们的感激之情.

"第一声好：同学们好!

"第二声好：七（7）班的同学们好!

"第三声好：会昌二中七（7）班的同学们好!

"请坐!"

生："谢谢老师!"

【评析】问这三声好的用意是体现"同学们好"前面加了两重修饰：一是"七（7）班"，二是"会昌二中"，以此作为铺垫，因为"算术平方根"的"根"字之前也有两重修饰：一是"算术"，二是"平方".

师："我们看到'前置研究'，前面部分是有关加减乘除四则运算的问题，我们就不去探究了."

（老师在多媒体屏幕上显示"前置研究"的内容，如表3所示）

师："我们来看后面几道题，有没有做?"

（老师一边指着黑板上"前置研究"的三个问题，一边问. 黑板上的三道题如图57所示）

生："做了!"

师："请第一、三、五排的同学转过去，分别与第二、四、六排的同学组成一个小组，第七排的同学就三个人组成一个组，然后各小组讨论这三个空怎么填，看哪个同学说的更有道理."

（学生热烈讨论中）

师："讨论好了吗?"

生："好了!"

师："请大家坐正. 哪个小组先派一个代表说一下第一个空怎么填."

生："$x=1$ 是这个方程的'解'."

（老师同时把"解"字填入横线上，板书如图 58 所示）

① $x=1$ 是方程 $3x-1=2$ 的　解　.

图 58

师："请坐！有没有其他的……"

生："根."

（老师同时把"根"字也填在横线上，板书如图 59 所示）

① $x=1$ 是方程 $3x-1=2$ 的　解（根）　.

图 59

师："听过这个叫法吗？"

生："没有."

师："你跟大家解释一下，你怎么知道这个叫法的？你是从哪里学来的？"

生："在书上，在寒假作业上，我发现有说'方程的解'，又有说'方程的根'，所以我学到了这个知识."

师："请坐，请坐！有心人，掌声！"

（老师带头鼓掌，表示对刚才回答问题的同学的肯定）

（全班同学热烈鼓掌）

师："这位同学，过目不忘，能抓住知识的要点. 我们上个学期和小学都说'一个未知数的值能够使方程两边相等，那么这个未知数的值就叫作方程的解'，到九年级（上），又有介绍……"

（老师一边翻开人教版九年级（上册）数学课本，一边说）

师："一个未知数的值能够使一元方程两边相等，那么这个未知数的值就叫作方程的根."

（老师把人教版九年级（上册）数学课本第 3 页和人教版七年级（上册）数学课本第 80 页的截图投影在屏幕上，如图 60 所示）

解方程就是求出使方程中等号左右两边相等的未知数的值，这个值就是方程的解（solution）.

（七年级课本截图）

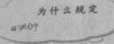
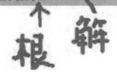

思考

方程①②③有什么共同点？

可以发现，这些方程的两边都是整式，方程中只含有一个未知数，未知数的最高次数是 2. 同样地，方程 $4x^2=9$，$x^2+3x=0$，$3y^2-5y=7-y$ 等也是这样的方程. 像这样，等号两边都是整式，只含有一个未知数（一元），并且未知数的最高次数是 2（二次）的方程，叫做一元二次方程（quadratic equation in one unknown）.

一元二次方程的一般形式是

$$ax^2+bx+c=0(a\neq0).$$

其中 ax^2 是二次项，a 是二次项系数；bx 是一次项，b 是一次项系数；c 是常数项.

使方程左右两边相等的未知数的值就是这个一元二次方程的解. 一元二次方程的解也叫做一元二次方程的根（root）.

为什么规定 $a\neq0$?

（九年级课本截图）

图 60

师："那方程的解什么时候才被称为'根'呢?"

师："对于一元的方程，一个未知数的方程，不管是二次，三次，四次，……，n 次，它的'解'都叫作'根'，理解了吧?"

（老师一边讲，一边板书"根：一元方程的解". 板书如图 61 所示）

根：一元方程的解.

图 61

师："我们要向这位同学学习，叫什么名字?"

（老师目光转向刚才回答问题的那位女同学）

生："刘燕."

师："好，谢谢! 继续努力!"

师："这个空怎么填? 哪个小组来?"

（老师指着第二个空，内容如图 62 所示）

② 在 $3^2=9$ 中，

9 是 3 的 _____.

图 62

生："9 是 3 的'二次幂'."

师："二次幂，同意吗?"

（老师一边复述，一边把"二次幂"填在横线上）

生："同意."

师："有没有不一样的叫法?"

生："被开方数."

（老师一边复述，一边把"被开方数"填在横线上，没有停下来分辨它的对错）

师："还有没有?"

生："9 是 3 的'算术平方根'."

（老师一边复述，一边把"算术平方根"填在横线上，也没有停下来分辨它的对错. 这段时间的板书如图 63 所示）

② 在 $3^2=9$ 中，

9 是 3 的 <u>二次幂、被开方数、算术平方根</u> .

图 63

师："还有其他的说法吗?"

生："……"

师："好，我们一起来看一下，同意'二次幂'这种说法的同学举一下手."

（全班同学举手）

师："这是属于上学期的内容. 上学期我们还学过 $a^n=N$，a 叫作……（学生异口同声地回答'底数'），n 叫作……（学生异口同声地回答'指数'），N 叫作……（学生异口同声地回答'幂'），也可以叫……（学生异口同声地回答'乘方'），也可以叫作'二次方'，也可以叫作'平方'，赞同吧?"

（老师一边讲，一边板书、板画 $a^n=N$ 和相关概念. 板书如图 64 所示）

② 在 $3^2=9$ 中，　二次方　平方

9 是 3 的 <u>二次幂、被开方数、算术平方根</u>;

图 64

生："赞同."

师："'被开方数'（老师一边指着第二个空，一边说），哪个同学讲的？"

生："欧××."

师："我们把这两个问题放在一起来讨论，那这个叫什么，知道不知道？"

（老师一边指着黑板上写的第三个问题"3 是 9 的_____"，一边问）

生："算术平方根."

师："算术平方根."

（老师一边复述，一边把"算术平方根"填在横线上. 板书如图 65 所示）

3 是 9 的_____算术平方根_____.

图 65

师："有没有其他的了？"

生："……"

师："同意这里填'被开方数'的举一下手（老师一边指着第二个空中的'被开方数'四个字，一边问），同意填'算术平方根'的举一下手."

（很多学生举手）

师："请你站起来大声解释一下，为什么说是'被开方数'，你哪里知道的？怎么知道的？"

（老师示意刚才回答"算术平方根"的那个女同学，一边问）

生（拿着书在念）："一般地，如果一个正数 x 满足 $x^2 = a$，那么这个正数 x 叫作 a 的算术平方根."

师："这是预习来的，是不是？$x^2 = a$，这里 x 叫作 a 的算术平方根. 好，请坐！"

（老师一边复述学生的回答，一边写. 板书如图 66 所示）

$$x^2 = a$$
$$x \text{ 叫 } a \text{ 的……}$$

图 66

师："这也叫算术平方根？"

（老师一边指着第二个空中所填的"算术平方根"，一边问）

生："不是，她搞反了."

师："我们等一下再来判断这里填'被开方数''算术平方根'是对还是错."

（老师没有在此停下来解释下一环节要讲的内容. 老师一边讲，一边在第二个空所填的"被开方数""算术平方根"上面分别加上两个问号"？"，表

示其正确性有疑问. 板书如图 67 所示)

①$x=1$是方程$3x-1=2$的 解（根）.

②在$3^2=9$中，
9是3的二次幂、被开方数、算术平方根;
3是9的_____算术平方根_____.

图 67

【评析】对学生这类照搬照抄的回答，老师不是马上判断其对错，而是先"保留意见"，稍后在恰当的时候，让学生自己去判断. 这样做，一是尊重学生，二是不会打乱教学设计，三是为其他优秀的学生创造一个思考的空间.

师："同意这个的有……"

（老师一边指着第三个空中的"算术平方根"五个字，一边示意同学们举手）

（很多同学举手）

师："比较多的同学.'算术平方根''会昌二中七（7）班的同学们好'（老师一边有序指着第三个空中所填的'算术''平方''根'三个词，一边相应地讲'会昌二中''七（7）班的''同学们好'）. 这里，核心是'根'，有几重修饰?"

（老师在"根"的下面画了一个三角形符号，表示强调. 板画如图 68 所示）

3是9的_____算术平方根_____.

图 68

生："……"

师："'平方'是一重吧?'算术'又是一重."

（老师一边在第三个问题的横线上的"平方"和"算术"的下面画波浪线，一边讲. 板画如图 69 所示）

3是9的_____算术平方根_____.

图 69

师："'根''平方根''算术平方根'."

（老师一边在第三个空中所填的"算术平方根"下面画三条长短不同的横线："根"下面一条横线，"平方根"下面又一条横线，"算术平方根"下面再画一条横线. 分别强调这三个重叠在一起的词. 板画如图 70 所示）

3是9的_____算术平方根_____.

图 70

（学生纷纷点头）

师："这个'根'字理解吧？'根'不是某个方程的解吗？"

（老师一边反复指着第三个空和第一个空上所填的"根"字，一边问）

师："它联系了哪个方程？哪位同学想到了？$3^2 = 9$ 这个式子与哪个方程有联系？"

（老师指着式子"$3^2 = 9$"，并画了一个圈，把它圈起来，以示强调）

（学生沉默）

师："哪个数的平方等于9？"

（同时，老师先后板书"$(\quad)^2 = 9$"和"$x^2 = 9$". 板书如图71所示）

$$x^2 = 9$$
$$(\quad)^2 = 9$$

图 71

生（齐声）："3."

（老师一边复述，同时一边再次在 $x^2 = 9$ 和 $(\quad)^2 = 9$ 右侧板书"$3^2 = 9$"）

师："从这里可以看出'2'表示'平方'，这个就是根吧？！（老师同时指着图71中的括号说）在这里是未知数（老师指着图71中的'x'），但是放在这里就是'根'吧？！"

（老师同时在图71中的 x 旁边和括号内都写上"根"字. 板书、板画如图72所示）

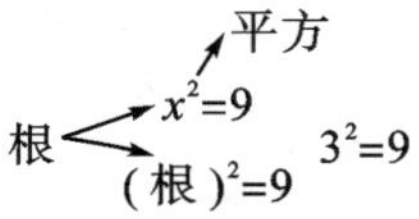

图 72

师："所以称它为'平方根'，找到理由了吧？"

生："嗯."

师："哪个数的平方等于9？叫你填空的话，怎么填？"

（老师在上述板书的下面再次板书 $(\quad)^2 = 9$，如图73所示）

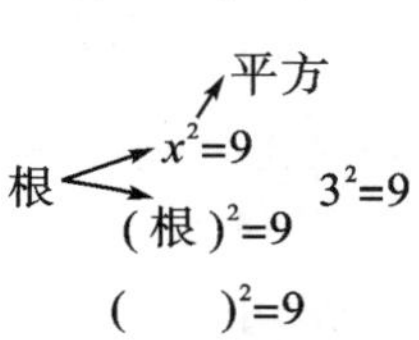

图 73

生（大部分）："3."

师："同意的举一下手."

（绝大总分同学都举手）

师："不同意的举一下手."

（只有一个同学举手）

师："你说！"

生："还有-3."

（老师一边讲，一边板书，先后板书了（　）^{2}＝9和（±3）^{2}＝9. 板书过程如图74所示）

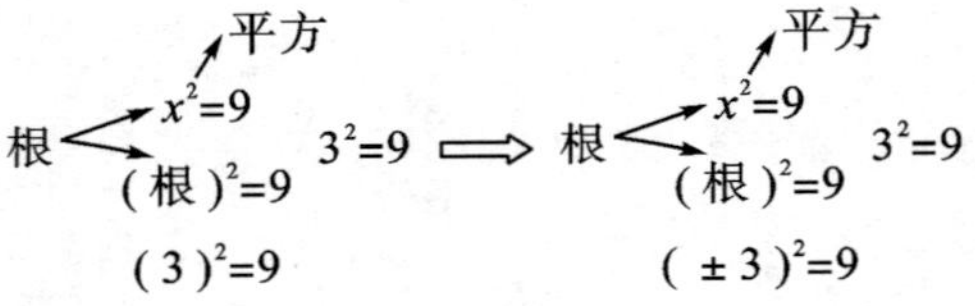

图 74

师："掌声."

（全班同学鼓掌）.

师："-3的平方也会等于9，意思是说x^2＝9这个方程有几个根？"

（老师同时指着方程x^2＝9，同时在（3）^{2}＝9下面，板书（-3）^{2}＝9，如图75所示）

$$(3)^2 = 9$$
$$(-3)^2 = 9$$

图 75

生："两个."

师："一个是正根，一个是负根. 一个根是x＝3，一个根是x＝-3. +3是9的算术平方根，那么-3呢？"

（老师一边讲，一边板书"-3是9的_____"，如图76所示）

-3是9的_____.

图 76

生："……"

师："'算术'两个字在哪里见过？在哪里听过？哪里学的？印象最深的是？你最早在哪里见过？"

生："数学书上，小学开始学的."

师："小学几年级？"

生："小学一年级."

师："有同感的举一下手."

(同学们纷纷举手)

师："回答得很好,一样要有掌声."

(全班同学鼓掌)

师："这个认识吗?"

(老师通过投影播放如图 77 所示图片)

图 77

生："认识."

师："这三本书为什么被称为算术?知不知道?"

生:"……"

师："最古老的,几千年以前的数学就是研究正有理数和 0 的四则运算,也就是研究自然数、正分数和 0 的学科,所以就叫作算术.理解了吧?"

(同时老师在黑板的正中处板书"算术"两个字,并把关键的"正"和"0"两个字写在后面,其他次要的文字用省略号省略.板书如图 78 所示)

算术:……正数,0……

图 78

师："因为它是正的,所以称为算术平方根."

(同时老师指着"+3 是 9 的<u>算术平方根</u>"中的"+3")

师："大家看这个式子 $0^2 = 0$.我们可不可以说 0 是 0 的平方根?可不可以说 0 是 0 的算术平方根?可以吧?它对应了方程 $x^2 = 0$. "

师："那么这个–3 要不要取个名字呢?"

(同时老师指着"–3 是 9 的_____")

生："要."

师："负数在生活中用得比较少,我们就不再加什么特殊的前缀来叫它了，就称'负的平方根'."

（老师一边与学生对话，一边在"−3 是 9 的 _____ "的空上填上"负的平方根"，完成填空. 板书如图 79 所示）

−3 是 9 的 _____负的平方根_____.

图 79

师："这节课我们就是要讲平方根和算术平方根."

（同时，老师板书"平方根，算术平方根"，如图 80 所示）

平方根，算术平方根

图 80

师："什么叫平方根？什么叫算术平方根？"

师："方程 $x^2 = a$ 的解叫 a 的平方根，其中非负的根叫作 a 的算术平方根."

（老师一边讲，一边板书，有意为下一教学环节预留了板书" $\pm\sqrt{a}$ "的位置，如图 81 所示）

方程 $x^2 = a$ 的根 　　　叫 a 的平方根.

其中，非负根 　　　叫 a 的算术平方根.

图 81

师："现在再来看，说'9 是 3 的算术平方根'对不对？"

生："不对."

师："是的，不对，3 与 9 的位置反了.'被开方数'对不对呢？我们等一下来判断它的对错."

（老师一边指着第二个空的"被开方数"，一边讲课）

【评析】这一环节，老师用丰富的材料让学生明白，理解"根"的含义就要联系方程；理解"平方"的含义就要联系方程的未知数的次数是二次；理解"算术"的本意是研究自然数和非负分数的四则运算的一门学科，现取其"非负值"之意.

环节四、练习求简易的平方根和算术平方根

师："现在我们来做练习，通过一个方程说两句话. 例如，对于 $x^2 = 9$，说：①±3 是 9 的平方根；②其中 3 是 9 的算术平方根."

（老师一边讲，一边板书. 板书如图 82 所示）

$x^2=9$ <
①± 3是9的平方根；
②其中3是9的算术平方根.

图 82

师：“ $x^2 = 4.$ ”

（老师一边讲，一边板书方程 $x^2 = 4$）

生（部分）：“①±2 是 4 的平方根；②其中 2 是 4 的算术平方根.”

师：“再说一遍，$x^2 = 4.$ ”

生（齐声）：“①±2 是 4 的平方根；②其中 2 是 4 的算术平方根.”

师：“ $x^2 = \frac{16}{9}.$ ”

（老师一边讲，一边板书方程 $x^2 = \frac{16}{9}$）

生（齐声）：“①± $\frac{4}{3}$ 是 $\frac{16}{9}$ 的平方根；②其中 $\frac{4}{3}$ 是 $\frac{16}{9}$ 的算术平方根.”

师：“ $x^2 = 0.$ ”

（老师一边讲，一边板书方程 $x^2 = 0$）

生（齐声）：“①0 是 0 的平方根；②其中 0 是 0 的算术平方根.”

师：“要不要正负？”

生（齐声）：“不要了.”

师：“ $x^2 = 0.25.$ ”

（老师一边讲，一边板书方程 $x^2 = 0.25$）

生（齐声）：“①±0.5 是 0.25 的平方根；②其中 0.5 是 0.25 的算术平方根.”

师：“好，这个环节就到这里.”

（这一环节的板书及板书过程如图 83 所示）

$x^2=4$ < ± 2是4的平方根；其中2是4的算术平方根.

$x^2=\frac{16}{9}$ < ……；其中……

$x^2=0$ < ……；……

⟹

$x^2=4$ < ± 2是4的平方根；其中2是4的算术平方根.

$x^2=\frac{16}{9}$ < ……；其中……

$x^2=0.25$ < ± 0.5是0.25的平方根；其中0.5是0.25的算术平方根.

图 83

【评析】 这一环节是让学生消化、巩固平方根和算术平方根的初步定义，熟悉简易的开方运算.

环节五、由 2 的算术平方根引出根号

师："这句话倒过来说，9 的算术平方根是 3，对不对?"

（老师指着黑板上的第 2 个问题 "3 是 9 的算术平方根"，然后板书 "9 的算术平方根是 3"，如图 84 所示）

9 的算术平方根是 3

图 84

生（齐声）："对."

师："我们模仿这一句'什么的算术平方根是什么'来造句，大家造五个句，开始!"

（同时，老师板书 "____的算术平方根是_____". 板书如图 85 所示）

9 的算术平方根是 3.

___的算术平方根是___.

图 85

（全班同学在造句，老师巡视）

师："请……，大声说……"

（老师示意第一排的一个同学回答）

生："4 的算术平方根是 2."

师："对不对?"

生（齐声）："对."

生："36 的算术平方根是 6."

师："对不对?"

生（齐声）："对."

生："25 的算术平方根是 5."

师："对不对?"

生（齐声）："对."

生："16 的算术平方根是 4."

师："对不对?"

生（齐声）："对."

生："49 的算术平方根是 7."

师："对不对?"

生（齐声）："对."

师："有没有与众不同的造句?"

生："没有."

师:"好,我来写一个. 2 的算术平方根是什么? 大家思考一下,带了计算器没有? 可以用计算器."

(同时,老师在"____的算术平方根是_____"左侧空格线上写上数字2. 板书如图 86 所示)

9 的算术平方根是 3.

<u>2</u> 的算术平方根是___.

图 86

生:"1. 414 213 562."

师:"这么快就算出来了. 它要联系哪个方程?"

生:"$x^2 = 2$."

师:"哪个数的平方等于 2?"

(老师同时板书,如图 87 所示)

$$x^2 = 2, (\qquad)^2 = 2$$

图 87

生:" 1. 414 213 562. "

(老师板书 $(1. 414 213 562)^2 = 2$, 板书如图 88 所示)

$$x^2 = 2, (1. 414 213 562)^2 = 2$$

图 88

师:"其他同学带了计算器没有?"

生:"带了."

师:"大家用计算器算一下,1. 414 213 562 的平方是不是等于 2?"

(老师同时在"等式"1. 414 213 $562^2 = 2$ 的等号上,画了一个大问号 "?". 板书如图 89 所示)

$$x^2 = 2, 1.414213562^2 \overset{?}{=} 2$$

图 89

(学生用计算器验算 1. 414 213 $562^2 = 2$ 是否成立)

师: " 1. 414 213 562×1. 414 213 562 的尾数会不会等于 0, 会不会等于 2. 0?"

(老师同时板书如图 90 所示的算式)

$$1.414213562$$
$$\times 1.414213562$$
$$\cdots\cdots 0\ ?$$

$$x^2 = 2,\quad 1.414213562^2 \overset{?}{=} 2.0$$

图 90

生："不会."

师："所以说不相等."

师："有没有同学找到了更准确的数?"

生："分数."

师："你说这个分数应当怎么写?"

生："……"

师："找这个数有没有什么技巧?"

生："……"

师："能不能找得到?"

生："没有."

师："同意'没有'的同学举一下手."

（部分同学举手）

师："那怎么解决这个问题? 这个空怎么填? 是不是把这串数后面带上省略号，把它填上去? 这样讲得清楚了吧?!"

（老师进行板书，在 1.414 213 562 的后面加省略号，并示意把 "1.414 213 562…" 填入 "2 的算术平方根是____" 中的空格中，如图 91 所示）

$$x^2 = 2,\quad (1.414213562\cdots)^2 \overset{?}{=} 2$$

图 91

师："这样就可以填等号了吧? 可不可以这样处理?"

生："不可以."

师："以前碰到过这样的问题吗?"

生："没有."

师："4 个苹果 3 个人分，每人分多少个，一点几个?"

生："$\dfrac{4}{3}$ 个."

师："对，$\dfrac{4}{3}$ 个. 4 个苹果 3 个人分，若用小数，永远也写不完，1.3…这个 3 永远也写不完,若用'$\frac{4}{3}$'来表示就不用担心这个问题了."

师:"这个问题怎么解决?"

(老师指着黑板上的"2 的算术平方根是＿＿＿＿＿＿"问)

生:"……"

师:"我没有说保留多少位小数,填什么数呢?"

生:"……"

师:"怎么处理?分组讨论一下."

(学生热烈讨论)

师:"有没有结果?"

生:"有,根号 2."

师:"你怎么知道是'根号 2'?"

生:"书上说的."

师:"学习能力很强.再次掌声."

(学生热烈鼓掌)

师:"'根号 2',是不是这样写?"

(同时,老师装糊涂,在"2 的算术平方根是＿＿"的空格线下面写上"根号 2".板书如图 92 所示)

<u>2</u> 的算术平方根是＿＿.

根号 2

图 92

生:"用符号."

师:"好,请你到黑板来写."

生:"根号 2 '$\sqrt{2}$'."

(学生在图 92 的空格中填写"$\sqrt{2}$",如图 93 所示)

<u>2</u> 的算术平方根是 $\sqrt{2}$.

根号 2

图 93

师:"写得对不对?"

生(齐声):"对!"

师:"你怎么知道对?"

生:"跟书上的一样."

师:"这个符号读成……"

（老师同时板书根号 " $\sqrt{}$ " ）

生："根号."

师："为什么用这个符号呢？大家看这个视频'根号的历史'."

（老师播放微课"根号的历史"）

微课"根号的历史"内容如下：

表示平方根和算术平方根的符号是怎么来的呢？下面让我来介绍根号的历史.

在古埃及，人们就用像直角一样的符号来表示根号. 7 世纪，印度就用根号的首字母 c 来表示根号；12 世纪，有数学家用表示"根"的拉丁文首字母 l 来表示根号；13 世纪，很多数学家用表示平方根的拉丁文的首字母即大写的 R 来表示根号；到了 15 世纪，有数学家用阿拉伯文表示根号意思的首字母 j 来表示根号；16 世纪初，德国有些数学家用小圆点来表示根号，同时，德国还有数学家用小蝌蚪的形状来表示根号；1525 年，德国数学家路多尔夫在他的著作中用一个勾来表示根号——为什么用一个勾来表示根号呢？人们猜想那是表示平方根的拉丁文的首字母 r 的简写；1637 年，法国数学家笛卡儿在他的《几何学》中，在勾上面画一条横线来表示根号，这条横线相当于括号的意思，横线下面的数或式子是被开方数；1676 年，英国物理学家、数学家牛顿把指数写成 $\frac{1}{2}$ 来表示平方根.

根号怎么写呢？

根号的写法与字母 r 的写法是一样的.

根号的历史就介绍到这里.

（微课视频中关键的内容如图 94 所示）

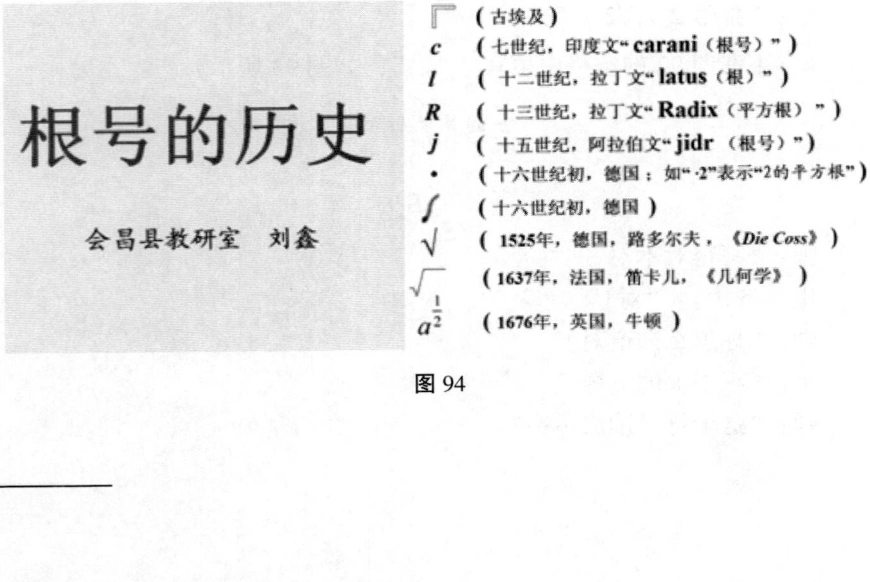

图 94

师："现在搞懂了根号为什么这样写了吧？下面在草稿本上写三遍根号 $\sqrt{}$ ．"

（学生在自己的作业纸上写根号 $\sqrt{}$ ）

师："谁到黑板上写根号 $\sqrt{}$ ？"

（一个学生在黑板上写根号 $\sqrt{}$ ）

师："写得对不对？漂亮不漂亮？"

生："漂亮!"

师："用符号表示比用文字表示有哪些好处呢？"

生："更方便……"

师："对，更方便，便于交流，外国人也看得懂."

【评析】人教版教材给出算术平方根的定义后，马上就给出了记法和读法，看起来是很完整，但是，其合理性和必要性的依据，教材上没有提及．教师用书上提供的文字资料也不全面．所以，我制作微课，用视频的形式加以说明．这个环节充分说明了对于开方开不尽的数就用带着根号的数来表示它的方根．

环节六、由 a 的算术平方根引出平方根和算术平方根的完整定义

师："非负数 a 的算术平方根是什么？"

（老师同时在"9 的算术平方根是 3""2 的算术平方根是 $\sqrt{2}$ "的下方，做简要板书．板书如图 95 所示）

2 的算术平方根是 $\sqrt{2}$ ．

a 的算术平方根是＿＿．

图 95

生：" $\sqrt{a}$."

师："对."

（老师同时把 $\sqrt{a}$ 填入图 95 中的空格中，板书如图 96 所示）

2 的算术平方根是 $\sqrt{2}$ ．

a 的算术平方根是 $\sqrt{a}$ ．

图 96

师：" $x^2 = a$ 这个方程的解是什么？（ ）$^2 = a$ 括号内填什么？"

生：" $\sqrt{a}$."

师："同意的举手."

（很多学生举手）

师："不同意的举手."

（没有学生举手）

师："都同意吧？什么的平方等于9？"

（老师同时板书（ ）$^2 = 9$）

生："3，还有±3."

（老师在（ ）$^2 = 9$中的括号内填上±3）

师："（ $\sqrt{a}$）$^2 = a$ 里面要不要加'±'？"

生（意见不同）："不要，……，要……"

师："对，要！"

（老师同时在式子（ $\sqrt{a}$）$^2 = a$ 中添加"±"，板书变为（ $\pm\sqrt{a}$）$^2 = a$）

师："所以，方程 $x^2 = a$ 的解可能有两个，即 $\pm\sqrt{a}$. 如果 a 是正数的话，方程 $x^2 = a$ 的解 $\pm\sqrt{a}$，叫作 a 的平方根，其中的非负根 $\sqrt{a}$ 叫作 a 的算术平方根."

（这一段时间，老师一边讲，一边板书. 板书如图 97 所示）

方程 $x^2 = a$ 的根 $\pm\sqrt{a}$，叫作 a 的平方根，

其中，非负根 $\sqrt{a}$，叫作 a 的算术平方根.

图 97

师："对于这句'方程 $x^2 = a$ 的解 $\pm\sqrt{a}$，叫作 a 的平方根，其中的非负根 $\sqrt{a}$ 叫作 a 的算术平方根'，你们现在完全理解了吧？"

生（纷纷点头）："嗯."

【评析】本课通过两个环节才给出平方根和算术平方根的完整定义，目的是让学生知其所以然，以取得更好的教学效果.

环节七、由 $\sqrt{9}$ 与 3 是同数异形，引出开方运算

师："按照规则，9 的算术平方根应当写成'$\sqrt{9}$'；刚才不是说'9 的算术平方根是 3'吗，那么 $\sqrt{9}$ 与 3 是什么关系？"

（老师同时在"9 的算术平方根是 3"的尾部的上方写上"$\sqrt{9}$"，板书如图 98 所示）

$\sqrt{9}$

9 的算术平方根是 3.

图 98

生（胆怯地说）："相等."

师："相信的同学举手."

（只有三个同学举手）

师："才三个同学相信？看来真理掌握在少数人的手里. 会不会相等？"

生："会！"

师："会！干脆、利索、大声！根据刚才的规则，会相等！"

（老师一边讲，一边板书. 这一阶段的板书，如图 99 所示）

$$\sqrt{9}$$

9 的算术平方根是 3.

$$\sqrt{9} = 3$$

图 99

师："刚才有同学说 9 是 3 的'被开方数'，对了. 从 $\sqrt{9}$ 到 3 的过程叫作开方，根号下面的'9'叫作'被开方数'，这个'3'就叫'算术平方根'. $\sqrt{9}$ 也表示 9 的算术平方根. $-\sqrt{9}$ 叫作 9 的负的平方根."

（老师一边讲，一边板书. 这一阶段的板书如图 100 所示）

9的算术平方根是3.

开方

=3

被开方数

－ =-3

图 100

师："我们上个学期学了 $3^2 = 9$，这种叫作加法？减法？乘法？"

生："乘方."

师："乘方和开方互……"

生："相反."

师："相反？我们不称它为'相反'，但意思是一样的，叫'互逆'，即方向相反."

（老师一边讲，一边板书. 这一阶段的板书，如图 101 所示）

开方

$$\sqrt{9}=3$$

被开方数

乘方

$$3^2=9$$

图 101

【**评析**】按照人教版教材上算术平方根的定义和例题来讲解开方运算，学生是很难理解凭什么去掉根号的（学生只有学到八年级（下）教材第十六章"二次根式"中的公式 $\sqrt{a^2}=a$（$a \geq 0$）后，才知道如何"开方"）. 怎么让学生深刻理解开方运算？我认为在七年级（下）要让学生理解开方运算的最好方式是利用"同数异形"这种办法.

环节八、练习开平方运算

师："下面我们来编写 '$\sqrt{9}=3$' 这样的等式，每人编写 5 个：$\sqrt{}=$____."

（老师一边讲，一边板书. 板书如图 102 所示）

$$\sqrt{}=\underline{\quad\quad}$$
图 102

（全班同学按要求编写开方运算的等式）

师："请四位同学到黑板来."

（四位同学在黑板按要求编写等式，其他同学则在自己的作业纸上写. 调板板书如图 103 所示）

$$
\begin{array}{l|l|l|ll}
\sqrt{16}=3 & \sqrt{4}\to 2 & \sqrt{0}=0 & & \\
\sqrt{64}=8 & \sqrt{400}\to 20 & \sqrt{4}=2 & & \\
\sqrt{81}=9 & \sqrt{25}\to 5 & \sqrt{36}=6 & \sqrt{6}=2 & \sqrt{12}=6 \\
\sqrt{25}=5 & \sqrt{81}\to 9 & \sqrt{25}=5 & \sqrt{8}=4 & \sqrt{14}=7 \\
\sqrt{4}=2 & \sqrt{0}\to 0 & \sqrt{49}=7 & \sqrt{10}=5 &
\end{array}
$$
图 103

（老师巡视时发现左侧第一位同学想帮左侧第二位同学改正错误，老师当时阻止了……）

师："你想帮他改什么？"

（老师示意原来在左侧第一位调板的同学，并提问）

生："箭头."

师："箭头怎么了？你来说，我来写."

生："箭头改成等号."

师："同意的举手."

（学生举手）

师："以后还会犯这个错误吗？"

生："不会！"

师："这个错误要奖. 我带了礼品，是一支笔. 请这位同学领奖！大家鼓掌，感谢他的错，以后我们就不会出错了. 他有没有功劳？"

生："有！（全班同学鼓掌）"

（原来在左侧第二位调板的同学领奖）

师："其他同学写得对不对？有没有哪个写错了的？"

生："有."

师："哪个？哪个？"

（老师微笑着走到第四位调板同学写的等式前面）

生："全错了（同学们一边笑一边说）."

师："她错在哪里？混淆了哪个运算？……'$\sqrt{6}=2$'应当对应哪个方程？$x^2=6$，是不是？"

生："是."

师："这里有两种修改方法：什么的平方等于 6？2 的平方等于什么？"

（老师同时板书 $(2)^2=$ ___ ）

师："如果问 $\sqrt{6}$ 等于什么，$\sqrt{6}=$ ___ 会不会算？"

生："……"

师："这种叫作'开方开不尽'，即没有哪个整数、循环小数或者有限小数的平方会等于 6. 这个我们以后再讨论. 像 $\sqrt{8}$，$\sqrt{10}$，$\sqrt{12}$，$\sqrt{14}$ 都是开方开不尽，我们以后会讲."

（老师一边讲，一边板书"$(\quad)^2=6$". 板书如图 104 所示）

$$(\quad)^2=6,\ \sqrt{6}=\underline{\quad\quad}$$

图 104

师："一个数开方开不尽时，我们就把它带根号来表示. 像 $\dfrac{24}{3}$ 能不能约得尽？能……等于 8. 这叫'约得尽'. 有没有约不尽的呢？$\dfrac{16}{3}$ 就约不尽. 就这样，用分数表示. 所以开方开不尽的就带根号表示."

师："'$\sqrt{6}=2$'，换一种修改方式就是……"

生："$\sqrt{4}=2$."

师："这是哪个同学写的？也要奖！"

（全班鼓掌）

师："这叫'贡献错误奖'（同时老师奖给第四位调板的女同学一支笔）."

（女同学领奖）

【评析】本课采用非常开放的方式，让学生自主编写开方运算的等式，目的是让学生在自己的最近发展区里找到成就感，体会成功的快乐．另外，"做错了有奖"，也是非常生本的做法．

环节九、小结

师："下面还有一个环节：请同学们思考两个问题，一个是预习了的同学想一下，我讲的内容跟书上的内容有哪些不一样？找出几点不一样的地方来．"

（全班同学开始找）

师："找到了的请举手．"

生："……"

师："你有没有发现，老师讲的内容跟书上有不一样的地方？（老师示意第一排的一位同学回答）"

生："……"

师："大家看到 40 页，'一般地，如果一个正数 x 的平方等于 a，即 $x^2 = a$，那么这个正数 x 叫作 a 的算术平方根'．我是不是这样讲的？"

生："是．"

师："是？有没有不一样的地方？"

生："……"

师："再看到 45 页，'一般地，如果一个数的平方等于 a，那么这个数叫作这个 a 的平方根或二次方根'．老师讲的是不是跟这个完全一样？"

生："不是．"

师："哪一点不一样．"

生："……"

师："后面还有一句话，如果 $x^2 = a$，那么 x 叫作 a 的平方根．老师讲的是不是跟这个完全一样？"

生："不是．"

师："哪一点不一样．"

生："……"

师："好，我告诉大家，老师是不是增加了两个字'方程'？"

生："是．"

师："好，大家再思考一个问题，今天我们学的核心知识是哪两点？"

生："平方根和算术平方根．"

师："它们联系了哪个知识？"

生："方程．"

师："方程，对了，联系了方程．以后我们学习就要找到知识之间的联系，这样的话就不用死记硬背了．把新知识放在旧知识的结构当中，这样理解起来、记忆起来是不是很轻松？好，今天我要讲的就这些．"

师："下课！"

生："老师再见！"

【评析】这个小结，既总结了知识方面的收获，又总结了学习方法上的收获，目的是让学生思考、领悟和总结数学的学习方法，并把这种方法用于今后的学习．

★重点、难点与教学目标★

【重点】

（1）了解平方根、算术平方根的概念．

（2）理解开方运算与乘方运算是互逆运算．

（3）理解平方根、算术平方根的"根"就是二次方程 $x^2 = a$ 的"根"．

【难点】

开方运算．

【教学目标】

（1）会用根号表示一个数的算术平方根．

（2）会进行完全平方数的开方运算．

★教师磨课、上课感言★

一、"两种版本"的课，有什么不一样

教学重点和教学目标略有不同．

超前教学版——学生手上没有课本，教学内容完全由老师把握，课堂的去向大都由教师引导；整节课主要注重概念生成、引出的必要性，重在概念生成、引出上引导、启发，可尝试进行立方根的拓展练习．

同步新授版——学生手上已有课本，学生或多或少会预习相关内容，老师不能完全"掌控"概念的"出场"；更注重对现有定义的解释，更强调开方运算的练习，不适合进行立方根的拓展训练．

二、为什么概念出来了，却不把定义同步给出

在有"前置研究"的情况下，学生手上又有课本，必定有学生能把相关的问题给出正确的解答．但是，能正确回答问题并不能说明学生能完全理解概念．例如，在本节课中，那个照着课本念的同学，还是张冠李戴了．

所以，在没有理解"根"和"算术"的含义，没有了解根号"$\sqrt{}$"的

来历之前，即使把定义搬出来，学生也不能理解.

三、这节课的生本奇招——做错了有奖

在调板过程中，有一个同学把等号"="写成了箭头"→"，老师给予了奖励；还有一个学生，可能是把"开平方"错误理解成了"被开方数除于2"，老师也给予了奖励.

我这样做，是因为我认为"错误是课堂的宝贵资源"，同时也让同学们更好地反省自己，为以后的学习树立信心，所以我美其名曰"贡献错误奖"．如果对出错的学生狠狠地批评一顿或者羞辱他们，我想效果会更差，只能起反作用.

四、第二课时的课怎么上

这节课，我对教材进行了整合，把平方根和算术平方根一并给出，重在对概念的理解，但是做题方面的训练还不够，所以下一节课，应加强训练，以让学生进一步理解平方根的性质和开方运算.

特别建议，要竖着列出如下所示的几组试题，让学生加深对带根号的相关运算的理解，熟练开方运算，初步领悟幂函数的性质：

$1^2 = 1,$	$\sqrt{1} = 1,$	$(\sqrt{1})^2 = 1,$	$\sqrt{1} = 1,$
$2^2 = 4,$	$\sqrt{4} = 2,$	$(\sqrt{2})^2 = 2,$	$\sqrt{2} = \sqrt{2},$
$3^2 = 9,$	$\sqrt{9} = 3,$	$(\sqrt{3})^2 = 3,$	$\sqrt{3} = \sqrt{3},$
$4^2 = 16,$	$\sqrt{16} = 4,$	$(\sqrt{4})^2 = 4,$	$\sqrt{4} = 2,$
$5^2 = 25,$	$\sqrt{25} = 5,$	$(\sqrt{5})^2 = 5,$	$\sqrt{5} = \sqrt{5},$
$6^2 = 36,$	$\sqrt{36} = 6,$	$(\sqrt{6})^2 = 6,$	$\sqrt{6} = \sqrt{6},$
$7^2 = 49,$	$\sqrt{49} = 7,$	$(\sqrt{7})^2 = 7,$	$\sqrt{7} = \sqrt{7},$
$8^2 = 64,$	$\sqrt{64} = 8,$	$(\sqrt{8})^2 = 8,$	$\sqrt{8} = \sqrt{8},$
$9^2 = 81,$	$\sqrt{81} = 9,$	$(\sqrt{9})^2 = 9,$	$\sqrt{9} = 3,$
$10^2 = 100,$	$\sqrt{100} = 10,$	$(\sqrt{10})^2 = 10,$	$\sqrt{10} = \sqrt{10},$
……	……	……	……

五、本节课的板书

这节课是在较传统的教室上的，有宽敞的黑板，也有投影（其屏幕是可以卷起来的).在这样的黑板上板书，我觉得特别爽！本节课的板书如图105所示.

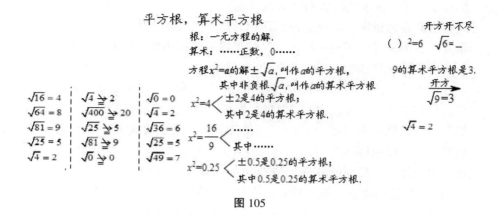

图 105

★学生课后感★

会昌县会昌二中七（7）班学生课后感——

孙小梅、刘翔、王锐等："课前，我们觉得平方根看都看不懂，根本不知道'$\sqrt{\ }$'这个符号是什么意思. 听了刘老师的课，我们觉得平方根非常容易，开平方也很好算. 刘老师把枯燥乏味的课堂变得多姿多彩，让我们听得着迷. 刘老师非常和蔼，上课很幽默，经常把我们逗得哈哈大笑. 上刘老师的课，时间过得飞快，一节课很快就过去了."

廖淑芳："刘鑫老师又来我们班上课，他上课上得真好！"

刘燕、李俊坤等："刘老师讲课的风格很独特. 他很幽默，幽默中带着点严肃；他待人和善，让整个课堂变得很愉悦. 他教了我们该如何学数学以及怎样学好数学."

李鑫、李林峰、钟文瀚等："通过这节课的学习，我们对平方根和算术平方根又有了新的理解. 我们发现刘老师不是完完全全按照书本来讲课，而是联系方程来让我们理解平方根的含义，有他自己的风格. 说实话，刘老师的课我们非常喜欢."

刘芳美："刘老师带领我们学习平方根，他讲得非常清晰，我一听就懂. 他让几个同学上去写了几个求算术平方根的式子，有一个同学把等号'='写成了箭头'→'. 老师改正过来了，并问是谁写的，我还以为他要批评那个写错了的同学呢，可是，他不但没有批评那位同学，还奖励了他，理由是他让大家认识了错误. 这种'批评'方法让我印象深刻，我相信自己永远也不会再犯这个错误了."

刘宇勤、王欢、朱敏姗等："讲课非常生动、有趣又幽默的刘老师又来我们班上课了. 这次他给我们讲的内容也很有趣. 他把复杂难懂的数学变成了一次非常有趣的讲座，让我们深刻认识到数学其实很简单. 今天讲的内容本来非常复杂，但刘老师讲得很详细，又放了视频，把难懂的内容简单化了. 我希望下次还能再见到这位有趣又幽默的刘老师."

张玲等："这节课很特别，跟别的课不一样. 一般的老师讲课都是直击重点，但刘老师不一样. 他让我们慢慢思考，自己找出要学的内容，这让我们记忆深刻！他从一个点慢慢扩展到其他知识，让我们懂得更多、兴趣更大！虽然校长和副校长都在听课，但是我们丝毫不觉得紧张. 在刘老师的课堂上，做错了也没什么，反而能让我们懂得哪些地方容易出错，让我们有更多的发挥空间. 上完这节课后，我感觉自己在学习数学上又打开了一扇窗."

肖金林、李鑫（A）等："……刘老师把知识融入问题当中，讲课方式很特别. 他讲得精彩绝伦，堪称完美，希望再来我们班讨论数学."

付明娜、曾国涛等："……一节课下来，我们懂得了许多东西，仿佛开启了一扇知识大门，也让我们知道了学习数学的奥秘. 我们全班学生都很开心，希望刘老师再来给我们上课."

曾璐："刘老师，这节课我虽然没有举手回答问题，但我还是在认真地想. 您的课能提高我们的思维能力. 今天您讲的平方根和算术平方根我都听懂了. 您的课太有意思了，谢谢您的到来，欢迎您再来我们班上课."

★视频观看、下载网址★

第一次录像——

教学视频下载网址：https://pan.baidu.com/s/1r3RLm1ZovUhmXtVBZqzYCQ.

教学视频观看网址：

http://v.youku.com/v_show/id_XMzQ0MDgzNDA0OA==.html？spm=a2h0k.8191407.0.0&from=s1.8-1-1.2；也可通过百度或在优酷网输入"平方根，算术平方根（会昌刘鑫1）"搜索得到.

第二次录像——

教学视频下载网址：https://pan.baidu.com/s/1B5foazOHtqwbmLOF0ahVmQ.

教学视频观看网址：

http://v.youku.com/v_show/id_XMzQ0MDEzMDg2OA==.html？spm=a2h0k.8191407.0.0&from=s1.8-1-1.2；也可通过百度或在优酷网输入"平方根，算术平方根（会昌刘鑫2）"搜索得到.

数学课也可以让学生上得开心、有趣

——以概念课"平面直角坐标系"为例

（2017 年 4 月 12 日·会昌二中）

★ 前置研究 ★

前置研究内容如表 1 所示.

表 1

---

1. 复习旧知识，感悟新知识.

（1）在下面的教室座位图中，标出班长和自己（桌子）的位置.

（2）面对讲台，以班长的位置为观察点，自己的位置是：（左侧或右侧）＿＿列，（前面或后面）＿＿排.

（3）按照上述规则，你能用带括号的有序数对来表示自己的位置吗？

（教室座位图）　　　　　　　　　　　　　　　（画图区）

2. 自主阅读教材第 65~67 页，你认为哪句话最重要？说说理由.

表1（续）

附：课堂作业纸

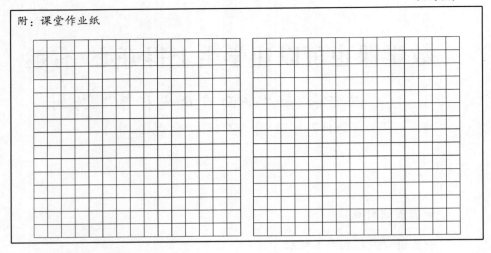

★课堂实录★

环节一、课前板书、板画

课前，老师在黑板的右侧画了全班学生的座位图，如图1所示.

讲 台

图1

环节二、课前师生互动

（略）

环节三、在座位比较中理解平面直角坐标系，引出课题

师："上课!"

生（起立）："老师好!"

师："同学们好！请坐！"

生（鞠躬）："谢谢老师！"

师："我们在教室中的位置，大家都很清楚了.昨天，我们学了用一个有序数对来描述自己的位置.今天，我们换一个角度，不是从第一排开始数1，2，3，4，5，6，7，8，也不是从第一列开始数1，2，3，4，5，6，7，8.我们是以班长的位置作为观察点（请班长同学起立），看看自己所在的位置与班长所在的位置相差多少排、多少列.请一位同学标一下自己的位置."

（老师示意第一排第四列的一位同学调板）

（学生在黑板的座位图上点了两个点，分别表示班长的位置和自己的位置，如图2所示）

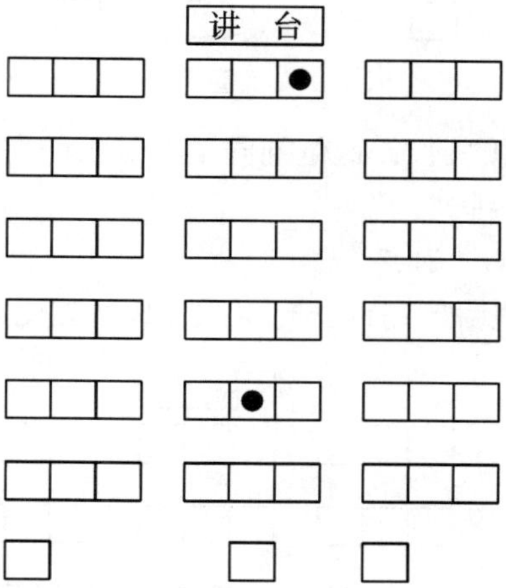

图2

师："标得对不对?"

生（全班）："对!"

师："这位同学叫什么名字?"

生："刘××."

师："班长叫什么名字?"

生："赖××."

（老师把刚才那位学生标的那两个点改为"刘"和"赖"字，分别表示调板那位同学的位置和班长的位置，如图3所示）

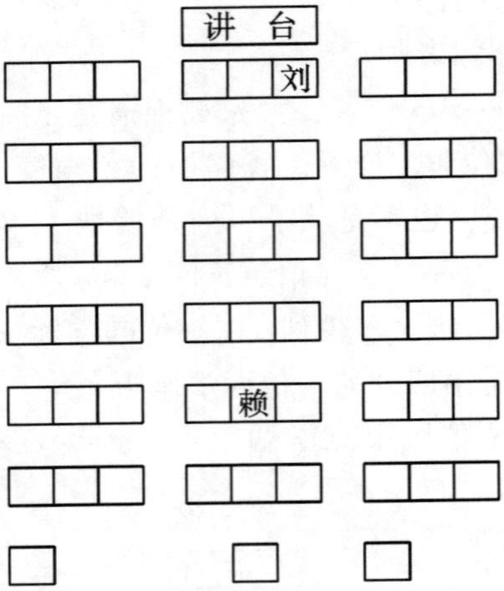

图 3

师："相对这个赖班长，这位刘同学在班长的左多少列还是右多少列，是前多少排还是后多少排？"

生："前 4 排，右 1 列."

（老师在黑板上板书"前 4 排，右 1 列"，如图 4 所示）

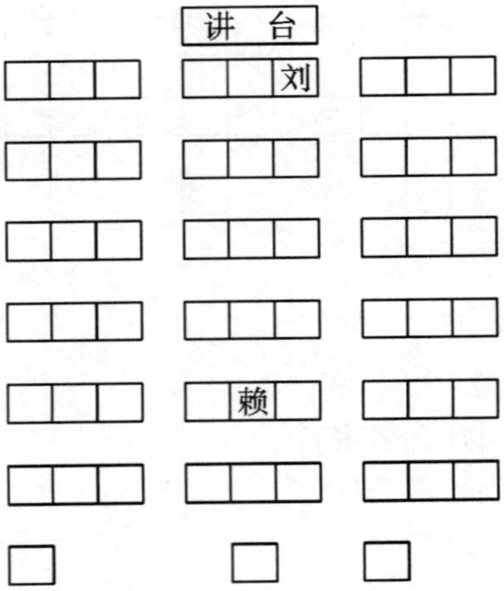

图 4

师："这个前后、左右是相对哪条线而言的？"

生："……"

师："请班长做个动作."

（老师一边讲，一边示范一个动作：面对黑板，把左手抬至水平位置并向前伸直，把右手抬至水平位置并向右伸直）

（班长按老师的要求做抬手、伸手动作）

师："每个同学对于班长来讲，前后、左右，有两根分界线，请把这两根线画出来."

（一学生调板，画了一根线，把"班"字和"赖"字连起来，如图 5 所示）

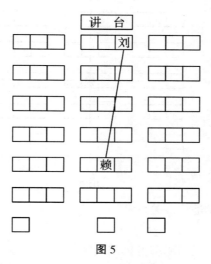

图 5

师："请班长再做这个动作，分隔前后的是哪只手？"

生："右手."

师："分隔前后的，应当是这根线吧？"

（老师在黑板上，用红色粉笔过"赖"字画一条水平线）

生："是."

师："分隔左右的，应当是这根线吧？"

（老师在黑板上，用红色粉笔过"赖"字画一条竖直线）

生："是."

师："我们每个同学的位置，都是由这两根线来区分前后和左右的."

（老师同时把刚才调板学生画的、联结"班"字和"赖"字的线擦掉. 这一阶段的板书、板画如图 6 所示）

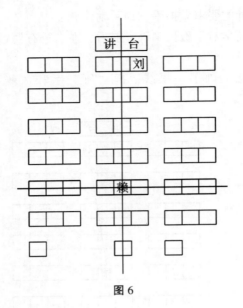

图 6

师："这两根线是什么关系?"

生："相交."

师："是相交，能不能讲得更准确些?"

生："垂直."

师："垂直，像这样，用两条互相垂直的直线来确定我们的准确位置，这种思想就是平面直角坐标系."

（老师同时在黑板的正上方板书课题：平面直角坐标系）

【简析】以教室内同学之间的相对位置关系来确定自己位置，不仅可以加深理解上一节课所学的"有序数对"，还可以直接、精确领会平面直角坐标系的横轴、纵轴以及它们之间的垂直关系."坐标"是相对于某个观察"点"而言的一组有序数对.

环节四、由复习数轴的三要素，认识直角坐标系的构成要素

师："有没有预习?"

生："有."

师："我觉得回答的声音不响亮，早晨有没有吃饱?"

（学生七嘴八舌）

师："还没有吃? 这要请生理老师来跟你们上一堂课了，教教你们怎么样保健."

师："等一下讲话声音大一点，哪位同学的声音最大?"

生："黄龙鑫."

师（指着黄龙鑫）："好，你大声说'我在上数学课'."

生（黄龙鑫）："我在上数学课."

（全班同学大笑）

师："声音大不大？"

生："大."

师："有没有比他更大声的？"

生："钟龙辉."

师："请!"

生（钟龙辉）："我在上数学课."

（全班同学大笑）

师："看了书的同学，平面直角坐标系长什么样子？它的关键词有哪些？"

（学生在翻书查阅，没有回答）

师："好，我把这个图形画出来."

师："平面直角坐标系是由两条……"

生："互相垂直的直线组成的."

师："互相垂直的两条什么样的线？"

生："直线."

师："这条直线就是我们学过的……"

生："数轴."

师："数轴有哪几个要素？"

生："三要素."

师："哪三要素？"

生："正方向、原点、单位长度."

师："好，我取一个点作为原点，5cm 作为单位长度，1，2，3，4，5，6，7，8，-1，-2，-3，-4，-5，-6，是不是这样子？"

（老师故意把所画数轴的负半轴的数字标错，并且未画表示正方向的箭头，如图 7 所示）

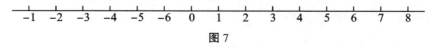

图 7

生："不是，反了."

师："哪个反了？"

生："负数."

师："你帮我改一下."

（老师走到学生跟前，叫第六列、第二排的同学到黑板上去改正老师的错误）

师："请你当一回老师，改老师的作业，蛮爽吧?!"

（其他同学大笑）

（学生上黑板改正，在大家的提示下，没有把原来的负数擦掉. 改正后的板书、板画如图 8 所示）

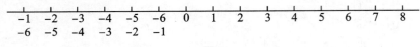

图 8

师："改得对不对?"

生："对!"

师："改得很好，也保留了我的错误."

师："还有什么? 你说!"

（老师看到一个学生举手有话要说，示意叫他说）

生："还有正方向."

师："正方向，我自己来画."

（老师在所画"直线"的右端很远的地方，画了一个大大的红色的箭头，有些同学发出笑声……如图 9 所示）

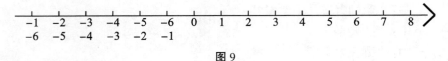

图 9

师："这是不是正方向? 不是有箭头吗?"

生："是."

生："太大，不协调."

师："好，你帮我画一下. 画漂亮一点，让大家看到很舒服."

（学生调板画箭头，所画的箭头大小合适、匀称，位置恰当，如图 10 所示）

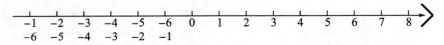

图 10

师："哪个画得更漂亮？"

生："小的."

师："很端正，很对称，很漂亮."

（老师同时擦掉自己画的大红箭头，并把自己故意写错的数 -1，-2，-3，-4，-5，-6 擦掉，把学生更改的 -1，-2，-3，-4，-5，-6 用红色粉笔抄在相应的刻度线下方，于是一条完整的数轴出现在黑板上，如图 11 所示）

图 11

师："还有一条跟它垂直的数轴，垂足在哪里？"

生："原点."

师："怎么画垂直线？你们看清楚，我蹲下去……"

（老师蹲下去，把三角板摆好，如图 12 所示）

图 12

师："我怕画错，叫个同学来帮我画. 哪位同学愿意教我？"

师："好，就是你，说话很大声的."

（全班同学听到老师这样称呼黄龙鑫同学，又笑了）

（黄龙鑫调板画 y 轴这条直线）

师："我来做他的助手."

（老师协助黄龙鑫同学扶三角板，使之稳定、平衡，如图 13 所示）

图 13

（黄龙鑫调板，完成 y 轴的画图. 在画图过程中，他先画了 y 轴正半轴，后来再补上 y 轴负半轴（原来他忘记了标注刻度）. 后来他在标注刻度值时，先标在 y 轴右侧，后来又擦掉，把它写在 y 轴的左侧. 板画如图 14 所示）

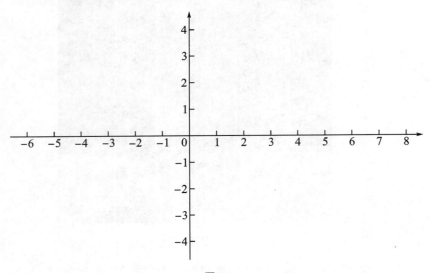

图 14

师："假设我把刻度值标在右侧，哪种标法更好?"

（同时，老师在 y 轴右侧用红色粉笔标上负半轴的刻度值，如图 15 所示）

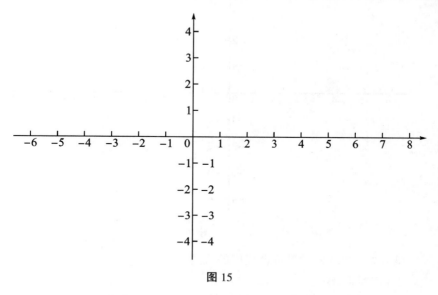

图 15

生："左边."

师："好在哪里?"

生："负号不会与刻度线混淆."

师："回答得很好."

（同时，老师把刚才在 y 轴右侧、用红色粉笔写的负的刻度值擦掉）

师："这两条数轴，互相垂直，有公共的原点，有单位长度，有正方向，怎么区分它们是水平的还是竖直的?"

生："水平的叫横轴，也称为 x 轴；竖直的叫纵轴，也称为 y 轴."

（老师同时用红色粉笔把"横轴""x""纵轴""y"写在恰当的位置，如图 16 所示）

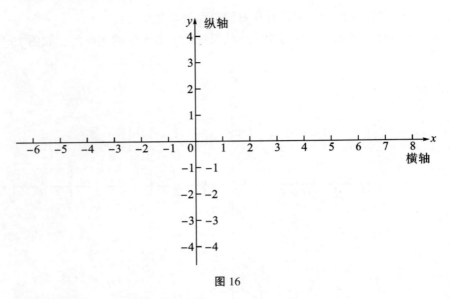

图 16

师:"这个命名,很符合我们的视角吧?"

生:"是."

师:"请大家在作业纸上画一个平面直角坐标系."

(学生在作业纸上画直角坐标系)

师:"刚才出现的错误不要再出现了."

(老师一边巡视,一边提醒学生)

师:"画好的,三人为一小组互相检查,看有没有漏掉哪些要素."

师:"再重申一下,有哪几个要素?"

生:"正方向、原点、单位长度."

师:"这是直角坐标系,与一条数轴是有区别的,还有哪些关键词?"

生:"……"

师:"它的主干部分是什么?"

生:"两条数轴."

师:"满足哪些条件?"

生:"互相垂直,原点重合."

师:"对,互相垂直,原点重合."

(老师同时把"原点重合、互相垂直"和"两条数轴"写在课题下面,板书如图 17 所示)

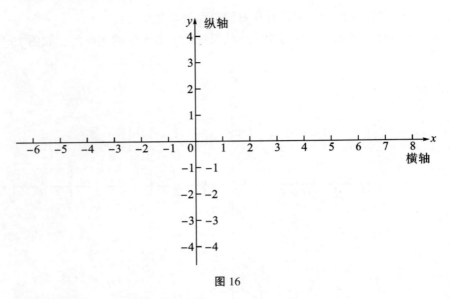
纵轴 横轴

平面直角坐标系
原点重合、互相垂直的两条数轴.
图 17

师："有没有互相检查?"

生："检查了."

师："有没有哪位同学把 - 1，- 2，- 3，- 4 标错了的?"

生："没有."

师："数标在上边、下边，还是左边、右边，有没有搞错?"

生："没有."

【简析】 老师故意出错，是为了让学生明白，要把数轴画好，就要注意很多细节；同时，也是为了促进学生对已有认识的思辨，帮助他们对起点性旧知识理解更深. 另外，这有助于老师基于学生先学的知识来进行教学，促进学生养成预习的习惯.

环节五、已知点找它的坐标

师："这个直角坐标系，作什么用?"

生："确定点的位置."

师："今天确定的点是非常准确的. 举个例子，我在这里随便画一个点. A 点，它在坐标系中的位置，怎么来确定? 哪位同学预习了的，能不能跟大家说一下?"

生："过点 A 往下画一条垂线."

师："目的是什么?"

生："找 A 点在横轴上的位置."

师："大概是 4.1，我们把它叫作横坐标."

生："再作纵轴的垂线."

师："落在 y 轴上的垂足，坐标大约是 1.8，我们称它为点 A 的纵坐标."

师："这样就得到两个数了，你说这两个数……怎么处理?"

生："把它们排在一起，横坐标在前，纵坐标在后."

师："对，这就得到一个有序数对. 这个有序数对，就叫作点 A 在这个平面直角坐标系中的坐标. 搞懂了吧?"

生："懂了!"

（这一阶段的板书、板画，如图 18 所示）

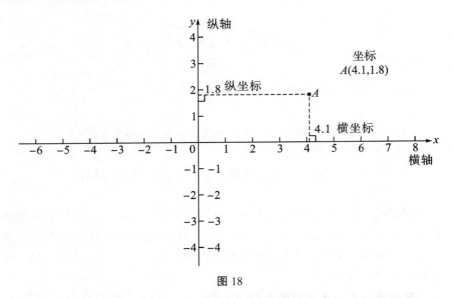

图 18

师："会预习的同学，善于预习的同学，以后考个博士是没有问题的，预习习惯很重要."

师（指着一学生）："你在坐标系中画一个点，我请另外一个同学找它的坐标."

（一学生到黑板，描了一个点）

师："我们称这个点为点 B，下面我们就找点 B 的坐标．请一位同学到黑板来找点 B 的坐标，请注意要领和关键."

（一学生顺手拿起一把米尺，想用它来比画出点 B 的坐标……）

师："我觉得要换一把尺子吧？"

（老师递一块三角板给学生，示意她应该用三角板来比画出点 B 的坐标）

（学生通过作垂线找点 B 的横坐标和纵坐标（4，3.2）．老师协助学生扶三角板，并提示三角扳的直角要放在垂足处．如图 19 所示）

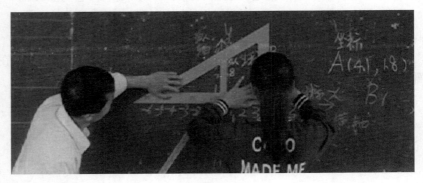

图 19

师："我再请两位同学到黑板来，一个人来描点，另一个人来写它的坐标．哪位同学来描一个坐标比较难写的点，让人家写不出它的坐标."

（一个学生在第三象限描了一个点，另一个学生找它的坐标）

师："我们称这个点为点 C ，用什么工具？直尺更好，还是三角板更好？"

生（众）："三角板."

师："直角要放在垂足处，过哪里作垂线？"

生（众）："点 C ."

师："坐标是多少？"

生："−4，−2.8."

【简析】引入平面直角坐标系后，老师以"作什么用"作为本环节的开始，可以让本课的重点更明确；反复强调利用三角板画直角，也是为了让学生养成良好的习惯.

环节六、已知点的坐标描出点的位置

师："刚才是已知一个点，找它的坐标．如果已知一个有序数对，要你找出点在哪里，会不会？"

生："会."

师："例如，M（−2，3），这个点在哪里？请在作业纸上画的直角坐标系上描出来."

师："请一位同学到黑板来找一下."

师："−2 在哪里找？"

生："横轴."

师："正 3 在哪里找？"

生："纵轴."

（一位同学调板，完成描点 M ）

师："我们现在已知一个点，会找它的坐标，已知一个点的坐标，能找这个点的位置."

师："请大家看到第 67 页的例题，直接在书上描出点 B，C，D，E ."

（学生在书上描点 B，C，D，E ）

师："请一个同学到黑板来描."

（一个学生调板，板书、板画如图 20 所示）

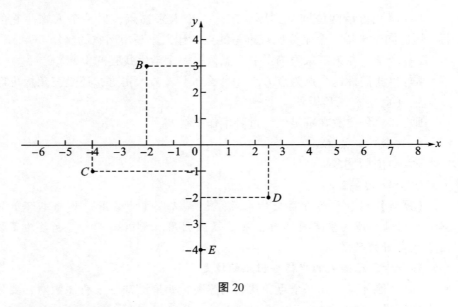

图 20

师："画好了的对照黑板，最难画的是哪个?"

生："点 E ."

师："好，我们反过来. 我把虚线擦掉，请一个同学再把 B，C，D，E 的坐标写出来."

（一学生写出各点的坐标，B（-2，3），C（-4，-1），D（2.5，-2），E（0，-4），如图 21 所示）

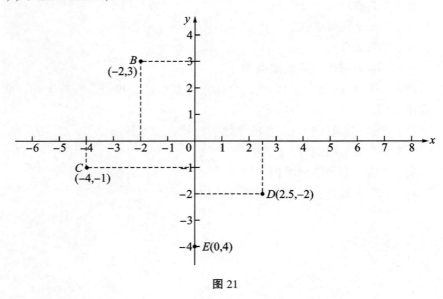

图 21

【简析】充分利用教材资源，可以让学生加深对教材的熟悉程度，避免搞"题海战术".

环节七、播放微课，整理本堂课的知识要点

老师播放微课"平面直角坐标系". 微课讲述的内容如下：

这个微课，我们讲平面直角坐标系. 两条互相垂直、原点重合的数轴组成平面直角坐标系，水平的数轴称为 x 轴或者横轴，竖直的数轴称为 y 轴或者纵轴，公共的原点就是平面直角坐标系的原点. 我们知道，在数轴上，一个点和一个实数成一一对应的关系. 例如，点 A 在 -1 的位置上，我们就称点 A 在数轴上的坐标是 -1.

在直角坐标系中，点和有序实数对是怎样建立关系的呢？例如，点 M，过 M 作 x 轴的垂线，与 x 轴有个交点，这个交点对应的坐标就称为点 M 的横坐标；过 M 作 y 轴的垂线，与 y 轴有个交点，这个交点的坐标就是点 M 的纵坐标. 又如，此时，点 M 与 x 轴的垂线相交于 1 的位置，与 y 轴的垂线相交于 3 的位置，我们就称点 M 的坐标是（1，3），把横坐标写在前面、纵坐标写在后面，用小括号把它们括起来，中间用逗号隔开. 这样，平面内的每一个点都有一个有序实数对和它对应. 同样，一个有序实数对也和平面上的一个点对应，这样，平面内的点与一个有序实数对是一一对应的.

平面直角坐标系又称为笛卡儿坐标系，因为直角坐标系是由笛卡儿创立的. 有了直角坐标系，就改变了代数和几何分离的现象，把数和形统一起来了. 笛卡儿对数学最重要的贡献就是创立了解析几何，被誉为近代科学的始祖.

关于笛卡儿创立直角坐标系，还有一个故事. 有一天，笛卡儿卧病在床. 他看到墙角上的蜘蛛在那里织网，时而上下移动、时而左右移动. 他就想，怎么样确定蜘蛛的位置呢？他又发现，墙脚的那个点可以作为点 O，墙壁与地面的一条交线可以作为 x 轴，墙壁与地面的另一条交线可以作为 y 轴，墙壁与墙壁之间的交线作为 z 轴，这样，就建立了空间的坐标系，有了这个坐标系之后，空间中的任一个点都可以用有序的三个数来表示. 一个数是这个点到地面的距离，另外两个数是这个点到墙壁的距离.

在平面直角坐标系中，已知一个点，如何找它的坐标呢？首先，我们过这个点作 x 轴的垂线，得到横坐标，再过这个点作 y 轴的垂线，得到纵坐标. 例如，此时点 M 的横坐标是 3，纵坐标是 4，就得到了点 M 在平面直角坐标系中的坐标是（3，4）.

已知一个点的坐标，怎么样找点呢？假设一个点的横坐标是 a，纵坐标是 b，在 x 轴上，我们找到表示 a 的点，过它作 x 轴的垂线；在 y 轴上，我们

找到表示 b 的点，过它作 y 轴的垂线. 这样得到交点 N，这个交点 N 就是横坐标为 a，纵坐标为 b 的点. 不管表示 a 的点在 x 轴上的哪个位置，方法都一样，就是过这个点作 x 轴的垂线；不管表示 b 的点在 y 轴上的哪个位置，方法也一样，就是过这个点作 y 轴的垂线. 两条线的交点，就是我们要找的点.

平面直角坐标系，其实我们并不陌生，在小学四年级（下）所学的条形统计图，就是在平面直角坐标系的第一象限建立的，在五年级（下）所学的折线统计图，也是在平面直角坐标系的第一象限建立的.

学了平面直角坐标系之后，我们就知道了"坐标"这个词."坐标"这个词有广泛的应用. 例如，有一本书的书名就叫《寻找人生的坐标》，还有一本书《定位人生》，它的副书名也是"寻找人生的坐标". 这个"坐标"的含义就是"位置"，或者说"准确的位置". 再比如，有一篇文章的名称叫"行进在自己的思想坐标中". 学了平面直角坐标系之后，我们不但增长了数学知识，还丰富了我们的文化素养.

（微课中的主要内容截图如图 22 至图 25 所示）

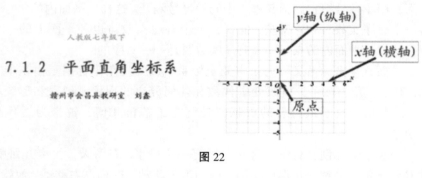

图 22

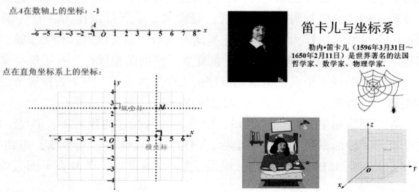

图 23

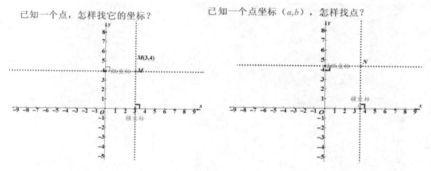

图 24

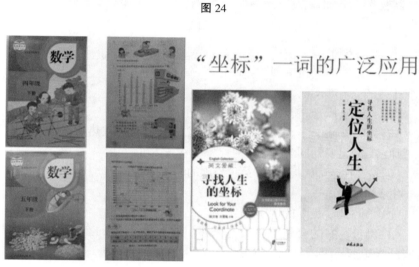

图 25

【简析】利用微课梳理本节课的知识，可以起到很好的总结效果．因为微课中所讲的内容是用几何画板进行操作的，其动画效果能够有效地促进学生掌握由点找坐标、由坐标找点的方法，并且使学生学到了相关的课外知识，有利于提高学生的兴趣．

环节八、以游戏的形式，加深对各象限的点的特征的认识

师："请班长起立．我们以班长作为原点，左右作为 x 轴，前后作为 y 轴，班长拿着这个直角坐标系模型，这样教室就建立了一个坐标系，有没有看懂？"

（老师把一个自制的直角坐标系教具交给班长，如图 26 所示）

图 26

生："看懂了."

师："大家都很想下课，是吧?"

生（众）："不是."

师："横坐标是正，纵坐标是正的同学下课."

（有的同学站起来，有的同学在犹豫，有的同学在热烈讨论……）

师："站起来的同学，对了吗?"

（但是，在老师的提示下，第一象限的学生都还没有离开教室，而是坐了下来）

生："对."

师："横坐标是 0 的同学起立."

（在班长左右的有些同学站起来了，在班长前后的有些同学也站起来了，有些同学想起立又不能肯定……）

师："你起立还是不起立?"

（班长正前面的一个女同学还在犹豫，腿是站直了，但身体还伏在桌面上. 老师就走近问她，当时的情境如图 27 所示）

图 27

生:"我也不知道."

师:"大家帮她看一下,横坐标是0,她起立还是不起立?"

(没等大家回答,那个女生站了起来)

师:"这三位同学横坐标是不是0?"

(老师指着班长左右两侧的三个同学说)

生:"不是."

师:"横坐标是0,班长要不要起立?"

生:"要."

师:"横坐标是0,是哪条轴?"

生:"y轴."

(班长和班长前后的同学都站了起来)

师:"纵坐标是0的同学起立."

(班长和班长左右的同学都站了起来)

师:"对不对啊?"

生:"对."

师:"横坐标、纵坐标都是负的同学起立."

(有的同学想起立又怕出错,拿不定主意. 同学们在热烈地讨论着,如图28所示)

图28

师:"横坐标、纵坐标都是负的,在哪个区域?这个区域吧!"

(老师在黑板上的座位图的对应区域涂上阴影)

师:"这个区域称为第三象限."

(处在第三象限的同学都站了起来)

师:"横坐标是正的、纵坐标是负的,是哪个区域?"

(老师在教室的座位图上的那个坐标系上板书,在x轴的正半轴上写了一

个"正"字，在 y 轴的负半轴上写了一个"负"字）

（处在第四象限的同学都站了起来）

师："这个区域称为第四象限."

师："还有一个左上区域，我们称它为第二象限，横坐标是负的，纵坐标是正的."

（处在第二象限的同学都站了起来）

师："象限的顺序为什么是按逆时针排的呢？像体育比赛跑步，都是逆时针顺序，据说，这是因为左腿更有力，而且还与脚的长短、心脏的位置有关，这样跑步能跑得更快. 所以我们数学也按逆时针的顺序作为一、二、三、四象限的顺序."

（这段时间老师的板书、板画如图 29 所示）

区域	坐标
第一象限	（正，正）
第二象限	（负，正）
第三象限	（负，负）
第四象限	（正，负）
x 轴	$(a, 0)$
y 轴	$(0, b)$

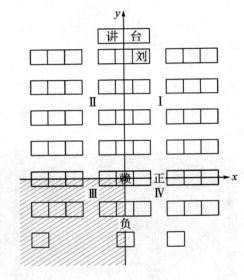

图 29

【简析】回归课前引入平面直角坐标系的情境，让学生在实际情境中理解、掌握各象限的点的坐标的特点，起到前后呼应的作用；同时，采用这种游戏的方式进行学习，寓学于乐，学生觉得开心、有趣.

环节九、小结与作业

师："这节课我们学的知识难不难？"

生："不难."

师："联系了哪些旧知识？"

生："数轴."

师："还有呢？"

生:"垂直."

师:"这节课就上到这里. 作业就是第 68 页的练习题."

师:"下课!"

生:"老师再见!"

【简析】要让学生把新知识内化,就必须把新知识与旧知识建立联系,将新知识融入旧的知识结构之中.

★重点、难点与教学目标★

【重点】

(1) 会正确画出平面直角坐标系.

(2) 在平面直角坐标系中,已知点会求它的坐标,已知坐标会描点.

【难点】

求坐标轴上的点的坐标;横坐标或纵坐标为 0 时的描点.

【教学目标】

(1) 了解平面直角坐标系的产生过程.

(2) 会正确画出平面直角坐标系.

(3) 在平面直角坐标系中,已知点会求它的坐标,已知坐标会描点.

【教学准备】

前置研究,微课,直尺,平面直角坐标系模型(见图 30).

图 30

★教师磨课、上课感言★

本节课主要有六个方面的创新.

一、情境的设置,非常贴切

一般的"有序数对"虽然也能确定物体的位置,但是,它的"观察点"并不是属于那些有序数对"集合"内部的点("元素"),更不是"原点"角色的点. 但是,以教室内同学之间的相对位置关系来描述某个学生的位置,不仅可以加深学生对上一节课所学的"有序数对"的理解，还可以使学生直接、精确地感悟和领会平面直角坐标系的横轴、纵轴以及它们之间的垂直关系，特别是坐标的符号与"前、后""左、右"建立的直接的联系.

所以，用教室内相对班长的位置所产生的一组数对来描述各个学生的位置，这个情境是非常贴切的，一是与教学内容贴切，二是与学生的生活贴切.

二、用微课整理一节课的教学内容，很全面

一般的课堂小结，在小结时，大多学生是不专心的. 但是用微课总结一堂课的教学内容，学生都是目不转睛地盯着屏幕，非常专心；加上微课所呈现的内容不但有声音，还有文字、图片、图像等丰富多彩的内容，能让学生集中精力参与学习. 所以，微课所起的教学效果是非同一般的.

三、使用几何画板制作微课课件

制作本课所用微课课件的软件是几何画板. 利用几何画板的动画功能，可以生动地讲解已知坐标怎么描点、已知点怎么写坐标等问题，教学内容与教学方式非常吻合.

四、拓展的资源很丰富

在微课中，老师通过声音、图像等材料，生动地介绍了笛卡儿直角坐标系的由来，还介绍了"坐标"一词的广泛应用，拓展介绍了很多课外资源，丰富了学生的知识，培养了学生学习数学的兴趣，提升了学生的素养.

五、学生参与面广

本课的教学，老师充分利用了学生的主动性，让学生参与教学的每一个环节. 例如，让学生到黑板去画前后、左右的分界线；让学生到黑板去找点的坐标；已知点的坐标让学生到黑板去描点；让全班同学都参与识别各个区域、各象限的坐标的特征；等等.

六、生本

本课中，老师多处故意出错，让学生来改正. 同时老师多处示弱，让学生来帮老师. 这些都是为学生的发展着想，是高度尊重学生、完全相信学生、全面依靠学生的生本高招.

★学生课后感★

会昌县会昌二中七（5）班学生课后感——

王涛："我用这几个词来形容刘鑫老师的课——有趣，通俗易懂，难以忘记. 一开始，老师叫同学上台写出自己和班长的位置，并根据班长的位置说出自己的位置，然后引出主题——平面直角坐标系. 这样的教学方法，让我们可以更深入地了解学习主题. 刘老师为了说明第一、二、三、四象限，便让班长

站起来，然后老师说出各个象限坐标的特征，让同学站起来. 这节课快要结束时，老师给我们看了一个视频，其内容是这一节课所学的内容. 这样的教学方法，让我们感受到了课堂的趣味性，也让我们对知识有更深入的理解. 多么希望刘老师再来我班上课！"

倪勇："这是我上过最有趣的一节数学课. 刘老师把数轴的负的那一边的数字故意写错，让同学们来纠正. 大家都很喜欢刘老师，积极回答问题，专心听讲. 刘老师非常有趣，讲的话很好笑. 下课时，老师先让某个象限的同学下课，这时大家笑了. 下课后，老师要走了，大家都和刘老师说再见. 我们多么希望刘老师是我们的数学老师呀！当然，我们的数学老师也很好."

吴玉英："刘老师上的数学课，与以前的数学课不一样. 这是我升初中后第一次这么认真地上一节数学课. 以前，我总以为数学十分难，所以每一节数学课都没有认真听完过，有时，听到一半就听不下去了，感到十分无助. 刘鑫老师讲的课，让我一下子就学会了重点. 以前，我总是讨厌数学，听了刘老师上的课，我就不再讨厌数学了，而且发现原来数学这么有意思. 这也让我明白'世上无难事，只怕有心人'，只要你去做就没有什么完不成的事！"

陈思："刘老师给我们上的内容是'平面直角坐标系'. 这堂课很有趣，我一下就被刘老师的讲课方式吸引了. 这节课的内容我全部都搞懂了."

吴政："……这是一节有趣的数学课. 刘老师开始在黑板上画图，准备这个、准备那个. 后来我才明白，这都是有用的. 这样能让我们上课时一目了然. 刘老师要求我们把自己的位置和班长的位置标在图上，并让班长站起来做示范. 这说明数学在实际生活中是能用上的，数学是有用的."

赖佩琦、林通等："这节课，刘老师教了我们什么是平面直角坐标系，还有根据一个点的坐标找到这个点的位置，或根据一个点的位置找这个点的坐标. 本来，我们以为这节课只是这样了，没想到，刘老师还让班长拿着一个平面直角坐标系的模型，并提问. 例如，以班长为原点，横坐标是正、纵坐标是负的同学站起来. 这就像一个游戏，大家都觉得很有趣. 上这节课的时间过得那么快，一会儿就下课了，我们还意犹未尽呢！"

周玥："我们喜欢刘老师，因为他上课有一种让人想去学的感觉……丁零零，该下课了，但我们一点也不想下课."

欧平："刘老师给我们上了一节意义非凡的数学课，令我记忆深刻，久久不能忘怀. 刘老师故意把数轴画错，让我们来订正这些错误. 下课了，老师给我们一个建议——上课要多主动举手发言，不要等到老师点到你才开始动脑筋. 这节课，同学们上得特别轻松、愉快. 我似乎从来没有觉得，原来数学课的时间也可以过得这么快啊！"

李金会、文海朋等："刘老师上的数学课实在太精彩了，像玩游戏一样，真是让人难以忘怀啊！以前，我上数学课从来没有这么认真过，不知怎么，刘老师的这节课特别有趣，令人愉悦、轻松，我听得格外认真．认真听讲自然会有好结果，刘老师讲的内容我全部记在脑子里了．那些题目我也学会了，再多出几个都没问题．刘老师的课实在太有趣了！"

钟龙辉："以前在数学课上我是不经常举手的，也不会提前预习，但听刘老师上的课，我不知道自己为什么会举手、会提前预习．我感觉这节数学课是我上初中以来学得最懂的一节数学课．这节数学课非常有趣，好想一直上下去．我真喜欢给我们上课的刘老师，以后，我会一直这样，好好地上每一节数学课．我在这里给刘老师行一个感谢礼——谢谢您！"

邹晓兰："刘老师的课很有趣．他让学生互动着学习，让学生融入学习中，让学生不停地上讲台回答问题．上这样的课我们怎么会不认真呢？本来，我不太擅长数学，但这节课我还是听懂了．我认为这应该归功于刘老师的教学方法！"

康志林："刘鑫老师和蔼可亲，讲课通俗易懂、妙趣横生．我们的数学老师问我们，听刘老师讲课感觉怎么样，我们都笑嘻嘻地说'很开心'！"

吴铿："刘老师故意弄错一些东西，让我们来订正．开始，刘老师随便点一位同学做一道题，这位同学做错了，刘老师也没有批评她．我第二次举手时，刘老师点了我，叫我去画，让我当'小老师'，老师来当我的助手．刘老师上课非常有趣，我们感到比平常更轻松、更开心，没有那么无聊．"

余辉："刘老师上课很幽默、很有趣．他会时不时叫几个人回答问题．刘老师还叫班长站起来，以班长为原点，让处在各个象限的同学站起来……我觉得刘老师讲得很好，希望他下次再来我们七（5）班上数学课．"

王某某："听刘老师上课挺有意思的，平时我都不认真学习数学，但听刘鑫老师的课，我竟然全神贯注地看着黑板．我本来就是个差生，没想到这次竟然能听懂．刘老师不愧教了几十年书，经验丰富，我真想拜他为师．"

陈丽单："以前，我总以为数学是令人厌烦的，我不相信数学会有什么乐趣．可是，刘老师的那一堂课，我上得很开心．刚开始上课时，因为有摄像机录像，大家都很拘谨，课堂很沉闷．后来，在刘鑫老师幽默、有趣的讲课下，大家都忘记了后面的摄像机，纷纷举手发言．刘老师叫某个象限的同学站起来，有些人站错了，这使我们开怀大笑，老师也笑了．这节课是最令我难以忘记的．我们觉得时间过得太快了，还想上刘老师的课．下了课，班上的同学还在议论这节数学课很有趣．刘老师精心设计肯定花了很多心思．我们很感激刘老师，想对刘老师说'您辛苦了'．"

吴丽、刘秋妮等："刘老师在黑板上故意把图画错，让同学来讲课，这一点我认为很有趣. 后来，老师先后提问了好多人. 这节课我们都不觉得累，因为很好玩. 刘老师的课结束了，但快乐留在了课堂上."

黄静："刘老师上的那节数学课是一堂有趣的课. 数学是我的弱项，但是听刘老师讲课，我却把知识点都一一记在心里了，都懂了. 是我更认真听课，抑或是知识更简单，还是刘老师讲得详细清楚？我也不知道什么原因. 刘老师的教学方法挺好的，让每一个人都积极参与课堂，不会走神. 刘老师和蔼可亲地给我们讲课，就像朋友给我们讲故事一样，让我们全神贯注. 这是我上初中以来第一次这么认真听数学课. 我第一次觉得，原来数学也是这么有趣，这么好玩，数学就像无数关的游戏，掌握了一种解题方法，就相当于过了一关游戏."

池婷："刘老师的课很有趣. 在上课的过程中，他讲得很详细，我们不懂的地方，他会再讲一遍. 他讲课时，会讲到以前学过的很多东西，还会问我们以前学过的那些知识，让我们说出来. 这样不仅能帮助我们复习，而且还有利于我们学习新课. 他假装自己不会，让学生们来当他的老师教他. 让我们当老师，我们会觉得很有趣. 让我们来教，这说明我们也会、也懂；如果我们不会做，这就说明我们还不懂、不会，还需要老师来教. 我们会教，会让我们感觉很高兴，又学到了新的知识；如果我们还教会了那些不懂的同学，会让我们更高兴！"

佚名："刘老师上的这节数学课是我有生以来听得最认真的一节数学课. 以往的数学课，在我眼中是枯燥乏味的，我都是靠睡觉或玩一些从家里带来的小玩意儿来打发时间的. 听刘老师上数学课，我完全没有睡意. 他讲的每一个字都进了我的耳朵，并且每个字我都听得非常清楚. 刘老师讲话好有趣，我慢慢地就被带进了课堂，开始认真听讲了. 他布置了一些作业给我们，下课后，我立马翻开书做那些题目，不一会儿，我就做出来了. 要是在以前，我是想破脑袋也做不出一道题的. 今天，刘老师真是帮了我的大忙了. 听了刘老师上的课，我发现数学课其实也不总是枯燥无味的，它也可以生动有趣."

曾海燕："刘老师上的这节数学课，令我终生难忘，因为刘老师的教学方法很好. 他提的问题也与一般老师不同，更幽默，更能提到点上. 如果他教我们一年的话，我们的成绩应该能提高不少吧！"

张春婷、黄龙鑫等："当刘老师听到同学们的声音太小时，就问同学们，班里谁讲话声音最大，然后就叫他大声地说'我在上数学课'. 这节数学课，我从未感到如此兴奋."

曾繁兴、文紫云等："刘老师用简单易懂的语言，让我们一听就懂，那些平时成绩不大好的同学也做对了. 我觉得刘老师的教学方法很难得，和其他老师不一样. 其他老师是同学错了老师去纠正，但刘老师是'举错改错'的方法. 刘老师让同学上台动手画图，既锻炼了同学们的勇气，又增强了我们动手实践的能力. 刘老师讲的话深刻好记，同学们在当堂课就把知识掌握了. 刘老师最后用一个小视频来总结，也是和其他老师不一样的地方. 刘老师的数学课，不仅让我收获了知识，还让我对数学又有了信心！"

赖春森："听了刘鑫老师讲的这节数学课，我彻底地改变了对'数学课'这个词的看法. 刘老师和蔼可亲，脸上总是露出笑容，一点儿也不让人觉得他凶. 上课时，刘老师总是故意说自己不会做、自己总是出错，而我们却觉得他只是为了让同学们有更多上去解答问题的机会，让同学们更深刻地记住这些错误，下次不再犯. 其实他自己是会做的，而且不会出错. 下课时，他还用了一种不同于其他数学老师的特殊方式. 他先让班长站起来，举着平面直角坐标系模型，然后让第一象限的同学下课，再让第三象限的同学下课，之后是第二、四象限的同学. 这种下课方式十分有趣. 我想，这节数学课应该是我一生中最难忘的一节数学课吧！谢谢您，刘鑫老师！您让我拥有了这么宝贵的回忆！"

廖世豪、周静等："刘老师上的数学课，令我感触十分深. 我突然觉得数学课变得有趣多了！一开始，大家都有些害羞，不敢举手发言. 后来，我们觉得刘老师十分幽默，把我们当作朋友一样. 他讲课的方法非常好. 他先让同学们自己思考、自己学习，然后实际操作，操作完毕后，让同学们看复习视频以加深印象. 我第一次见到这么好的老师，他让我对数学又有了新的认识. 从今以后，我想我一定会学好数学. 还有，我会牢记刘老师说的'会预习的人将来能成为博士'. 从现在开始，我一定每天预习、复习！相信吧，那快乐的日子定将来临！"

★视频观看、下载网址★

教学视频下载网址：https://pan.baidu.com/s/1eSP71TMuireSOslaJLpxsQ.

教学视频观看网址：

http://v. youku. com/v _ show/id _ XMzQzOTk2MzcxMg = =. html？spm = a2h0k. 8191407. 0. 0&from=s1. 8-1-1. 2；也可通过百度或在优酷网输入"平面直角坐标系（会昌刘鑫）"搜索得到.

整体感悟，才能大彻大悟

——以感悟课"探索三角形全等的判定公理"为例
(2017 年 9 月 26 日·会昌实验学校)

★ 前置研究 ★

"至少告知哪些数据，你我拼搭的三角形会全等"
前置研究

第一阶段：自主拼搭一个三角形（见表 1）.

表 1

步骤	要求	结果
拼一拼	请利用 3 根小棒和 3 枚大头针，拼搭一个大小适当的 △ABC（尽量不要出现等腰三角形、直角三角形）	
量一量	度量自己所拼搭的三角形的边与角	你度量的六个数据是：$\angle A =$　　　$AB =$ $\angle B =$　　　$BC =$ $\angle C =$　　　$AC =$
编一编	把你度量的数据写在一张纸条上，并交给你的同伴，要求他（她）根据你提供的数据再拼搭一个三角形. （你的同伴是：＿＿＿＿＿＿） 短信要求——告知同伴尽量少的边、角信息	你编的短信是：

第二阶段：根据短信中的数据再拼搭一个三角形（见表 2）.

表 2

步骤	要求	结果
查一查	查看收到的短信	你收到的短信是：
拼一拼	根据短信中的数据，利用 3 根小棒和 3 枚大头针，再拼搭一个三角形	

第三阶段：比一比

把短信纸条和根据短信拼搭的三角形一并送回给编写短信的同伴.

把收到的三角形与自己原来拼搭的三角形比一比，它们会全等吗？

★课堂实录★

第一课时

环节一、情境引入

师："老师做了这样一个三角形（见图1），它是用三枚大头针把三根小棒串起来的. 这节课，我们就来研究这个问题——如果我要你动手做一个与它全等的三角形，你希望我告诉你这个三角形的哪些数据？一个三角形可以量得六个数据，三条边的长和三个角的大小. 你要考虑的是——至少告诉你哪些数据，你才能做一个与它全等的三角形？"

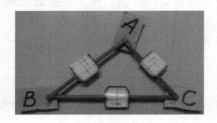

图1

师："为了让大家都参与研究，我们就按以下步骤来进行……"

【评析】老师把自己事先拼搭好的三角形展示出来，一是为了体现示范性，让学生明白，要做什么、怎么做；二是为了激起学生的好奇心，觉得上数学课也可以像做游戏一样好玩，让学生动手拼搭三角形.

环节二、拼搭三角形

第一步：学生自主拼搭一个大小合适的三角形.

师："请利用3根小棒和3枚大头针，拼搭一个大小适当的三角形，尽量不要拼搭等腰三角形、直角三角形."

（老师课前给每个学生发了一个信封，信封内装有六根硬质塑料棒和六枚大头针，让学生按要求拼搭三角形，如图2、图3所示）

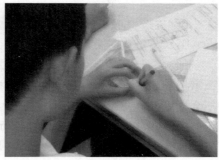

图2   图3

第二步：测量自主拼搭的三角形的边、角，编写短信告知同伴.

师："请同学们首先测量自己所拼搭的三角形的边与角，然后编一条短信递给你的同伴，要求他（她）根据你给的数据再拼搭一个三角形. 短信的要求是——告诉他（她）尽量少的边、角信息，再把短信写在一张小纸条上，交给你的同伴（结伴规则，略）."

（学生按要求测量三角形的边、角，并编写短信，然后交给同伴，如图4、图5所示）

图4   图5

【评析】为什么要设计编写短信这个环节呢？一是为了让学生动手拼搭三角形之后，总结反思有哪些感性认识，并归纳这些认识，让学生理解确定一个三角形所需的条件和制作两个全等三角形所需的条件. 二是让学生体验：告知一个数据或两个数据是不能保证拼搭的两个三角形全等的，为下一节课的分析节省时间. 三是让学生独立纠结需要告知哪三个数据才有可能拼得全等的三角形.

第三步：根据同伴的短信中的数据再拼搭一个三角形.

师："请同学们根据收到的短信中的数据，再利用3根小棒和3枚大头针，拼搭一个三角形."

（学生按要求拼搭三角形）

第四步：比对自己拼搭的三角形和同伴拼搭的两个三角形是否全等.

师："把短信纸条和根据短信拼搭的三角形一并送回给编写短信的同伴.大家把收到的三角形与自己原来拼搭的三角形进行对比，看看两个三角形会不会全等."

【评析】 让学生比对自己拼搭的三角形和同伴拼搭的三角形是否全等，是为了促进学生反思——若两个三角形全等，说明必须具备哪些条件；若两个三角形不全等，是否是信息中的数据个数太少或是拼搭误差太大，还是数据选择不恰当，抑或是重叠时两个三角形"体位"不恰当……

第二课时

环节一、统计全班短信中数据的个数

师生一起统计全班同学短信中数据的个数，统计结果如图 6 所示（过程略）.

短信中含有数据
个数统计表

数据个数	人数
1 个	0
2 个	0
3 个	29
4 个	11
5 个	10
6 个	4

图 6

【评析】 这张表是两个阶段的分界线. 每位同学经过亲手拼搭，对确定三角形的条件有一定的感悟. 这是对前一阶段的总结，也是后一阶段的开始判定. 它像一粒种子一样，由此可以引出判定三角形全等的所有方法，也可以深刻领悟三角形全等的三个公理. 这张表，有提纲挈领的作用，是一节课的主线，整节课的流程也囊括在其中.

环节二、挑选含三个数据的信息，并用它们在黑板上拼图

（在课间，老师深入同学中间，寻找、收集、挑选只含三个数据的短信，为下一阶段归纳公理做准备）

（一）在黑板上拼搭告知三边长度的三角形，并归纳"边边边公理"

师（指着图 6 所示的表格）："上节课，我们统计了大家短信中包含数据

的个数. 从这个统计结果来看，大家都知道，告知一个数据或两个数据让同伴拼三角形，是不能保证拼得的三角形全等的."

师："从统计结果可以看出，告知同伴三个数据的人数最多，说明大多数人都认为，告知同伴三个数据能拼得全等的三角形."

师："我这里挑选了几个同学的短信."

（老师指着手上拿着的几张短信条. 这些短信条是老师课间挑选出来的）

师："这是朱××同学的短信，$\triangle ABC$，$AB = 16$，$BC = 12$，$AC = 10$. 我们按照他的数据在黑板上拼搭一个三角形. 为了大家更好看，在黑板上，我把 2cm 作为'1'处理."

（老师用绑有磁铁、标有刻度的小木条在黑板上拼得如图 7 所示的一个三角形，并在顶点处标上字母和各边的长）

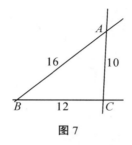

图 7

【评析】老师拿出课间找到的短信条，一是为了让编写这条短信的同学获得成就感，二是为了有序地进行后一阶段的教学：三边（"边边边"）→两边一角（"边角边"）→两角一边（"角边角"）. 如果问"哪组同伴拼到了全等的三角形，请把你们的短信拿上来"，这种指向性不明确的问题就会使得一节课很凌乱，整节课的计划会被打破.

师："大家想象一下，要是让全世界的人都用这三个数据，一边是 16，一边是 12，一边是 10，去拼一个三角形，再把全世界的人拼得的三角形放在一起，你们觉得会不会全等？"

生："不会……会……"

师："三边都定了，这个三角形就不能动了吧？你再想象一下，全世界的人拼得的三角形放在一起会不会全等？"

生："会!"

师："你们真的是这样认为的吗？"

生："有误差."

师："不考虑误差. 它们的大小形状是不是一样的？"

生："是!"

师："叫全世界的人都用这三个数据，一边是 12，一边是 16，一边是 10，拼得的三角形放在一起的话，会全等，大家认同吗？"

生："认同！"

师："古今中外，几千年来，人们实践的结果就是这样，只要给定三边的长，这个三角形就确定了．它的大小、形状就确定了．我们如何归纳这个结论呢？你与你的同伴用同样的三边拼搭三角形，三边分别相等的话，两个三角形全等．"

（老师板书：三边分别相等，两个三角形全等，如图 8 所示）

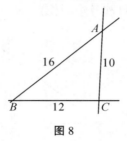

公理：三边分别相等的
两个三角形全等．

图 8

师："三边分别相等，两个三角形全等．这个结论是正确的．它的正确性是经过人类反复检验的．像这样，人们从实践中总结出来并在实践中反复验证的正确结论，我们把它称为'公理'．它的正确性是不需要证明的，并且它还是我们判定其他命题是否正确的依据．"

师："以前我们也学过一些公理，比如'两点之间线段最短'．这也是人们在实践中总结出来的，并经过实践反复检验是正确的．大家都知道，狗为了抢东西，都走直线．"

（学生大笑）

（二）在黑板上拼搭告知两边及其夹角的三角形，并归纳"边角边公理"

师："这是吴××同学的短信条，$\triangle ABC$，$AB=13$，$\angle B=85°$，$BC=16$．我们也把这个三角形拼搭出来．"

（老师用的木条绑有磁铁、标有刻度．老师先把两根木条的一端钉在一起，把它作为顶点 B，使得这两根木条的夹角成 $85°$，即得 $\angle B=85°$，同时也就确定了 BC，BA 两边所在射线的位置，量取 $BA=13$，$BC=16$ 后，顶点 A，C 的位置也就确定了，再经过 A，C 两点粘上第三根木条，就确定了 AC 边，拼得的三角形如图 9 所示．在拼的过程中，老师同时标上了表示顶点的三个字母和相关的已知数据）

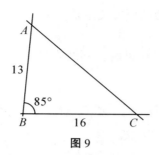

图 9

师："我也同时这样问，要是叫全世界的人都按照这组数据拼一个三角形，$AB = 13$，$\angle B = 85°$，$BC = 16$，最后把它们放在一起，会不会全等?"

生："会!"

师："这也是人们在实验中总结出来并经过人们实践反复检验的正确结论. 这也是一个判定两个三角形全等的公理."

(老师同时采用"留空式"板书：两边_____角分别相等的两个三角形全等，如图 10 所示)

公理：两边   角分别相等
的两个三角形全等.

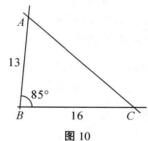

图 10

师："两条边和一个角，它们之间的相对位置关系有很多种，怎么区分它们之间的相对位置关系呢?"

(老师同时板画两个草图，表示两类"两边一角"的相对位置关系，如图 11 所示)

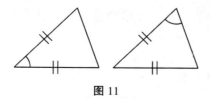

图 11

师："这个角与两边的位置关系是……"

生："夹角."

（老师指着左侧的图在讲解，同时在草图下方写上"夹角"两字，如图 12 所示）

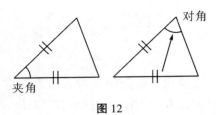

图 12

师："这个角与两边的位置关系是……"

生："其中一边的对角."

（老师指着右侧的图在讲解，同时在草图下方写上"对角"两个字，如图 12 所示）

师："所以，这个公理应当表述为'两边和它们的夹角分别相等的两个三角形全等'."

（老师在"两边_____角分别相等的两个三角形全等"的空隙处，板书"和它们的夹"几个字，如图 13 所示. 于是得到了完整的公理：两边和它们的夹角分别相等的两个三角形全等）

公理：两边和它们的夹角分别相等的两个三角形全等.

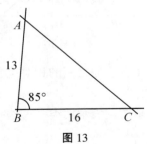

图 13

师："如果'两边一角'中的角是一边的对角的话，能不能保证这两个三角形全等呢？"

生："不能."

师："能不能举个例子？"

生："……"

师："这节课我们主要是感悟一下全等三角形的判定公理，我这里准备了两个三角形纸片，大家请看······"

（老师把两边和其中一边对角分别相等的两个三角形纸片贴在黑板上，如图 14 所示）

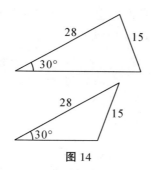

图 14

师："这两个三角形会不会全等?"

生："不会."

师："大小差别很远，显然它们不全等. 但是它们的数据中，依次都是一边是 15，一边是 28，一个角是 30°. 所以，上述公理中，我们要强调——两边和它们的'夹角'；如果已知两边和其中一边的对角分别相等的话，就不能保证这两个三角形全等."

（三）在黑板上拼搭仅告知两角及其夹边的三角形，并归纳"角边角"公理

师："这是欧××同学的短信条，他的三个数据是，$\triangle ABC$，$\angle B = 120°$，$BC = 9$，$\angle C = 25°$. 我们也把这个三角形拼搭出来."

（老师先把作为 BA，BC 边的两根木条摆好. 这两根木条有一端钉在一起，作为三角形的顶点 B；然后在水平那根木条上量取 $BC = 9$，确定点 C 的位置；再以点 C 为端点，把第三根木条与 BC 边所在的木条钉好. 老师把三根木条同时粘贴在黑板上，固定 BC 边所在的那根木条，通过转动另外两根木条，确定 $\angle B = 120°$ 和 $\angle C = 25°$ 后，这个三角形就拼好了. 老师最后把点 A 和三个相关数据标在图上，如图 15 所示）

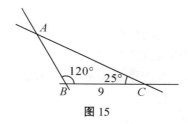

图 15

师："我也同样这样问，要是叫全世界的人都照这组数据拼一个三角形，$\angle B = 120°$，$BC = 9$，$\angle C = 25°$，最后把它们放在一起，会不会全等?"

生："会！"

师："这也是人们在实践中总结出来并经过人们实践反复检验的正确结论. 这也是判定两个三角形全等的一个公理."

（老师同时在所拼三角形的上方"留空式"板书："_____ 分别相等，两个三角形全等"，如图 16 所示）

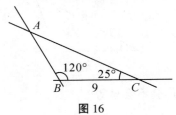

公理：　　　　　　　　　分别相等
的两个三角形全等.

图 16

师："这个公理怎么表述呢？这三个数据的相对位置关系怎么描述？"

（老师拿出上面画有一个三角形的透明塑料板，并且这个三角形有两角和它们的夹边涂上了标记，如图 17 所示）

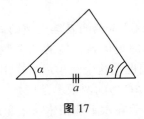

图 17

生："两角和它们的边……两角和它们共同的边……"

师："有道理，两角和它们共同的边. 有没有更简洁的描述？"

师："跟刚才所说的'两边夹角'类似，这条边被两个角夹住了吧，那么这条边就是这两个角的……"

生："夹边."

师："所以这三个数据的相对位置关系是……"

生："两角和它们的夹边."

师："三角形的边、角的位置关系是相对的，假设把这个三角形倒过来，是不是两角和它们的夹边？"

生："是."

师："把它翻转过来，还是按'角→边→角'的顺序排列，是不是'两角和夹边'？"

生："是."

师："把它旋转一下，还是'角→边→角'这样的相对位置关系吧?"

生："是."

（老师把手中的透明塑料板旋转、翻面呈现给学生看，使学生认识到边角之间的相对位置关系不变. 塑料板旋转、翻面后的效果如图18至图20所示）

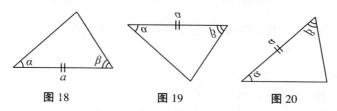

图18　　　　　图19　　　　　图20

师："这样，我们把这个公理表述为……"

生（齐）："两角和它们的夹边分别相等的两个三角形全等."

（老师同时在所拼三角形上方板书该公理，如图21所示）

公理：两角和它们的夹边分别相等
　　　的两个三角形全等.

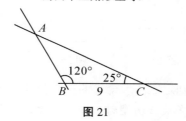

图21

师："根据同一个三角形边、角之间的相对位置关系，两角和它们的夹边分别相等的两个三角形全等. 这个公理我们称之为'角边角公理'，简称为'ASA'."

【评析】老师分析了三个公理的归纳过程，目的是让学生深刻明白"公理"的正确性是不需要证明的，因为公理是人们实践的总结.

师："同样，对于三边分别相等的两个三角形，三边之间的相对位置关系也一样，不管怎样旋转、翻面，它们的位置关系总是不变，都是'边→边→边'，所以对于'三边分别相等的两个三角形全等'，我们就称之为'边边边公理'，简称为'SSS'."

（老师把手中的透明塑料板旋转、翻面呈现给学生看，使学生认识到三边之间的相对位置关系不变. 塑料板旋转、翻面后的效果如图22至图24所示）

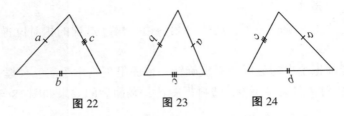

图 22　　　　图 23　　　　图 24

师："同样，对于两边和它们的夹角分别相等的两个三角形，它们的边、角之间的相对位置关系也一样，不管图形怎样旋转、翻面，它们的相对位置关系总是不变，都是'边→角→边'，所以对于'两边和它们的夹角分别相等的两个三角形全等'，我们就称之为'边角边公理'，简称为'SAS'."

（老师把手中的透明塑料板旋转、翻面呈现给学生看，使学生认识到边、角之间的相对位置关系不变。塑料板旋转、翻面后的效果如图 25 至图 27 所示）

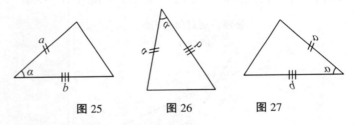

图 25　　　　图 26　　　　图 27

师："以上就是判定三角形全等的三个公理."

【评析】 老师用多块透明塑料板分别画上三角形，并标上边、角信息，并通过旋转、翻面等操作，可以让学生充分理解边、角之间的"相对位置关系"，从而更好地接受、应用三个公理.

（四）简要分析告知三个角的三角形

师："我看到有一个同学的短信是这样写的，$\triangle ABC$，$\angle A = 60°$，$\angle B = 50°$，$\angle C = 70°$。让全世界的人照这三个数据去拼三角形，再把这些三角形放在一起……"

生："大小不一样."

师："对！角度是可以保证一样，但大小不一样。大家要不要画一下这个三角形？"

生："不要."

师："我们可以举一个类似的例子。大家都有三角板，一块三角板里就有两个三角形，外面的三角形和里面的三角形，三个角的度数完全一样，但……"

生："大小不一样."

师："对，所以，三个角分别相等的两个三角形不一定全等."

【评析】借用学生的四张短信条，师生一起在黑板上拼搭三角形，大家一起有序地得出了判定三角形全等的三个公理. 这样，学生就能完全接受它们的正确性，而不是依靠死记硬背来学数学.

环节三、应用公理，列表分析含三个、四个、五个、六个数据的短信

三个

边	角

图 28

师（指着图 28 边填边讲）："告知三个数据，总共有哪些可能呢？我们来看一下.

"一是三条边没有角，就是'边边边'.

"二是两条边一个角，如果是夹角的话就是'边角边'，如果是两条边和一条边的对角的话就不能保证两个三角形全等.

"三是一条边两个角，如果是'两角及其夹边'状态的话，它就是'角边角'；如果一条边是其中一个角的对边，这种情况下会不会全等呢？"

生："……"

师："举个例子，△ABC，∠A = 70°，∠B = 50°，BC = 20，如果让全世界的人都按照这三个数据拼一个三角形，你觉得这些三角形会全等吗？"

生："会."

师："会？赞成会的请举手……"

生："……"

师："赞成不会的请举手……"

生："……"

师："再问一次，会不会？"

生："会！"

师："会，为什么呢？"

生："还有一个角是 60°……"

师："对，一个角 70°，一个角 50°，还有一个角就是 60°，夹边是

20cm，这不是转化为'角边角'了吗？"

（这一阶段的讲解，老师始终一边讲，一边板书板画. 最后的板书、板画如图29所示）

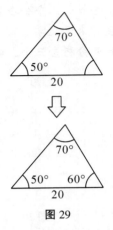

图 29

师："所以给定两个角和一个边的时候一定全等. 但是，'角边角'和'角角边'有一个作为公理就够了，另一个可以转化过来. 我们就约定'角边角'为公理，"角角边"就不再把它作为公理了.

"'角角边'也是判定三角形全等的一个方法，但是没有把'角角边'作为判定三角形全等的公理，也是为了突出'角边角'公理."

师："给定三个角，没有边，让全世界的人都去拼这样的三角形，拼出来的三角形……"

生："不全等."

师："对，刚才大家都研究过了."

师："三个数据的只有这四类吧？还有没有其他类型？"

生："没有."

（这一阶段的讲解，老师始终一边讲，一边板书、板画. 最后的板书、板画如图30所示）

三个		
边	角	
3	/	SSS
2	1	SAS
1	2	ASA
/	3	

图 30

【评析】 在拼搭三角形后，全面有序地分析三个数据的所有情况，目的是让学生学习了上述内容之后，能够全面掌握这些公理. 与人教版教材和教学参考书的设计相比，这样讲解更具完整性，使学生不会出现盲人摸象的感觉. 这样设计，丰富了教学内容，整体感非常强.

师："对于给定四个数据的情况，我们也总结一下——

"第一种情况：三条边，一个角，属于'边边边'公理或'边角边'公理，肯定有数据是多余的；

"第二种情况：两条边，两个角，属于'边角边'公理或'角边角'公理，肯定也有数据多余；

"第三种情况：一条边，三个角，属于'边角边'公理，肯定也有数据多余.

"告诉你两个角和告诉你三个角有没有差别？"

生："没有."

（这一阶段的讲解，老师始终一边讲，一边板书、板画. 最后的板书、板画如图 31 所示）

四个

边	角	
3	1	SSS,SAS
2	2	SAS,ASA
1	3	ASA
/	/	

图 31

师："五个数据的情况要不要分析？"

生："不要."

师："一定有多余的数据."

师："六个数据的要不要分析？"

生："不要."

师："更是有多余的数据."

师："到了高中，你们会知道，已知三边也可以求出三个角的大小，三角形是确定的；已知两边和它的夹角，其他的边、角也可以求出，三角形也是确定的；已知两角和夹边，其他的角和其他的边也可以求出，三角形也是确定的，这个规律叫作正弦定理和余弦定理."

【评析】 对四个数据的详细分析和对五个数据、六个数据进行简要的分析，可以加深学生对三个公理的认识. 这样设计教学，是为了使得逻辑更连贯、理论更完整，可以弥补教材存在的缺陷.

环节四、画三角形，再次验证三个公理

师："下面我们来升级一下今天学习的层次. 我们换一组合适的数据，大家来画一个三角形，使它的三边分别是 8cm，6cm，5cm."

（学生都在画三角形，老师巡视）

师："一个三角形有三个顶点，你画一条边就确定了两个顶点，那么第三个顶点怎么确定？"

师："请问你是怎么画的？"

生："我用两把尺子."

师："我还原一下这个同学的画法，首先画一边等于 6cm，设它为 BC，这样就定了两个顶点. 第三个顶点怎么定？我看到好多学生是同时移动两把尺子来确定第三个顶点."

（老师一边讲，一边在黑板上模仿学生确定第三个顶点的画法，如图 32 所示）

图 32

（学生大笑）

师："有没有更科学的画法？我有一个方法，你们看我画."

（老师拿了一根木条，一端用锥子扎一个孔作为圆心，选取相当于 8cm 长度的另一端，捏住一根粉笔，一边转动，画出距点 B 8cm 的点 A 的轨迹所在的一段圆弧，一边讲"A 点可能在这里吧……可能在这里吧……"；然后，一边画出距点 C 5cm 的点 A 的另一条轨迹所在的圆弧，一边讲"A 点也可能在这里吧……也可能在这里吧"，如图 33、图 34 所示）

图 33　　　　　　　　　　　　图 34

师："怎么画？"

生："用圆规."

师："哪个点是 A 点？"

生："交点."

师："两条轨迹的交点，就是 A 点，这叫'交轨法'. 这样画出来的点 A，既满足到 B 点 8cm，又满足到 C 点 5cm，很科学吧！（见图 35）"

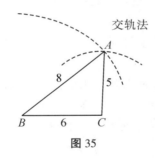

交轨法

图 35

【评析】用小木条作为半径画弧，能使学生更好地理解"交轨法"的真实性，可以让学生更深刻地理解半径的含义，更清楚地体会"交轨法"的作用. 用小木条作为半径画弧，是以后用圆规画弧、画圆的最好过渡.

师："请大家用圆规再画一次……"

（全体学生在画图，老师在巡视）

师："画好后，请把你画的三角形用剪刀剪下来."

（全体学生在剪图，老师在巡视并挑选学生的作品）

师："这里有两个同学已经画好了，也剪下来了，把它们重在一起后，大家看，全等吗？"

生："全等."

师："对，我们再次验证了——三边分别相等的两个三角形是全等的."

（老师手拿两位同学所剪的三角形纸片，一边示范，一边讲解）

师："接下来请大家再来画一个 $\triangle ABC$，$AB = 5\text{cm}$，$\angle B = 45°$，$BC = 4\text{cm}$."

（全体学生在画图，老师在巡视）

师："画好后剪下来，要标记好边、角的数据."

师："这里有两个同学已经画好了，一边是 5cm，一边是 4cm，夹角是 45°，重在一起，全等吗？"

生："全等."

师："对，我们再次验证了——两条边和它们的夹角分别相等的两个三角形全等."

（老师手拿两位同学所剪的三角形，一边示范，一边讲解）

师："我们再画一个 $\triangle ABC$，$\angle B = 40°$，$BC = 5\text{cm}$，$\angle C = 70°$."

师："画好后剪下来，要标记好边、角的数据."

（全体学生在剪图，老师在巡视并挑选学生的作品）

师："这里有两个同学已经画好了，也剪下来了，一个角是 40°，一个角是 70°，所夹边是 5cm，重在一起，全等吗？"

生："全等."

师："对，我们再次验证了——两个角和它们的夹边分别相等的两个三角形全等."

（老师手拿两位同学所剪的三角形，一边示范，一边讲解）

【评析】从"拼"到"画"，再从"画"到"剪"，是本节课学习的两次飞跃. 这样设计可以加深学生对三个公理的理解，增强学生对三个公理的认可度，为学生灵活应用三个公理奠定基础.

环节五、小结

师："好的，这节课我们就上到这里. 今天我们初步感受了一下判定两个三角形全等的三个公理，以后还要逐个学习. 除了这三个公理外，你在这节课还学到了什么？"

生："我知道了如何根据三个数据来画三角形."

师："还有他有收获吗？"

师："同学们请看，有三个数据时，有多少类？"

生："四类."

师："对，按边的个数来分，3，2，1，0，有四类."

师："有四个数据时，有多少类？"

生："四类."

师："对，按边的个数来分，3，2，1，0，有四类. 以后，我们分类就……"

生："更有条理了."

师："对，这样就不重复、不遗漏. 今天，我们还要体会到实践才能出真知、真理是要靠实践来检验的."

【评析】在知识层面上，本节课是对全等三角形判定公理和判定方法的全面了解. 在思想方法层面上，本节课不但应用了归纳、抽象等数学思想，还充分应用了分类讨论思想，从而全面、深刻地讨论了一个数据到六个数据，以及每种数据中边、角搭配的种种情况.

环节六、作业

老师布置作业，画 $\triangle ABC$：

（1）$AB = 3$cm，$BC = 3.5$cm，$AC = 2.5$cm；

（2）$AB = 2.5$cm，$\angle B = 30°$，$BC = 3.5$cm；

（3）$\angle B = 60°$，$BC = 3$cm，$\angle C = 45°$.

【评析】本节课的作业主要是为了巩固对三个公理的理解，在数据的排列顺序上，也没有绕弯，按照边、角之间的相对位置依序连续给出. 这是为了增强对公理理解的深刻性. 数据大小的编拟，也结合了一般性和特殊性，让学生所画的图形更有美感.

★板书设计★

本节课板书设计如图 36 所示.

至少告知哪些些数据
你我拼搭的三角形会全等

短信中含有数据个数统计表

数据个数	人数
1个	0
2个	0
3个	29
4个	11
5个	10
6个	4

三个

边	角	
3	/	SSS
2	1	SAS
1	2	ASA
/	3	

四个

边	角	
3	1	SSS,SAS
2	2	SAS,ASA
1	3	ASA

公理：三边分别相等的两个三角形全等.

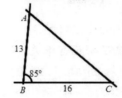

公理：两边和它们的夹角分别相等的两个三角形全等.

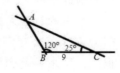

公理：两角和它们的夹边分别相等的两个三角形全等.

图 36

★重点、难点与教学目标★

【重点】

（1）会动手拼搭三角形.

（2）理解边边边公理、边角边公理、角边角公理并体验它们的归纳过程.

【难点】

根据确定的边、角数据画出符合要求的三角形.

【教学目标】

（1）全面理解三角形全等的判定公理.

（2）会画三角形.

【教学准备】

小木条、大头针、硬质塑料棒、透明塑料板、记号笔、饼状小磁铁、透明胶、真尺、三角板、圆规等.

★老师磨课、上课感言★

2014年9月，受广州郭思乐教授"生本教育"的启发，我在会昌实验学校尝试了一节"感悟三角形全等条件"的研讨课.

2014年10月，笔者组织了一次全县初中青年教师优质课比赛，课题恰好是人教版"三角形全等的判定（第2课时）". 这节课的内容是"边角边". 在所有参赛选手中，没有一个将它表述为"边角边公理"，也没有一个将归纳结果表述为"这个基本事实简称为'边角边'".

课改后，"公理"一词被"基本事实"取代. 人们常常将"基本事实"与"定理"混为一谈，将"基本事实"称为"定理"的现象比比皆是. 有些人只是口头上这样说，更有甚者，有些人在杂志上发表的论文中也这样说.

为了突出"基本事实（公理）"在教学中应有的地位，笔者对判定三角形全等的教学进行了全新的设计——增设两节活动课，第一节课让学生自主拼搭三角形，第二节课让学生从整体上理解判定三角形全等的三个公理. 通过这两节活动课，我们可以让学生深刻、全面理解判定三角形全等的三个公理，还可以让学生学习到四种判定方法.

这两节课已经过四年的反复打磨.

一、本课的打磨克服了哪几道难关

（1）对于怎么样创设一个画三角形的动机和画全等三角形的情境，笔者想了很久，后来，就想到了——让学生自主画了一个三角形，再通过最少字符的短信告诉你远方的朋友你所画的三角形的大小和形状，并且要他（她）

画一个一模一样的三角形. 这是最初的想法.

这样设计，可以使学生对活动本身的目的产生浓厚的兴趣. 有了这种学习的需要和动机，学生就会有积极的学习心态，从而主动学习、高效学习.

2014 年 9 月，最初的"前置研究"内容如表 3 所示.

表 3

"感悟三角形全等"前置性研究
一、课前个人研究 　　首先请你画一个三角形，然后观察、度量这个三角形，再编写尽量简洁的短信，把这个三角形的形状与大小告诉你远方的同学.

你画的三角形	你编的短信

二、课堂小组研究

1. 遮住自己所画的三角形，请本组其他同学根据你的短信画一个三角形.

2. 比较两人画的三角形，看看能否完全重合.

3. 小组归纳：告知三角形的哪些元素，才能画出确定的三角形？

这个前置研究指向性不够明确，造成教学目标不明确，教学效果不是很好.

后来我进行了改进，目标直指全等三角形的判定公理.

（2）在感悟方式上，最初是在课堂上用圆规画三角形，后来改为在课堂上用几何画板画三角形，最后改为用小塑料棒拼搭三角形.

按人教版教材的安排，在学习全等三角形的判定之前，学生是不会用尺规按要求画一个三角形的，所以这个设计不可行. 在课堂上，老师用几何画板画一个满足一定条件的三角形是可以的，但是学生还是只能看老师操作，学生没有动手的认识. 直至采用塑料管拼搭三角形后，学生才完全参与到公理的感悟活动中来.

（3）在三个公理的出现顺序上，从无序到有序，与人教版教材的顺序相同.

（4）开课的"第一句话"我也经过再三斟酌.

2015 年上这部分内容时，我是让学生在课前完成三角形的拼搭的，上课的"第一句话"是"谁拼得的三角形会全等"？学生对这个问题的回答有多种答案，要把这些答案往三个公理上"拉"，要排除很多干扰，会浪费很多时间，造成一节课很乱.

2017 年上这部分内容时，我在第二课时上课的"第一句话"是："我这里有某某同学的短信条，我们用他（她）的数据，在黑板上一起来拼一拼这个三角形."这样，不但使教学更有条理，而且还增加了一次全班同学合作交流的机会.

（5）学生拼搭的材料，原来是"较软的塑料棒+透明胶纸"，后来改为"较硬的塑料吸管+大头针".这样拼搭出来的三角形不容易变形.塑料吸管也是在网上精挑细选的较长的彩色透明的塑料吸管.

（6）老师拼搭的材料，原来是"不是很精致的小木条+透明胶纸"，后来改为"精致的小木条+饼形小磁铁".这样，老师在黑板上演示、拼搭三角形就非常方便.为了挑选小木条，我走遍了全县城的木材店和装饰店，最后选定横切面为 10 毫米×3 毫米的小木条；为了挑选小磁铁，我在网上再三比对各种小磁铁，最后结合木条的大小选择直径 12 毫米、厚度 4 毫米的饼形磁铁.

（7）与教材不同的是，我们提"构成三角形的'数据'"这种说法，而不是提"使三角形全等的'条件'".因为，如果提"使三角形全等的'条件'"，则它必定是以等号联结的一对"元素"，而提"数据"，再结合"同伴""让全世界的人都用这个数据来拼（画或剪）三角形"，自然就有"很多"等号联结的"条件"了.另外，提"构成三角形的'数据'"，而不是提"使三角形全等的'条件'"，也是为了与正弦定理和余弦定理的思想相统一.

（8）我们没有纠缠在一个条件和两个条件能否使两个三角形全等这个低级问题上.这就避免了时间的浪费.在课堂上，基于学生的独立操作，老师通过列表用一句话带过，节约了时间.

（9）在三个公理的命名时，引入了"边、角的相对位置关系"的说法，并对三个边、角数据的相对位置关系进行了全面的分类，并对能否构成确定的三角形进行了深入的分析.

二、本课的感悟做了哪些整体处理

（1）感悟内容上，连续、完整地处理了告知一个条件到六个条件是否能判定两个三角形全等的所有情况，弥补了教材的缺陷.

（2）感悟要点上，在同一节课上，连贯地得出了判定两个三角形全等的三个公理，克服了传统教学中"盲人摸象"的处理方式.

（3）感悟方式上，从拼到画，从画到剪，完整、有序地让学生体会了判定两个三角形全等公理的归纳.感悟方式从感性变得越来越理性.

（4）讨论了三个数据的所有边、角组合与排列的情况.

（5）归纳了三角形全等的四种判定方法.

三、本课取得了哪些效果，有什么价值

让学生亲历了知识的形成过程，积累了活动经验，让知识的传授符合学生的认知规律，让新理念落地，是这两节课最显著的效果和最大的价值.

《义务教育数学课程标准》（2011 年版）特别强调：数学活动经验的积累是提高学生数学素养的重要标志. 帮助学生积累数学活动经验是数学教学的重要目标，是学生不断经历、体验各种数学活动过程的结果. 数学活动经验需要在"做"的过程和"思考"的过程中积淀，是在数学学习活动过程中逐步积累的.

《义务教育数学课程标准》（2011 年版）还强调：学生学习也不是单纯地模仿、练习和记忆. 因此，教材应选用合适的学习素材，介绍知识的背景；设计必要的数学活动，让学生通过观察、实验、猜测、推理、交流、反思等，感悟知识的形成和应用. 恰当地让学生经历这样的过程，对于他们理解数学知识与方法，形成良好的数学思维习惯和应用意识，提高解决问题的能力有着重要的作用.

从形式上说，这是一节活动课. 笔者用塑料小棒作为学具，设置开放的探究活动，在学生动手操作获得直接经验的基础上，再让学生交流、归纳，经过学生动手动脑的充分实践和师生的共同归纳，让学生体验怎样才能确定一个三角形，怎样的两个三角形才能全等.

从实质上说，这是一节感悟课：让学生感悟至少要多少个元素才能确定三角形，需要哪几个元素才能确定一个三角形. 这节课让学生全面感悟了判定三角形全等的三个公理，完整感悟了判定三角形全等的四种方法，对学生领悟正弦定理和余弦定理也起到了非常重要的作用.

另外，学生实现了从动手感悟到动脑抽象归纳的飞跃，经历了丰富有序的动手活动：动手"拼搭"感悟→动手画图感悟→动手剪图感悟→观察拼图感悟. 学生还实现了从独立感悟到群体感悟的飞跃，实现了从拼搭三角形的"粗略感悟"到剪三角形的"精细感悟"，再到画三角形的严谨感悟的飞跃.

这种感悟性学习，不是聚焦于某个知识点上，而是引领学生欣赏了这个板块的一道道风景. 这两节课的学习，丰富了学生的知识储备，拓宽了学生的知识面，对学生今后的学习有深远的影响.

这种突显过程的学习，把数学实践活动作为数学学习的源头，将实践活动与课堂讲授相结合，有效地激发了学生的学习动机，有效地培养学生的核心素养，让学生积累了丰富的活动经验. 在拼搭三角形、归纳公理的过程中，

学生的数学思考能力和问题解决的能力得到了提升，学生的情感态度和价值观也发生了变化.

这种突显过程的学习，先组织学生开展实验操作活动，再在实践的基础上，让学生进行观察、分析、抽象概括，然后在交流与互动中不断得到巩固和深化. 这种教学方法不是依赖死记硬背，而是能够有效地帮助学生真正理解数学知识，是真正的深度学习.

在活动和分析过程中，学生深刻地体会了"分类讨论"这种数学思想在数学学习中的作用和地位. 在本节课中，对于为什么要分类，如何分类，如何确定分类的标准，如何做到不重不漏，相信学生都有深刻的体会.

这两节活动课的影响是深远的. 正如北京大学原校长林建华所说：每一个专业背后都隐含着专业精神. 知识可以过时，但感悟到的思维方式、社会责任和探求精神，会像血液一样，流淌在你的心中，伴随你的一生.

★学生课后感★

会昌县实验学校八（15）班学生课后感——

刘智华："上这样的动手操作课，感觉有点小激动，感觉自己很幸运. 老师准备很充分，让我学到了一些巧妙的知识. 为了让我们上活动实践课，刘鑫老师还破费为我们买了动手操作的学具."

罗丽春："刘鑫老师为准备那两堂课，花了很多的时间，也花了一些钱买材料，辛辛苦苦给我们上这样的活动课. 刘鑫老师真的特别好. 刘鑫老师的课也讲得很好. 我的数学本来不太好，但他讲的内容我都听懂了. 谢谢刘鑫老师给我们上了两节很有意义的活动课，让我难以忘怀！"

李嵩椿："动手操作就是牛，钞票从不放心头，考试分数不担心，素质提高翻筋斗."

邹灵："今天上了两节不一样的数学课，我懂得了许多知识，也懂得了动手操作的重要性. 上动手操作课，我觉得挺有意义的，大家都很开心. 动手操作激发了我们对数学的兴趣，让我们感受到了学数学的乐趣. 所以，我们很感谢刘鑫老师，希望他还能到我们班来上课，多来几次."

刘灵、谢森、胡家泉等："刘鑫老师一说要做三角形，大家都跃跃欲试，上课也比平时认真得多，没有开小差的. 大家全神贯注地听课，开心地动手操作，连平日的调皮捣蛋鬼都开始动起手来. 这样上数学课，让我们觉得数学不再是枯燥乏味的，而是生动有趣的. 大家都愿意学，不再厌恶学习，这是多么美好的事！班里有几个较笨的同学做不出来，刘鑫老师就在旁边细心地指导他们."

丁胤辰、曾海聪等："这两节课，让我们在玩中学，学中玩，玩着玩着，不知不觉就把这两节课的要点装进脑子里去了，因此我们很开心. 动手操作是很好的学习方法，不但让我们获得了知识，还从中获得了快乐，并且还训练了我们的实践操作能力，因此我认为这两堂课是非常好的!"

邹逸横："我们上了两节有意义的数学课. 刘老师教我们动手实践，用几根小棒拼三角形. 这比平时只用眼睛看、用耳朵听的课有趣多了. 老师讲的知识我都听懂了. 原来，自己动手能使学习更简单，更有趣，更有效果."

王永秀："这是意义很大的两节课，因为以前的课都是老师动手学生看，而这次是学生动手老师看."

邹秋华："刘鑫老师上的课十分有趣，动手操作课让我明白了，只有实践才能出真知."

李月冉、曾志豪等："这次上课非常有趣，又动手又动脑，展示了我们的动手制作能力. 像这样的课我还想上. 这样上课课堂气氛很活跃，课堂上还可以积极回答问题. 不像以前上课，老师只讲题，十分乏味、无趣，无聊得像'坐牢'. 课堂上的那些教具，使我们对这堂课产生了好感，更愿意听老师讲课了. 在平时的课堂上没有这种条件，获得知识没有真实感. 刘鑫老师写的字也很好看，很漂亮，让人看到很舒服. 刘老师的板书也很整齐."

欧阳涛："刘鑫老师教的内容简单、易懂，使我们把以前不懂的一些内容都搞懂了. 我觉得这样的课还要多上几次."

何坚："这节课让我明白了一个道理——不认真是学不到东西的，所以我以后会更加努力!"

李胜："上了那两节课后，我觉得很新鲜，本来很枯燥的数学课变得生动有趣起来了."

李佳美："这次数学活动课很有趣. 因为平时上课没有学具，所以我们不能很好地理解数学. 这是第二次听刘鑫老师的课. 刘鑫老师的课能让我们加深对数学的理解，增加对数学的兴趣. 在他的课上，我们可以把自己的想法说出来，每个人都有机会. 听他上的课，班里一些不喜欢数学的同学都提起了兴趣. 刘鑫老师对数学研究很感兴趣，他的工作就是研究数学教学的，现在他把这些研究成果教给我们，我觉得他很伟大!"

郑潇恺、欧炜等："今天，我们又听了刘鑫老师上的课. 以前我在四中也听过他的课，他上课比较有趣，他的课让人很轻松、快乐……刘鑫老师的教学方法十分有趣，也十分独特，所以，我听他的课觉得像在玩游戏一样. 他的教学方法人人都听得懂，他上课也更有效果，希望他多来几次."

刘欣、张淳善等："这样的动手操作课，让我们用实践的方法学会了在平常的课里学不到的东西，不仅可以开发们的大脑，锻炼我们的思维，还可以锻炼我们的操作能力和合作能力. 虽然刘鑫老师没有讲很多，但他讲得很仔细，让人容易听懂. 之前，我们上课都是盯着黑板或白板上画的几何图形，而刘鑫老师却是把所做的模型粘在黑板上，让我们都能看清. 刘鑫老师费尽心思给我们上这样精彩的数学课，让我们懂得了更多的数学知识，可见刘鑫老师真是用心良苦，我们都很感谢他!"

董莉："以前，我总是觉得数学很难，今天听了刘鑫老师的课，才感觉数学很容易."

庄海岩："我认为上这样的动手实践课可以培养同学的动手能力，增强我们的想象力和创造力，也增加了我们学习的乐趣. 我觉得这样的上课方式与平常上课很不同. 刘鑫老师为了上好一节课，准备了两天的教具，让我们很吃惊. 刘鑫老师为我们上这节课花费了多少心思啊! 在实践探究的过程中，我们不但学会了动手制作，还学会了画图的方法. 上这样一节课，同学们不但很活跃，还激发了他们的好奇心. 我发现刘鑫老师有一些独有的教学方法，这应该是刘鑫老师辛勤钻研的结果. 这两节课来之不易，刘鑫老师课前肯定付出了辛勤的劳动."

佚名："刘鑫老师又来了，并且教了我们许多知识. 每次听他的课，我都有点小激动. 我发现他和其他老师讲课的方式大有不同. 他讲起课来十分有趣，并且他教我们的知识还很实用. 我永远也忘不了他说的那句话——让全世界的人都按这个条件来做三角形，你看会不会全等?"

佚名："刘鑫老师讲课很有趣，让一些平时不爱上数学课的学生们也认真起来."

佚名："动手实践很有趣，不知不觉中就让我们记住了所学的知识. 刘鑫老师全程带着微笑，让我们没有丝毫压力. 回答问题时即使答错了也不会责怪我们，同学们都踊跃地回答问题."

佚名："当刘鑫老师说'两点之间线段最短，狗为了抢食物都知道走直线，像这种狗都知道的事实就叫公理'时，全班同学都哈哈大笑."

金镜伟："这次操作课让我们爱上了数学. 刘鑫老师利用年轻人爱玩的特点把知识传授给我们. 不像以前的数学课那样，老师硬把知识塞给我们，聪明的孩子还可以接受，可差生却听不懂. 动手实践令我们爱上学习."

谢德良："自从听了刘鑫老师上的课，我才发现原来学校还有活动课，还可以上操作课，这让我觉得很开心."

朱世荣："……我提议，应该大范围推广这样的活动课，使更多的学生能够上这样的活动课，让更多的人喜爱数学，肯去钻研、探索. 这可以培养我们提出问题、发现问题的能力，让我们这一代祖国的花朵受到更好的教育."

★视频观看、下载网址★

教学视频下载网址：https://pan.baidu.com/s/1OfpwYZzsv1A3UFuM4XZkJA.

教学视频观看网址：

http://v.youku.com/v_show/id_XMzQzOTk5NTI2NA==.html? spm=a2h0k.8191407.0.0&from=s1.8-1-1.2；也可通过百度或在优酷网输入"探索三角形全等的判定公理（会昌刘鑫）"搜索得到.

图 37 绘声绘色上数学课的刘鑫老师

图 38 刘鑫老师，数学课也能上得开怀大笑

图 39 刘鑫老师的课堂教具多多

下篇　析理篇

学生喜欢刘鑫老师上课的原因

刘鑫老师上课，都会要求学生写课后感. 在课后感中，学生是如何评价刘鑫老师上课的呢？具体内容如表 1 所示.

表 1

学生评价刘鑫老师上课		学生诉说其他一些老师上课
轻松，放松 **（课堂气氛好）**	①面带笑容，和蔼可亲； ②耐心，细心； ③脾气好，学生做错了也不责怪； ④学生有自主的空间、时间	沉闷
愉悦，开心，有趣 **（学生心情好）**	①幽默，搞笑； ②绘声绘色，眉飞色舞	枯燥，乏味，呆板，无趣，无聊，像坐牢
老师精神状态好	说话清晰、大声、慢速	
老师教学方法好	①准备很充分； ②简单，通俗，易懂，易记； ③生动，形象，具体； ④知识渊博； ⑤提的问题有意思； ⑥让学生有事做； ⑦让学生想去学； ⑧经常让学生发言； ⑨字写得漂亮，板书很整齐； ⑩让学生理解深刻，难以忘记	①把知识从课本里照搬出来塞给学生； ②上数学课，就是讲题目

同行的评价

会昌二中周焕钦老师："总觉得刘鑫老师有大师的风范，课上得非常精彩，既有传统的教法（讲练结合运用得非常妙），又有新的课改理念."

会昌二中蓝品华老师："刘鑫老师上课，不会机械地照搬教材内容，而是对教材进行整合. 他了解学生的兴趣点，知道如何活跃课堂的气氛，即使是下午上课，学生也兴趣高昂. 还有，他课后会对学生进行回访、跟踪. 他对教学教研的态度，是我们青年教师学习的榜样."

会昌二中于丽娜老师："刘鑫老师的课设计精巧，对知识的剖析很深刻，让学生印象深刻；教学环节衔接顺畅；善于激发起学生的好奇心；时刻体现以学生为主体."

会昌二中郭春兰老师："刘鑫老师的课朴实中见精彩. 他注重培养学生的能力，善于表扬、鼓励学生，师生关系平等、融洽，亲和力强."

会昌实验学校黄国坚老师："刘鑫老师上课，教学思想新颖、独特；课堂设计深挖教材、紧扣根本、精益求精；教学语言准确、精练；启迪智慧、引人深思；教学过程耐心、细致、行云流水；教学效果惊喜不断，让人意犹未尽. 他的课犹如陈年好酒，越品越有味."

会昌实验学校李伟昕老师："刘鑫老师上课，教风稳健，不急不慢，循循善诱，值得我们学习、借鉴."

会昌实验学校罗文勇老师："刘鑫老师上课教态从容，善于引导，善于启发，善于等待，敢于给学生留时间和空间进行思维的碰撞."

会昌四中张艳华老师："刘鑫老师上课思路清晰，重点突出，讲解细致，注重知识的形成过程，擅长运用几何画板等数学软件，能够激发学生的学习兴趣."

会昌永隆初中吴潮山书记："刘鑫老师功底深厚. 他的教学语言严谨，提问方式多样，注重知识的生成和生长，注重学生能力的培养."

会昌西江中学许福州校长："刘鑫老师的课通俗易懂，学生很喜欢."

会昌二中周端生老师："听刘鑫老师的课是一种享受，能达到他的境界是我们一生的追求."

刘鑫老师是怎样上课的

1. 吃透教材，抓住根本，彰显本质.

2. 精细预设.

3. 善于营造宽松的课堂氛围.

4. 借助"前置研究"，发挥先学、先研的作用，并顺学、顺研而教.

5. 善于创设情境和设计活动，为学生的动手、动脑、动嘴创造机会.

6. 注重过程，有意放大、细化过程.

7. 直观形象. 善于利用教具、课件和微课等媒体辅助教学.

8. 还"静"为"动"，把静态的、浓缩的课本还原为动态的、活生生的教学过程，让学生体验探究（实验、操作……）、归纳、抽象、猜想、推理证明和应用的过程.

9. 让"教"于"学". 充分放手，能让学生参与的教学活动，尽量让学生参与；能让学生完成的教学活动，尽量由学生完成. 老师是学生的助手.

10. 把创造、创新的机会留给学生，让学生参与概念的引入、定义和辨析，参与定理的归纳，而不是通过把教材上的结论叙述一遍的方式或者是让学生在导学案上做做填空题的方式将知识塞给学生.

11. 板书、板画很有讲究，重视彩色粉笔的搭配和应用.

12. 恰当、熟练应用信息技术，以技术成就艺术，实现数学教学与信息技术的融合.

13. 善于提问与追问，善于在无疑处掘疑设问，带领、促进学生深层思考.

14. 过渡自然、流畅.

15. 课堂行为丰富，有激情，教态稳重，淡定从容，谈笑自如，机智应对课堂的生成，对学生的评价恰当、有效.

16. 善于捕捉并充分利用错误资源，甚至奖励错误.

17. 高度尊重学生.

18. 善于发现、归纳并强调数学思想方法在教与学中的作用，善于挖掘数学文化的教学价值.

19. 善于寻找联系，理清关系，架建结构，把新知识融入学生已有的知识结构之中，以达到融会贯通的效果.

20. 善于挖掘教研题材，开发教学资源.

21. 生本. 注重学生的发展，善于提升学生的综合素养.

22. 勤于积累教研素材. 每次上课都想方设法录音、录像，并要求学生写课后感.

以上是刘鑫老师本人对自己怎样上课所做的阐述. 限于篇幅，不做展开（从本书课例的实录中，随处可以看到上述教学主张）.

图1　刘鑫老师带杆秤来上"加权平均数"（解释"权"的含义）

图2　刘鑫老师把数学练习变成游戏

让学生喜欢数学的"独门奇招"

结合自己的学习、研究、生活经历、教学尝试和实践验证，我发现以下教学策略是激发学生学习热情和潜能，提高学生学习兴趣，让学生喜欢数学的"奇门独招".

一、放松、愉悦

心理学研究表明，人的精神处于放松状态时，记忆力会提高，会更具创造力，更有灵活性和持久性. 我们可以通过做游戏、聊天、有意识的引导、暗示等措施，让学生身心放松、心情愉悦.

二、开心、有趣

我们可以幽默一点，通过搞笑的活动，或改变练习的方式（如小组竞赛，将游戏融入练习等），调节课堂气氛，让学生开心，增加教学的趣味性.

三、示弱

"示弱"的意思是表示自己软弱，它的反义词是"逞能""逞强""要强". 在课堂教学中，老师示弱，是为学生的参与和表现创造机会.

四、装傻

"傻"是不聪明、智力低下之意，它的反义词是"精". 在课堂教学中，老师装傻，就是为学生的创新、创造和出众的超越留机会.

五、故意出错

老师故意出错，是为了引起学生的注意.

六、留白

教学中的留白，就是对于一些关键的话、重要的教学内容，老师不说出来、不写出来，由学生呈现出来.

七、夸大亮点和优点

实施本"奇招"的难点在于发现学生的"亮点""优点". 我们可以从学习内容中寻找学生的亮点和优点，也可从学生的一言一行、一笔一画中寻找学生的亮点和优点.

八、差错的美化与应用

美化学生的差错，目的是不让出错的学生难堪，给他们一个挽回脸面的台阶，让他们在同学面前有尊严. 我们千万不能把学生的长相、成绩排名和智力水平与其人格挂钩.

面对学生的错误，老师不必责怪. 我们要用好错误资源，正如布鲁纳所说，"学生的错误是有价值的". 心理学家盖耶也说过：谁不考虑尝试错误，不允许学生犯错误，就将错过最富有成效的学习时刻.

九、学生出题

这主要是指进行课堂练习时，让学生来出题. 如果学生所出题目的结构、难度与本堂课的教学目标一致，则说明他们对本堂课的内容掌握得比较好；如果学生所出题目的结构、难度太离谱，则说明我们预设的目标可能没有达成.

十、多人同时调板

可以多人一题调板（如三位同学在黑板上都做同样的题目），也可以多人多题调板（如三位不同水平的同学在黑板上做三道难易不同的题目）.

十一、当堂检测

在课首或课尾的 3~5 分钟时间做一至两道"单知识点试题"和"死算烂算试题"，即做即交，先做好的先交，后做的后交. 把做得又快又好的、准确整洁的优秀答卷立即张贴，发挥其榜样功能. 另外，有必要面批面改个别解答有误的答卷. 这样，可以防止抄袭和拖欠，与课外作业相比，其效率、效果要好得多，对基本功的强化训练有奇效.

十二、生本

我对"生本"的理解是：该让学生做的事，必须让学生做，老师不该代替；可以让学生做、学生能做的事，尽量让学生做，老师可以放手. 例如：让站在座位上回答问题的学生上讲台来展示他们的观点；老师不要嫌弃学生做得慢或不完美，而应尽量引导、启发学生，让教学过程中的结论从学生的口中说出来；可以让学生来说说他们对例题的理解，甚至可以让学生代替老师来讲解例题，讲评作业，讲评试卷；等等.

以上是刘鑫老师在教学实践中摸索、总结、验证，并经常应用的主张与策略，限于篇幅，不做展开.

图 1　刘鑫老师鼓励学生（刘鑫老师送教到龙南县）

图 2　学生既专心又开心（刘鑫老师送教到宁都县）